K-POP 이노베이션

세상을 흔든 한국형 혁신의 미래

K-POP 이노베이션

이장우 지음

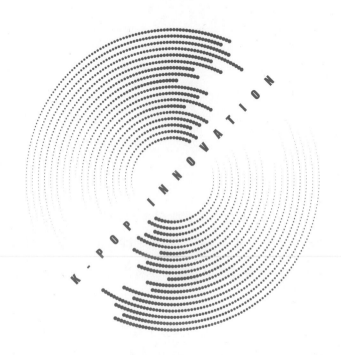

21세기북스

●

세 번째 혁신 주체, K팝

기 – 혁신

『K-POP 이노베이션』은 K팝의 성공과 미래 전망을 주제로 한다. 그런데 나는 이 주제를 혁신 이론의 관점에서 다루고자 했다. K팝이 세계적 경쟁력을 가진 하나의 산업으로 발전한 과정의 중심에 이노베이션이 있기 때문이다.

나는 지난 30여 년 동안 한국 경제에서 일어난 혁신의 사례들을 조사하고 분석해왔다. 이를 토대로 한국 경제가 추격자형으로부터 퍼스트 무버형으로 서서히 전환하고 있음을 관찰하게 되었으며, 그 전환 속도를 촉진하는 방안을 연구해왔다. 내 분석에 의하면, 우리 경제는 그동안 두 세대에 걸쳐 비교적 성공적인 혁신의 역사를 이루었다. 그럼에도 불구하고 현재 우리 경제는 성장 엔진이 식어간다는 위기의식이 팽배해 있다. 세계 평균의 3배 정도의 성장률을 보이던 국가에서 평균 이하의 저성장 국가로 전락했기 때문이다. 이러한 위기의식 중에, 어느 날 문득 전 세계 음악 시장을 무대로 폭발하고 있는 K팝의 산업적 성공이 눈앞에 펼쳐졌다. 우리에게 익숙한 제조 부문이 아닌, 대중문화의 영역에서 새로운 혁신 사례가 등장한 것이다. 사실 이노베이션 과정이란 업종을 불문하고 일어나는 것이며 그 본질은 같다. 예를 들면 성격이 전혀 다른 산업인 K팝과 반도체도 혁신의 관점에서 보면 유사한 특성을 갖는다.

그렇다면 혁신의 본질은 무엇인가? 그것은 사람이 하는 일이다. 일찍이 조지프 슘페터는 기업가의 비전과 도전 심리가 혁신을 주도하며, 이것이 경제 발전을 이끄는 원동력이라고 보았다. 그러나 우리는 보통 혁신하면 투자 재원, 정부 정책, 대기업 등의 단어를 떠올리는 경향이 있다. 대규모 투자 자금을 확보하고 안정적인 정책적 지원 아래에서, 대기업 같은 믿을 만한 경제 주체가 계획성 있게 추진하는 것으로 생각한다. 그러나 실제로 혁신은 뜻과 의지를 가진 개인 혁신가가 불확실성 속에서 실패를 반복하며 될 때까지 추진하는 과정에서 성취된다. K팝 산업도, 메모리 반도체 산업도, 이러한 혁신의 과정을 거쳐 세계를 무대로 성공을 거두었다.

승 - 성공

K팝은 세계 팝 시장에서 하나의 장르로 인정받으며 초국적 음악으로 성장했다. 전 세계 수십억 명이 한국어로 된 음악을 듣고 있다. 스트리밍 서비스에서 재생되는 음악 중 한국어가 영어·스페인어에 이

어 3위를 차지할 정도다. 이러한 K팝의 놀라운 도약은 특정 아티스트의 재능이나 문화 예술적 성취로만 설명할 수 없다. K팝은 소셜네트워크를 기반으로 전 세계로 확장된 시장을 토대로 기업 생태계를 구축하면서, 이제는 수출 전략 산업으로 발전했기 때문이다. 우리는 K팝이 어떻게 지속 가능한 경쟁력을 가진 산업으로 발전할 수 있었는지 알아볼 필요가 있다. 즉, K팝의 경쟁력 원천이 무엇이고 그것이 미래에도 계속 유지·발전될 수 있는지 살펴볼 필요가 있다.

K팝의 성공은 음악이라는 문화 예술의 영역에만 머무르지 않고 적극적으로 기술을 결합한 것에서 찾아야 한다. 한마디로 문화와 기술의 결합이 성공의 핵심이라는 것이다. K팝은 기술과의 결합을 통해 자신의 활동을 이노베이션의 영역으로 확장할 수 있었다. 문화 예술 자체는 인위적인 혁신의 대상이 아니다. 그것은 인간 삶의 일부로서 자연적 진화의 결과에 더 가깝다. 과거나 현재나 문화 예술은 찬란한 인간 정신의 산물인 것이다. 그러나 기술은 다르다. 인위적 혁신의 대상이다. 그러므로 문화 예술에 기술을 결합하면 기업 차원의 노력과 투자에 의해 혁신이 가능해진다. K팝이 세계 시장에서 성공한 이유도 기술을 결합함으로써 조직적인 투자와 시스템적 노력에 기반한 혁신을 감행할 수 있었기 때문이다.

전 – 분석

이 책은 문화와 기술의 결합으로 탄생한 K팝 이노베이션의 과정을 면밀하게 분석하고자 했다. 이러한 분석 결과는 한국 경제가 보유하고 있는 혁신 잠재력을 재평가하는 기회를 제공할 것이다. 우리 경제는 1960년대와 1970년대에 해외 기술을 모방하는 단계를 거쳐 1980년대 중반부터 본격적인 혁신의 길로 들어섰다. 이후 혁신의 역사는 1세대와 2세대로 구분된다. 1990년대 중반부터 시작된 2세대 혁신에 대해서 아직 정확한 평가가 이뤄지지 않았지만, 환경 변화의 고비마다 등장한 혁신가들이 이를 주도했다. 이러한 2세대 혁신은 민간의 자유로운 기업가정신에 기초한 '신지식 창조'를 특징으로 하며 퍼스트 무버, 즉 선도형 전략을 추구한다. K팝 이노베이션은 바로 2세대 혁신에 속하며 한국의 소프트 파워를 대표한다.

결과적으로 한국 경제는 '신지식 창조'의 혁신을 이끄는 3대 주체를 보유하게 되었다. 첫 번째 세계 메모리 반도체 산업의 선도로 상징되는 제조 대기업과 두 번째 IT와 인터넷 산업을 이끌고 있는 벤처 기업에 대해서는 잘 알려진 바와 같다. 그러나 우리나라를 문화 초강대국으로 이미지 메이킹하고 있는 K팝·영화·드라마 등 문화 기업들이 세 번째 혁신 주체라는 사실은 잘 인지하고 있지 못한 것 같다.

이에 따라 이 책은 어떻게 K팝 산업이 한국 경제의 세 번째 혁신 주체로 성장했으며, 어떤 미래 방향으로 나가고 있는지를 설명하고자 했다. 특히 K팝의 성장 과정을 혁신 이론 관점에서 분석함으로써 K팝 산업의 과거와 현재, 미래에 대해 논리적으로 설명하고자 했다. 이러한 분석과 설명을 통해 K팝 기업들이 특유의 혁신 활동을 통해 새로운 환경을 스스로 창조하고, 지속 가능한 국제 경쟁력을 가진 하나의 산업을 발전시켰음을 보여주고자 했다. 이러한 K팝 산업의 성장 과정은 무에서 유를 창조하는 것과 같은 혁명적 사건을 포함하며, 시간의 흐름에 따라 핵심 요인들이 복잡하게 상호작용하는 동태성Dynamism을 가지고 있다. 따라서 기존의 이론적 틀, 예를 들면 마이클 포터 교수의 산업 경쟁력 결정 요인과 같은 정태적 모형으로는 설명할 수 없었다. 따라서 이 책에서는 M-ies 모델이라는 독자적인 이론 틀을 만들어, K팝 산업에서의 혁신 모멘텀을 설명하고자 했다.

결 – 미래

25년 전 한국 음악 산업은 불법 복제와 디지털 다운로드로 음반 시장이 붕괴하는 심각한 위기에 처했다. K팝 혁신가들은 이 위기를 '해외 시장 개척'이라는 기회로 바꿔냈다. 해외에서 틈새시장을 개척하고 팬덤을 형성함으로써 스스로 우호적인 환경을 창조한 것이다. 이 책의 제목인 『K-POP 이노베이션』이란 말도 이러한 혁신의 과정을 상징적으로 나타내기 위한 것이다. K팝 이노베이션은 프로듀서 혁신가들이 자신의 비전과 리더십을 토대로 위기를 기회로 바꿔내는 전략을 감행함으로써 우호적인 수요 조건을 창조하고 생산적인 경쟁 구조를 형성시킨 과정을 표현하는 개념이다.

이 책에서 제시한 M-ies 모델을 기반으로 평가할 때, K팝 이노베이션은 당분간 지속·확장할 것으로 전망되며 그 전성기는 이제 시작이라고 할 수 있다. 이유는 혁신 모멘텀을 구성하는 혁신가 요인에 있어 기성과 신세대가 모두 왕성하게 리더십을 발휘하고 있으며, 새로운 차원의 아이돌 콘셉트가 제시되면서 세계 팝 시장에서 틈새의 개척과 확장을 지속하고 있기 때문이다. 만약 4차 산업혁명의 신기술들을 융합해 새로운 비즈니스 모델의 개발에 성공한다면, 세계 엔터테인먼트 산업을 주도할 새로운 기회를 잡을 수도 있을 것이다.

그러나 혁신은 사람이 하는 일이다. 포스트 코로나 시대에 퍼스트 무버형 경제를 구축하기 위해서는 아이디어와 열정을 가지고 퍼스트 펭귄이 되고자 하는 사람들이 도전을 주저하지 않도록 하는 사회 경제 구조를 먼저 만들어야 한다. 이 책은 이러한 사회 경제 구조를 만들어나가는 데 이바지하고자 한다.

세계적 경쟁력을 가지고 있는, 제조 대기업·IT 벤처·소프트 파워의 문화 기업 등 3대 혁신 주체를 모두 보유하고 있는 나라는 흔치 않다. 지금 우리 경제는 혁명적인 기술 변화의 시대에 대응해, 제조와 소프트 부문의 융합을 통해 많은 분야에서 퍼스트 무버로 나갈 수 있는 잠재력을 보유하고 있다. 이 잠재력이 잘 발휘되길 간절히 바란다.

2020년 9월

이장우

●

재미로 보는 K팝 인지도 테스트

K팝 현상은 역사적으로 국가의 존재감을 높인 가장 큰 사건에 속한다. K팝에 대해 독자들이 알고 있는 지식과 경험을 사전에 테스트해보는 것도 재미있을 것 같다. 다음 10개 문제에 대해 대답해보자.

1. K팝은 국내 대중음악의 안정적 수요 기반 위에서 성장해 해외로 수출되었다.

① 매우 아니다　　　　　② 대체로 아니다　　　　　③ 중간이다
④ 대체로 그렇다　　　　　⑤ 매우 그렇다

2. K팝은 한국에서 처음 쓰인 말로 해외에서 한국의 대중음악을 통칭하는 용어다.

① 매우 아니다　　　　　② 대체로 아니다　　　　　③ 중간이다
④ 대체로 그렇다　　　　　⑤ 매우 그렇다

3. K팝 성장에는 정부의 지원 정책이 중요한 역할을 했다.

① 매우 아니다　　　　　② 대체로 아니다　　　　　③ 중간이다
④ 대체로 그렇다　　　　　⑤ 매우 그렇다

4. K팝은 한국 전통문화와 민족적 DNA로부터 비롯되었다.

① 매우 아니다　　　　　② 대체로 아니다　　　　　③ 중간이다
④ 대체로 그렇다　　　　　⑤ 매우 그렇다

5. K팝은 해외 댄스 음악의 모방으로 독창적인 팝 음악은 아니다.

① 매우 아니다   ② 대체로 아니다   ③ 중간이다

④ 대체로 그렇다   ⑤ 매우 그렇다

6. K팝의 1호 아이돌은 '서태지와 아이들'이다.

① 매우 아니다   ② 대체로 아니다   ③ 중간이다

④ 대체로 그렇다   ⑤ 매우 그렇다

7. K팝의 매출 성장에 중국 시장이 결정적인 역할을 했다.

① 매우 아니다   ② 대체로 아니다   ③ 중간이다

④ 대체로 그렇다   ⑤ 매우 그렇다

8. 기술 혁신으로서 K팝은 반도체나 휴대폰과 전혀 다르다.

① 매우 아니다   ② 대체로 아니다   ③ 중간이다

④ 대체로 그렇다   ⑤ 매우 그렇다

9. 싸이의 〈강남스타일〉이 빌보드 2위를 한 이래로, 빌보드 1위를 기록한 K팝 아이돌은 BTS가 유일하다.

① 매우 아니다   ② 대체로 아니다   ③ 중간이다

④ 대체로 그렇다   ⑤ 매우 그렇다

10. 세계적으로 인기를 끌고 있는 K팝은 일본과 미국 시장에서 주류 음악으로 인정받았다.

① 매우 아니다   ② 대체로 아니다   ③ 중간이다

④ 대체로 그렇다   ⑤ 매우 그렇다

10개 질문에는 사실 여부 이외에도 생각에 따라 답변이 다를 수 있다. 그럼에도 불구하고 각 질문에 대한 비교적 정확한 답변은 1 또는 2에 가깝게 구성되었다. 따라서 질문 항목을 1점에서 5점으로 평가했을 때, 자신의 답변 총점이 10~20점대이면 상대적으로 K팝에 대한 이해도가 높은 편에 속한다. 반대로 총점이 30점을 넘을수록 상대적으로 이해도가 떨어지는 편이라고 할 수 있다. 각 질문 항목에 대한 답변은 다음과 같다. 이 답변은 책에 더욱 상세히 설명해놓았다.

1. 1990년대 후반 이후 디지털 다운로드에 의한 불법 복제와 음반 시장의 급속한 쇠퇴로, K팝은 국내 시장에서 수요 기반을 확보하기 어려웠으며 생존의 위기에 몰렸다. K팝의 해외 진출은 오히려 생존을 위한 선택에 더 가까웠다.

2. K팝이란 용어는 2002년쯤 해외에서 먼저 만들어져 사용되기 시작했다. 국내 미디어에서는 2006년쯤부터 사용하기 시작했다. K팝은 해외에서 인기를 끈 한국의 아이돌 그룹의 음악을 의미하는 용어로 쓰였다.

3. 정부가 직접 K팝을 지원해 효과를 발휘한 정책이나 지원책은 거의 찾아보기 힘들다. 이보다는 K팝으로 인해 국가 이미지가 증대함으로써 정부나 정치권에 도움을 준 바가 더 크다는 평가가 일반적이다.

4. 춤추고 노래하길 좋아하는 민족성과 전통문화의 구현으로 K팝이 자연 발생적으로 탄생했다기보다는, 음악 산업에서 혁신가들의 모험적 투자로 인해 만들어진 일종의 문화상품에 더 가깝다. 즉 노래하고 즐기다가 만들어진 예술 작품이라기보다는, 마치 반도체나 휴대폰같이 첨단 기술을 개발해 만들어진 혁신 제품에 좀 더 가깝다고 할 수 있다.

5. 1980년대 후반부터 1990년대 중반까지 유행한 신세대 댄스 뮤직의 경우 해외 댄스 음악을 적극적으로 모방하면서 탄생했다. 그러나 이후 등장한 K팝은 음악 자체보다는 아이돌을 비즈니스 모델로 하면서 '보는 음악'으로 차별화함으로써 세계 팝 음악계에서 독립적인 장르로 인정받고 있다.

6. K팝은 기획사로 불리는 문화 기업의 사전 기획과 투자로 생산된 아이돌 그룹을 핵심으로 하며, 1호 아이돌은 1996년 SM엔터테인먼트에서 데뷔한 H.O.T.다. 1992년 데뷔해 1995년까지 활동한 서태지와 아이들은 '문화 대통령'으로 불리며 대중문화에 지대한 영향을 끼쳤으나 K팝으로 분류되지는 않는다.

7. 2001년 보아의 일본 데뷔를 계기로 일본 시장은 K팝 매출에 가장 큰 기여를 했다. 이에 비해 중국 시장은 불법 다운로드와 사드 사태 이후 한한령으로 매출 기여도가 상대적으로 제한적이었다.

8. K팝의 혁신 과정은 반도체나 다른 IT 산업과 유사하다. 특히 아이돌을 캐스팅·트레이닝·프로듀싱·마케팅하는 과정을 하나의 시스템으로 세계 수준에서 혁신하는데 성공했다. 중요한 프로세스를 기업 내에서 모두 통제하는 수직적 통합에 의해 환경 변화에 유연하고도 신속하게 대응할 수 있었다.

9. 빌보드 앨범 차트에서 BTS가 2018년과 2019년 3장의 앨범을 1위에 올려놓은 것과 함께, 2019년 슈퍼M의 데뷔 앨범이 빌보드 1위를 기록했다.

10. K팝은 세계 팝 음악의 변방으로서 주류 시장과 차별화된 틈새시장을 공략했다. 소셜네트워크를 통해 유통 혁신을 도모함으로써 전 세계적으로 거대한 팬덤을 형성했지만, 이들은 세계 팝 음악 시장의 주류 소비층이라기보다는 마니아층에 더 가깝다. 일본에서 혐한류에 의해 주류 미디어에서 밀려난 K팝이 지속적으로 공연 시장에서 소비층을 넓혀갈 수 있었던 이유도 K팝 마니아층이 건재했기 때문이다. 최근 빌보드 1위로 미국 팝 시상이 수복하기 시삭했으나, 수류 음악으로 인정받았다고 보기에는 시기상조다.

차례

1장 서론: K팝은 이노베이션이다

놀라운 K팝 현상 | K팝이란 | K팝이 성공한 이유 | K팝이 반도체와 유사한 점 |
K팝의 미래는

2장 K팝이 만들어낸 혁신 성과(1996~2020)

13번째 수출 상품이 된 한류 문화 콘텐츠 | 음악의 힘, 0.1%의 비밀 | 한류 대표,
K팝 | K팝 산업의 힘

아이돌의 탄생 | K팝 정의와 산업적 성장

프로듀서 혁신가의 컬처 테크놀로지 | K팝 기술 혁신의 역사

아이돌 생산 시스템의 구축 | 일본 시장의 개척 | 디지털 기반의 유통·마케팅과
글로벌 협력 네트워크 | 월드투어와 셀러브리티화 | 빌보드 1위와 세계적 브랜드
획득

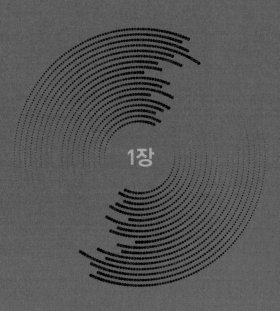

1장

서론:
K팝은 이노베이션이다

01

•

한국을 대표하는 상징 상품

한국을 대표하는 상품을 말하라고 하면 무엇이 떠오르는가? 이탈리아 하면 옷, 프랑스 하면 향수, 스위스 하면 시계가 떠오르지만, 한국 하면 금방 떠오르는 게 없는 것 같다. 하지만 이내 반도체와 스마트폰을 떠올리게 된다. 그런데 외국 사람들은 주로 K팝K-POP을 떠올린다고 한다. 반도체는 제품 안에 존재하고 스마트폰은 손안에 쥐어져 있다. 반면에 K팝은 마음속에 스며 들어가 있다. 이렇듯 한국의 대표 상품은 세계인들의 마음과 손안에 그리고 그들이 생활 속에 사용하는 디지털 기기 안에 존재한다. 그중에서도 세계인의 마음을 움직이는 K팝은 명실상부한 한국 대표 상품으로 자리 잡아가고 있다.

그러나 우리는 반도체와 스마트폰이 개발되어 세계로 팔려나가게 된 역사는 알아도 K팝의 성장 스토리에 대해서는 잘 모른다. 대부분이 어느 날 외국에서 유명해진 아이돌의 국위선양 소식을 통해, TV에서 10대들이 즐기는 아이돌 공연을 통해 보고 들었을 뿐이다. K팝이 지난 25년 동안 지속적인 혁신 활동을 축적하면서 외국 시장을 개척하고 국제 경쟁력 있는 산업으로 성장한 과정에 대해서는 잘 알지 못한다. 어느 날 문득 돌아보니 K팝이 하나의 혁신 산업으로, 작지만 그 파급 효과가 막대한 수출 상품으로서 한국의 이미지를 대표하고 있음을 발견하게 된다. 다소 늦은 감이 있지만, K팝이라는 현상이 무엇이고, 그것이 왜 성공했으며, 앞으로 어떻게 성장을 이어갈 수 있는지를 살펴볼 필요가 있다.

놀라운 K팝 현상

2019년 12월 31일 밤 한국의 아이돌 그룹 BTS(방탄소년단)는 뉴욕 타임스퀘어의 야외무대에서 〈메이크 잇 라이트_{Make it Right}〉를 불렀다. 그들은 미국 ABC 방송 신년 특집 라이브 쇼에 참석해 세계적으로 가장 핫한 스타들과 함께 공연했다. 2012년에도 빌보드 핫 100 차트 2위를 기록한 싸이가 이 무대에 올라 〈강남스타일〉을 세계적 힙합 스타 마이클 해머와 함께 부른 적이 있었다. 이번에는 BTS의 팬덤인 아미(A.R.M.Y.)들이 몰려와 국적과 성별을 초월해 한국어로 '떼창'을 하는 광경을 연출했다.[1]

이미 3장의 앨범을 빌보드 앨범 200 차트 1위에 올린 BTS는 2020년 1월 26일 로스앤젤레스 스테이플스센터에서 열린 그래미 어워즈 시상식에서 한국 가수로는 처음으로 초청 공연을 했다. 이는 세계 팝 시장에서 BTS가 차지하는 위상을 보여줌은 물론, 미국 음악 시장으로 진입하는 데 성공한 K팝의 성과를 상징적으로 드러내고 있다.

그러나 이러한 K팝의 성공은 어느 날 갑자기 등장한 행운은 아니다. 1996년 H.O.T. 데뷔로 시작한 한국 아이돌의 도전이 지난 20여 년 동안 계속되며 축적한 결과다. 한국의 음악 상품이 아시아를 넘어 주류 시장인 서구권에 도달하기까지 수많은 도전이 있었으며 지금도 그 도전을 이어가고 있다. 2000년대 초반 보아BoA가 일본 시장에서 성공을 거두고, 바로 이어서 미국 팝 시장의 문을 두드렸다. 보아가 한국 가수 최초로 빌보드 앨범 차트 127위에 진입한 이래, 걸그룹 원더걸스의 미국 투어와 빌보드 핫 차트 진입이 있었다. 이후 BTS는 물론 엑소, NCT127, 블랙핑크, 투모로우바이투게더 등이 빌보드 앨범 200 차트에 진입했다. 특히 SM엔터테인먼트의 유명 아이돌인 샤이니, 엑소, NCT, WayV(웨이션브이)의 멤버들로 구성된 'K팝 어벤저스' 그룹, 슈퍼M은 앨범 데뷔 열흘 만에 빌보드 200 차트의 정상을 차지하는 진기록을 만들어냈다.

슈퍼M은 전통의 음악 유통 기업인 캐피톨뮤직그룹(이하 CMG)과 기획·유통을 함께해 성공했다. 이 아이돌 스타들은 미국 최대 에이전시 기업인 CAA(크리에이티브 아티스트 에이전시)와의 계약을 통해 활동을 시작했다. 또 다른 보이그룹 몬스타엑스도 2020년 2월 미국 음반사인 에픽 레코드와 함께 앨범 활동을 시작했다. 걸그룹 블랙핑크는 2020년 8월 기준으로 유튜브 구독자 수 4,400만을 기록함으로써 세계 아티스트 4위를 차지했다. 여성 아티스트 중에서는 세계 1위 기록이다.[2] 신생 중소 기획사들의 활동도 늘어나고 있다. 예를 들면 '이달의 소녀'는 국내 걸그룹 최초로 미국 아이튠즈의 싱글 음반 차트에서 1위를 차지하기도 했다.

이렇듯 K팝은 세계 팝 시장에서 차별화된 음악 상품으로, 그리고 독자적 장르로 인정받고 있다. 그 이유는 K팝이 수준 높은 가사와 편곡은 물론 화려한 퍼포먼스로 단순히 '듣는' 음악을 넘어, '보는' 음악의 시대에 부응했기 때문이다. 여기에 빼어난 가창력과 뛰어난 안무 실력을 겸비한 아티스트들의 매력이 가세해 셀러브리티화에 성공함으로써 막강한 브랜드 이미지를 갖게 되었다. 이와 함께 소셜미디어를 통한 팬과의 유대 관계는 국경을 초월한 광대한 팬덤을 형성하기에 이르렀다. 이러한 팬덤은 각종 온라인 플랫폼을 매개로 적극적 소비를 유도함은 물론, 스스로 확장하고 진화함으로써 새로운 사회·문화적 현상으로 대두되고 있다.

K팝이란

음악은 영화와 마찬가지로 종합 예술에 속한다. 이러한 음악에 기술을 결합해 세계 시장을 상대로 산업화에 성공한 K팝은 매우 복합적인 현상이다. 하나의 관점으로 이해하기에는 다차원적이다. K팝 현상 안에는 예술적·경제적·사회적 요인들이 복합적으로 작용하고 있기 때문이다. 그러나 사람들은 새로운 현상에 대해 아는 만큼, 보고 싶은 대로 평가하려는 속성을 가지고 있다. K팝 현상에 대해서 여러 가지 엇갈리는 의견과 평가가 존재하는 것도 이 때문이다.

K팝에 대한 부정적 견해를 보면, 먼저 예술적 측면에서 음악적으로 빈약하고 천박하다는 비판이 적지 않았다. 경제적으로는 소규모 서비스업으로, 부가가치와 고용 창출에서 제조업과 비교할 수 없을 정도로 경제적 효과가 취약하다고 한다. 사회적으로는 천편일률적인 문화상품으로 문화적 다양성과 사회 건전성을 해친다고 주장하기도 한다.

사실 K팝은 이러한 부정적 평가를 극복하고 긍정적 측면을 스스로 증명해 보인 매우 흥미로운 현상이다. 지금 K팝은 예술적 측면에서 세계인들로부터 매력과 인기를 이끌어내는 음악 장르임을 인정받고 있다. 또한 경제적 측면에서 규모는 작지만, 국가 이미지 제고에 가장 높은 이바지를 하는 수출 산업으로 성장했다. 사회적 측면에서 청년들의 꿈, 아픔, 고민 등을 대변하며, 대중의 사고와 생활 방식에 선한 영향을 끼칠 수 있는 요인으로 작용하고 있다.

이 같은 K팝 현상을 제대로 이해하려면 가장 먼저 정확한 정의가 필요하다. 명확한 정의가 있어야 이것이 언제 시작되었고 어떻게 성장했으며 어떤 미래 방향으로 나가고 있는지 알 수 있기 때문이다. 정확한 정의가 없으면 K팝이 한국 고유의 전통문화에서 비롯되었다거나, 세계적인 댄스 뮤직의 변종으로 일시적 유행이라는 무책임한 평가에서 벗어나기 어렵다.

예를 들면 K팝을 넓은 의미에서 '한국의 대중음악' 전반을 지칭하는 'Korean Pop'으로 정의하기도 한다. 그러나 이러한 정의로는 K팝의 본질이 무엇이고 왜 성공했으며 어떤 힘을 가졌는지에 대한 대답을 구하기 어렵다. K팝이란 용어 자체가 우리 스스로 만들어낸 것이 아니다. 외국에서 먼저 사용되다가 국내로 역수입된 것이다. 따라서 국내 연구 기관들은 K팝을 '외국에서 화제를 일으키고 소비되는 아이돌 그룹의 음악'으로 정의하고 있다. 특히 K팝의 핵심 특성은 '기업형 생산 시스템'이 창출한 아이돌 자체를 비즈니스 모델로 한다.

이러한 K팝의 정의에 따르면 최초의 K팝 상품은 1996년 데뷔한 H.O.T.라고 할 수 있다. 아이돌이란 용어도 국내에서는 H.O.T.에 처음으로 붙여져 사용되었다. 이후 20여 년 동안 창의적인 프로듀서 혁신가들이 계속 등장해, 음악 산업에서 생산·유통·소비의 혁신을 이룩함으로써 지속 가능한 생태계를 구축하는 데 성공했다. 그 결과 수많은 아이돌 그룹이 탄생했다. 2019년 말까지 1세대에서 3세대에 걸쳐 370팀이 넘는 것으로 추정되는 아이돌 그룹들이 생산되어, K팝을 세계 음악 시장에서 독자적 장르로 인정받게 하는 데 기여했다.

유수의 외국 미디어들은 K팝이 '기존에 없는 개성과 새로움'을 가진 콘텐츠로서 초국적 음악 특성을 소유하고 있다고 평가한다.[3] 또한 K팝은 하나의 산업으로서 아시아권을 넘어 주류 시장인 영미권까지 진입함으로써, 전략적 수출 품목으로 떠오르고 있다. 1호 아이돌을 탄생시킨 이수만 프로듀서는 K팝이 기존 경제 중심 사고로부터 탈피한 문화 중심 역발상의 결과라고 강조한다.

"기존에는 경제적으로 선진국이 되면 그들의 문화가 퍼진다는 식의 '이코노미 퍼스트, 컬처 넥스트'의 사고가 지배했다. 그러나 나는 '컬처 퍼스트, 이코노미 넥스트'의 역발상을 했다. H.O.T.가 베이징에서 성공한 것이 이를 증명했다. H.O.T.의 중국 공연 이후, 한 설문 조사에서 중국 젊은이들이 가고 싶은 1위 관광국이 한국이 되고 볼펜 한 자루라도 한국말이 표기된 제품을 선택하는 경향이 나타 났다. 처음부터 H.O.T. 관련 기사가 문화면보다 사회면에 더 많았을 정도로 사회적 영향력이 컸다."[4]

K팝이 성공한 이유

한국의 문화 콘텐츠 수출액은 2018년 드디어 13위 수출 품목인 가 전을 추월하고 75억 달러를 기록했다. 전체 수출에서 차지하는 비 중은 1위인 반도체에 비해 비교할 수 없을 정도로 작지만, 문화 산 업 특유의 파급 효과를 고려할 때 매우 의미 있는 추세다. 특히 K팝 음악 수출이 다른 소비재 생산에 유발하는 효과를 주목할 수밖에 없다. K팝 수출액 1달러가 창출하는 소비재 수출 유발 효과는 무려 17.7달러에 이르는 것으로 평가된다. 게임·드라마·영화 등과 같은 문화 콘텐츠(수출 유발 효과 2.5달러)보다 7배나 크다. 이러한 소비재 수출에 의한 생산 유발액은 수출의 약 2배에 달한다고 한다.[5]

　물론 K팝의 산업적 성공은 어느 날 갑자기 이뤄진 것이 아니다. 지난 20여 년 동안 꾸준히 진행해온 체계적인 이노베이션의 결과물 이다. K팝은 신제품, 신생산 방법, 신시장 개척에 해당하는 이노베 이션을 지속적으로 실천했다. 즉 '보는' 음악이라는 신제품을 개발 했고 캐스팅, 트레이닝, 프로듀싱, 마케팅의 전 과정을 통합하는 신 생산 시스템을 통해 아이돌을 시스템적으로 생산했다. 그리고 디지털 플랫폼을 활용해 온·오프라인에서 팬덤을 구축하고, 외국에서 신시장을 개척하는 데 성공했다. 이러한 혁신적 성과는 국내 음악 산업뿐 아니라 세계 음악 시장의 폭을 확대하고 음악을 중심으로 더 많은 사람이 참여할 기회를 제공하는 데 이바지했다.

K팝의 성공은 이같이 음악이라는 문화예술 영역에 한정적으로 머무르지 않고 기술을 적극적으로 결합함으로써 이노베이션, 즉 혁신의 영역으로 스스로를 확장시킨 데 있다. 즉 K팝 성공의 핵심은 문화와 기술의 결합에 있다. 문화예술은 인위적인 혁신의 대상이 아니다. 인간 삶의 일부로서 자연적 진화의 산물에 더 가깝다. 그러나 기술은 인위적 혁신의 대상이다. 따라서 기술이 결합되면 기업 차원의 노력과 투자에 의해 혁신이 가능해진다. K팝이 성공한 이유도 기술을 결합함으로써 조직적인 투자와 노력에 의한 혁신을 감행할 수 있었기 때문이다. 그러므로 문화와 기술의 결합으로 탄생한 K팝 이노베이션의 과정을 면밀하게 분석한다면 정확한 성공 요인과 그 미래를 더욱 잘 이해할 수 있을 것이다.

K팝 성공의 요체는 개별 아티스트나 개인 프로듀서 중심의 문화예술 영역에서 벗어나, 소위 컬처 테크놀로지Culture technology라는 기술 개념을 도입해 세계 시장에서 통할 수 있는 다양한 아이돌을 생산하고 소비시키는 시스템을 구축했다는 데 있다. 문화예술 영역에서의 생산 활동은 주로 암묵지에 의존해 반복 생산이 어려운 '주먹구구식' 운영이 불가피하다. 그러나 암묵지를 성문화하고 매뉴얼화하면서 반복 생산이 가능한 기술로 체계화하면 지속적인 개선과 혁신을 일으킬 수 있다.

이때 아이돌 생산 시스템이란 제조업에서 말하는 공장형 생산, 즉 매뉴팩처링Manufacturing과는 구별되어야 한다. 생산Produce 개념에는 공장형 대량 제조의 뜻도 있지만, 농작물을 키워서 산출하거나 요리와 같이 필요 기술을 활용해 창조한다는 의미가 있다. 아이돌의 생산은 후자의 개념에 해당한다. 따라서 K팝이 문화와 기술을 결합해 혁신적 생산 시스템을 구축한 것은 공장형 제조Manufacturing를 의미하기보다는, 체계적인 반복 생산을 가능하게 함으로써 더욱 다양한 음악 그룹들을 지속적으로 창조할 수 있게 한 것이다.

예를 들면 특정 K팝 기업이 그동안 수십 개의 아이돌 그룹들을 탄생시켰지만, 이들은 각기 다른 개성을 가지고 차별화된 음악을 만들어내는 독립체들임을 알 수 있다. 상대적으로 많은 수의 그룹이 지속적으로 만들어진다고 해서 제조 공산품에 비교될 수는 없다. 분 단위, 심지어는 초 단위로 균질한 제조 공산품이 쏟아져 나오는 것에 비해, K팝의 생산 시스템에서는 하나의 아이돌 팀이 만들어지는 데 평균 5년 내외의 시간이 걸리는 것이 일반적이다. 그리고 산출된 팀들은 각기 다른 음악성과 이미지를 추구한다.

이렇듯 다양한 개성을 가진 아이돌들을 체계적으로 생산할 수 있는 기술을 적용하는 전략은 음악 산업이라는 불확실성이 매우 높은 환경을 극복하는 데 결정적 기여를 했다. 불확실성이 높은 환경을 극복할 수 있는 가장 효과적인 방법이 가능한 많은 수의 실험을 지속하는 것이기 때문이다. 이와 함께 K팝은 좁은 내수 시장보다는 넓은 해외 시장을 목표로 했기 때문에, 보통 생각하는 수준을 넘어선 많은 수의 아이돌 그룹이 필요했다. 점점 더 세계로 시장을 확장할수록 해외 인재들을 활용하거나 현지 팀을 생산해야 할 정도로 다양한 수요에 대응할 수 있는 많은 수의 아이돌이 필요한 것도 이 때문이다.

문화에 기술을 결합한 K팝이 성공한 가장 큰 이유는 그 기술을 대상으로 혁신을 멈추지 않았기 때문이다. 즉 기술에 대한 혁신을 지속적으로 작동시켜온 모멘텀Momentum이 존재했다. 그렇다면 이 혁신 모멘텀은 어떻게 작동되는 것인가. 조지프 슘페터Joseph Schumpeter는 혁신은 앙트러프러너Entrepreneur, 즉 혁신적 기업가에 의해 주도된다고 강조했다. 즉 혁신 모멘텀은 혁신적 인물Innovator이 자신의 꿈을 실현하기 위해, 환경으로부터의 위협을 극복하고 새로운 기회를 획득하려는 과정에서 작동하는 것이다. K팝의 경우도 프로듀서 혁신가들이 국내 음반 시장의 붕괴와 온라인 불법 복제 등 복합적 위기 요인을 극복하고, 해외 시장에서 새로운 기회를 획득하기 위해 도전하는 과정에서 혁신 모멘텀이 형성되었다.

K팝의 혁신 모멘텀을 작동시킨 혁신가로는 5인의 프로듀서를 꼽을 수 있다. 그 정점에는 이수만 프로듀서가 있다. 그는 1989년 SM기획을 설립해 힙합 그룹인 '현진영과 와와'를 데뷔시키고, 1995년 주식회사인 SM엔터테인먼트로 전환해 H.O.T.라는 '최초의 아이돌'을 생산함으로써 K팝을 출발시켰다. 그는 지금까지 가장 많은 아이돌을 데뷔시키고 성공시켰다.

이호연 프로듀서는 아이돌의 원형으로 평가받는 '소방차' 그룹을 매니지먼트하다가, 1991년 대성기획(나중에 DSP미디어로 전환)을 설립해 젝스키스, 핑클 등을 데뷔시킴으로써 아이돌계의 양대 산맥을 형성했다. 1996년과 1997년 박진영과 양현석은 각각 JYP와 YG를 설립해, 아이돌 그룹을 일본과 동남아시아는 물론 미국 시장에 데뷔시켰다. JYP에서 프로듀서로 일했던 방시혁은 2005년 빅히트엔터테인먼트를 설립해 2013년 BTS를 데뷔시켰다. 그는 신생 중소 기획사라는 한계를 극복하고, BTS라는 세계 최정상의 아이돌 그룹을 탄생시킴으로써 K팝을 세계 음악 시장에 확실히 각인시켰다.

5인의 선도적 프로듀서들은 각자의 도전 과정을 통해 다음과 같은 다섯 가지 대표적 혁신 성과를 이뤄냈다. (1) **아이돌 생산 시스템을 구축했다.** 매력적인 음악과 화려한 댄스 등으로 구성된 다양한 아이돌 그룹을 체계적으로 생산할 수 있는 시스템을 만들었다. (2) **일본 시장을 개척했다.** 국내 음악 시장 규모의 한계와 음반 시장의 붕괴라는 위기 요인을 극복하기 위해, 세계 2대 음악 시장인 일본 시장을 개척함으로써 K팝 성장의 발판을 마련했다. (3) **디지털 기반의 유통·마케팅과 글로벌 협력 네트워크를 확보했다.** 소셜미디어에 의한 마케팅을 통해 해외에서 독자적으로 소비 계층을 확보했으며, 북유럽의 작곡, 미국의 안무, 한국의 프로듀싱 등 글로벌 협력 체계로 차별적인 콘텐츠를 생산했다. (4) **월드투어가 가능한 세계적 셀러브리티를 탄생시켰다.** 대규모 공연장을 무대로 월드투어에 성공함으로써 세계 수준의 셀러브리티를 확보했다. (5) **빌보드 1위와 세계적 브랜드를 획득했다.** 2018년과 2019년 BTS의 앨범 3장과 슈퍼M의 데뷔 앨범이 빌보드 차트에 1위를 기록했다. 이러한 기록은 세계 음악 시장에서 확고한 브랜드 이미지를 획득했음을 의미한다.

이 같은 혁신 성과는 혁신의 주체인 혁신가와 그들이 처한 환경,

환경에 대응한 전략이 상호작용하면서 이뤄진 것이다. 즉 프로듀서 혁신가들이 음악 산업에서 자신의 꿈과 비전을 실현하기 위해, 환경으로부터의 위협을 피하고 새로운 기회를 획득하기 위한 전략을 감행한 결과다.

이렇듯 혁신 성과를 일궈낸 K팝의 3대 전략은 다음과 같다. (1) **아이돌화**Idolization**다.** 인재를 발굴하는 캐스팅, 아티스트다운 역량을 갖추도록 훈련시키는 트레이닝, 그룹 멤버를 구성하고 음악과 댄스로 구성된 콘텐츠를 만들어내는 프로듀싱, 소비자에게 홍보하고 콘텐츠를 유통하는 마케팅이라는 '아이돌 만들기'의 전 과정을 기업 안에 통합해 운영함으로써 효율적인 생산 시스템을 구축하는 전략을 선택했다. (2) **수익원 다변화**Monetization**다.** 음악 콘텐츠를 기반으로 광고·예능·드라마·영화 등 타 장르와 여러 미디어에 걸쳐 진출함으로써 수익을 창출하고 이를 기반으로 다양한 엔터테인먼트 분야로 수익원을 다각화했다. (3) **세계화**Glocalization**다.** 유튜브·트위터·페이스북 같은 소셜미디어의 활용을 통해 글로벌 마케팅을 하는 한편, 주요 해외 지역의 특성에 맞춘 콘텐츠 개발과 마케팅을 함께 전개함으로써 소위 글로컬라이제이션Glocalization 전략을 추구했다.

K팝이 반도체와 유사한 점

K팝을 국가대표급 수출 산업으로 성장시킨 혁신 모멘텀은 결코 정부 지원이나 어느 한 개인만의 노력으로 형성된 것이 아니다. 앞에서 설명했듯이 소수의 선도적 혁신가Innovator의 비전과 열망, 변화하

는 환경Environment, 위기를 기회로 바꾸는 전략Strategy이 상호작용해 만들어진 결과다. 이 같은 혁신 모멘텀은 K팝 산업뿐 아니라 반도체와 같은 제조업에서 작동해 세계적으로 경쟁력 있는 산업들을 만들어낸 바 있다. 그 덕분에 한국은 총 경제 규모에서 세계 12위, 수출 순위 6위의 경제 대국으로 성장할 수 있었다.

반도체와 K팝은 성격이 매우 다른 산업으로 공통점을 찾기가 쉽지 않아 보인다. 전자의 경우 모든 디지털 기기의 핵심 부품으로 한국 제조업을 대표하는 반면, 후자의 K팝은 인간 감성에 영향을 끼치는 대표적 소프트 산업이다. 그렇지만 혁신 모멘텀이라는 개념을 중심으로 보았을 때 두 산업 사이에 적지 않은 공통점을 발견할 수 있다. (1) 두 산업 모두 생산 시스템의 혁신을 통해 경쟁력을 획득했다. (2) 생산에 필요한 핵심 기능들을 조직 내부에 통합하는 '수직적 통합' 전략을 사용했다. 이는 시장의 흐름을 읽고 새로운 가치를 담아 소비자가 원하는 제품과 서비스를 가장 빠르고 효율적으로 제공하기 위한 것이다. (3) 비즈니스 모델의 재정의를 통해 상품에 대한 정의를 기존과 다르게 했다. (4) 승자 독식의 시장 구조로서 두 산업 모두 '1등만이 살아남는' 경쟁을 하는 고위험·고수익의 사업 특성을 갖는다. (5) 두 산업의 기술은 전혀 다르지만, 기술을 학습하고 축적하는 과정은 유사하다. 즉 기존 지식의 수준과 기술 학습을 위한 노력의 강도라는 두 가지 핵심 요인이 모두 높은 편이기 때문에 효율적인 기술 학습이 가능했다. 이처럼 K팝과 반도체는 전혀 다른 산업임에도 불구하고 혁신 과정에서는 유사한 패턴을 나타내고 있다. 이에 관해서 뒤에 더 자세히 설명하기로 한다.

반도체와 K팝 산업에서 일어난 혁신들은 1990년대 중반 이후 작동하기 시작한 2번째 세대의 혁신에 속한다. 이러한 2세대 혁신은 '신지식 창조'의 혁신 활동을 핵심으로 한다. 이는 한국 경제가 재빠른 추격자Fast follower에서 퍼스트 무버First mover로 전환하는 데 중요한 역할을 하고 있다. 반면 1세대 혁신은 '창의적 모방'의 혁신 활동을 특징으로 한다. '창의적 모방'이란 선진 기술의 모방을 기초로 새로운 기능을 창의적으로 추가하거나, 생산 비용이 훨씬 낮은 제품을 개발하는 것을 말한다.

한국 경제에서 2세대 혁신의 출발은 1993년 이건희 삼성그룹 회장에 의한 '신경영 선언'으로 상징된다. 잘 인지되고 있지는 않지만, 같은 시기에 K팝 산업도 2세대 혁신에 동참했다. 1995년 SM엔터테인먼트 주식회사의 설립 이후 JYP와 YG도 1996년과 1997년에 이 혁신의 흐름에 참여했다. 그뿐 아니라 온라인 쇼핑몰인 인터파크(1996), 다음커뮤니케이션(1997), 네이버 검색 서비스(1999) 등 인터넷 기업들과 넥슨(1994), 엔씨소프트(1997) 등 게임 기업들이 신세대 혁신의 물결에 동참했다.

이러한 2세대 혁신은 기존에 없는 새로운 아이디어와 지식으로 시장을 선도하는 '신지식 창조'를 특징으로 한다. 이것은 '꿈에 대한 집착Paranoid'과 '끈기Persistence'로 무장한 2세대 혁신가들이 퍼스트 무버 전략을 실천함으로써 달성될 수 있었다. 반면 과거 1세대 혁신은 '창의적 모방'을 특징으로 하는 추격형이었다. 이는 '하면 된다Spirit' 정신과 '빨리빨리Speed' 경영 기법으로 무장한 1세대 기업인들이 주로 주도했다.

이미 2세대 혁신 단계로 넘어선 한국 경제는, 과거와 다른 철학과 경영 기법을 가진 혁신 기업인들이 이끌어가고 있다. 뒤에서 더 자세한 설명으로 이어가고자 한다.

K팝의 미래는

역사상 유례없는 성공을 거두고 있는 K팝은 과연 앞으로 어떻게 될 것인가. BTS의 성공을 정점으로 점차 쇠퇴할 것인가. 아니면 그 성장세를 계속 이어가면서 또 다른 성공 신화를 써 내려갈 것인가. K팝은 이제 세계 팝 시장에서 하나의 장르로 인정받으며 초국적 음악이 되었다. 더는 한국인만의 것이 아니다. 하나의 산업으로 발전한 K팝은 전 세계로 확장된 시장을 토대로 스스로 생태계를 구축하고 국제 경쟁력을 유지해야 한다. 한편 한국의 드라마 산업은 1990년대 말부터 한류를 주도하며 2005년까지 급성장했지만 이후 성장세를 이어가는 데 실패했다. 그 이유는 무엇인가. 우리는 드라마 산업과 K팝의 사례를 비교해봄으로써 국제 경쟁력의 향배에 관해 가늠해볼 수 있을 것이다.

미래에 대한 예측과 전망을 하려면 과거와 현재에 대한 정확한 분석과 진단이 필요하다. 이 책은 K팝의 실체와 그것이 산업 경제에서 차지하는 위상을 파악하는 데 중점을 두었다. 이러한 분석을 통해볼 때, K팝은 음악이 가지고 있는 고유한 힘을 바탕으로 다양한 분야와 융합해 그 영역을 더욱 확장할 가능성이 커지고 있다. 그러나 그 잠재력은 그냥 얻어지는 것은 아니다. 혁신 모멘텀을 유지하고 더욱 확대해야 한다. 이를 위해서는 극복해야 할 과제들이 산적해 있으며, 스스로 해결해야 할 구조적 문제도 적지 않다.

그러나 원래 혁신이란 기존 틀과 질서를 깨는 것이 본질이며, 내외부로부터의 어려움을 극복해야 성공할 수 있다. 예를 들면 K팝 산업이 혁신 성장을 지속하기 위해서 다음과 같은 세 가지 도전 과제를 극복해야 한다.

(1) 경쟁력 강화다(지속 혁신과 상생 생태계 구축). K팝은 출발부터 차별화된 콘텐츠로 자신을 증명해 보여야 했기 때문에, 오로지 내부 혁신으로 경쟁력을 지속적으로 축적해야만 생존할 수 있다. 이를 위해서는 국내는 물론 전 세계로부터 다양한 전문가와 이해관계자의 역량을 모으고 활용할 수 있도록 상생의 관계를 어떻게 만들어나갈 수 있는지가 중요하다.

(2) 공간의 확장이다(해외 진출과 세계화). K팝은 협소한 국내 시장의 한계를 극복하기 위해 처음부터 해외에서 틈새시장을 개척했다. 이러한 틈새시장을 기반으로 앞으로도 세계 팝 시장에서 자신의 공간을 지속해서 확장할 수 있어야 한다.

(3) 신기술 활용을 통한 미래 적응이다(4차 산업혁명 대응). 지금까지 음악의 디지털화 추세를 이용해 기회를 잡았듯이 미래에도 AI, 로봇, 증강현실, 블록체인 등 신기술 트렌드를 활용해 시장 흐름을 선도할 수 있을지가 관건이다.

또한 이러한 미래 도전에 정부가 어떤 역할을 해야 하는지도 궁금할 것이다. 한국이나 일본에는 정부 주도의 성장 신화가 아직 존재한다. 한국의 '한강의 기적'이나 일본의 '일본 주식회사'가 그것이다. 그러나 지금까지 K팝 성장 과정에서 정부 정책이 직접 기여한 바를 찾기란 쉽지 않다. 그렇다면 과연 정부는 민간 주도의 혁신 활동에 어떤 역할을 해야 하는가.

일반적으로 생명체들이 성장하는 과정에는 어떤 패턴이 존재하기 마련이다. 무질서하게 성장하기보다는 일정한 인과 관계를 가지며 성장하는 것이 자연계의 원리다. 기업과 산업의 성장 과정에서도 이러한 인과 관계와 패턴이 존재한다. K팝 산업에서도 일정한 성장 궤도Trajectory를 관찰할 수 있다. 이러한 성장 궤도를 따라가다 보면 무엇이 강점이고 약점인지, 어떻게 미래 대응을 해나갈지가 어렴풋하게나마 그려진다.

예를 들면 K팝은 전형적인 '개척자형' 성장 궤도를 따라가고 있다. 다시 말해 '보는 음악'의 강점을 살린 혁신적 신제품으로, 세계 음악 시장에서 틈새시장을 개척함으로써 급속 성장한 전형적인 개척자형이다. 한국의 반도체 산업도 같은 유형의 성장 궤도를 따랐다. 뛰어난 기술 혁신으로 메모리 분야의 틈새시장을 개척하고 점차 그 틈새시장을 확장해나감으로써 성공한, 전형적인 개척자 유형이다.

반면 과거 메모리 반도체의 원조이자 J팝J-pop의 일본은 최고의 성능과 품질을 고집하는 장인형 성장 궤도를 따르는 경향이 있다. 다행히도 지금까지 세계적인 디지털화 추세는 개척자형을 선택했다. K팝은 앞으로도 같은 성장 궤도를 따라갈 것이다. 그러다 보면 마케팅 능력과 재무적 합리성을 무시하고 과도하고 성급한 투자를 감행하는 개척자형 특유의 함정에 빠지기 쉽다. 더욱이 K팝은 주류인 미국 팝 시장에까지 진입하는 데 성공함으로써 자만에 빠지기 쉬운 상황에 있다. 이러한 성공 함정을 극복하기 위한 전략적 대응책을 세워야 한다.

분명히 기대되는 바는 4차 산업혁명으로 위기와 기회가 교차하는 새로운 경제 환경에서, K팝 산업이 한국 경제에서 부동의 수출 1위 품목인 반도체 산업과 함께 중요한 역할을 할 것이라는 점이다. 전형적인 소프트 산업인 K팝이 제조업에 치우친 한국 경제에 새로운 활력소가 될 것이 분명하기 때문이다.

원래 문화 산업은 타 산업과의 융합과 브랜드 이미지 제고에 중요한 역할을 한다. 특히 음악은 인간의 감성과 이미지 형성에 직접적 영향을 미치기 때문에, 다양한 분야와 융합해 새로운 비즈니스를 창출할 수 있다. 4차 산업혁명의 전개로 산업 간 경계가 희미해지고 인간의 감성과 편리함에 소구하는 신사업들이 속출하는 경제 환경에서, 음악·엔터테인먼트 산업의 역할은 갈수록 커질 것이다. 따라서 음악과 엔터테인먼트 산업은 기술과 융합해 새로운 세상을 열어갈 것으로 기대된다.

기술이 결합된 곳에는 항상 혁신이 일어나기 마련이다. 이 책의 핵심 주제인 혁신은 결국 사람이 하는 일이다. 혁신가가 뜻을 세워 도전함으로써 혁신 모멘텀이 발생한다. 그리고 이 모멘텀이 유지·확대됨으로써 산업이 발전하고 경제 성장을 지속할 수 있다. 따라서 K팝 산업의 미래를 알고 싶다면, 혁신의 주역들이 어떤 꿈을 꾸고 있는지를 살펴봐야 할 것이다. 자! 이제 K팝 이노베이션의 이야기를 향해 출발해보자.

2장

K팝이 만들어낸 혁신 성과
(1996~2020)

●

새로운 주력 수출 산업이 된
문화 콘텐츠와 음악의 힘

13번째 수출 상품이 된 한류 문화 콘텐츠

한국수출입은행은 2019년 6월 보고서에서 흥미로운 자료를 발표했다. 2018년 문화 콘텐츠 수출이 75억 달러를 기록하며 13위의 수출 품목인 가전(72.2억 달러)을 추월했다고 보고했다.[1] [그림 2-1]에서 보는 바와 같이 부동의 1위 반도체 산업이 2018년 기준 1,267억 달러를 기록하며 전체 수출 물량의 21%를 차지한 것에 비교하면 매우 작은 규모다. 그러나 1959년 라디오 조립으로 시작해 초기 산업화를 이끌었던 가전 부문을 능가했다는 사실은 적지 않은 상징적 의미를 지닌다. 즉 한류의 이름으로 해외로 팔려나가는 문화 콘텐츠가 전체 수출의 1%를 넘어서면서(정확하게는 1.2%) 한국 경제의 수출을 이끄는 13번째 품목으로 떠오른 것이다.

문화 산업은 소비재에 대한 생산 유발 효과가 크고 부가가치가

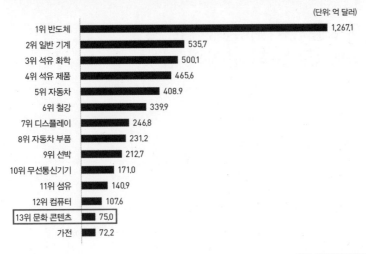

[그림 2-1] 2018년 우리나라 주력 수출 품목 수출액

(단위: 억 달러)

순위	품목	수출액
1위	반도체	1,267.1
2위	일반 기계	535.7
3위	석유 화학	500.1
4위	석유 제품	465.6
5위	자동차	408.9
6위	철강	339.9
7위	디스플레이	246.8
8위	자동차 부품	231.2
9위	선박	212.7
10위	무선통신기기	171.0
11위	섬유	140.9
12위	컴퓨터	107.6
13위	문화 콘텐츠	75.0
	가전	72.2

출처: 한국수출입은행

높은 창조 산업에 속한다. 이러한 창조 부문의 약진은 한국 경제의 구조 개선을 위해 매우 의미 있는 추세다. 우리나라 수출 구조는 중간재와 자본재 중심이다. 그러다 보니 소비재는 전체 수출의 10% 내외를 차지하는 정도다. 신규 수출 시장의 확대를 위해서는 소비재 수출의 확대가 불가피한 실정이다.[2] 따라서 한류 문화 콘텐츠의 약진은 소비자의 감성과 취향에 의해 직접 영향을 받는 소비재의 해외 개척에 긍정적 영향을 끼칠 것으로 기대되고 있다.

이렇듯 문화 산업의 중요성이 점점 더 커지는 이유는 그 파급 효과 때문이다. 문화 산업은 다른 분야의 경제 주체들에게 기대되지 않은 혜택을 발생시키는 대표적 분야다. 이를 외부 편익Externality이라고 부른다. 예를 들면 특정 문화상품은 소비 자체에 그치지 않고 사회 구성원 전체에게 행복과 자부심을 줌으로써 삶의 질을 향상시킬 수 있다. 이외에도 드라마 촬영지나 각종 페스티벌 사례에서 보듯이 지역 경제를 활성화하고 국가 브랜드를 제고시킨다. 특히 소비자의 기호나 취향에 의해 선택되는 상품의 경우 문화적 친밀도가 소비에 중요한 영향을 끼치기 마련이다.[3]

한편 한국수출입은행이 분석한 한류 콘텐츠의 소비재 수출 견인 효과를 보면 통계적으로 유의한 결과를 산출하고 있다. 특정 지역에 방송·음악·게임·캐릭터 등 한류 콘텐츠 수출이 증가하면 그 증가분의 2.48배의 소비재 수출(화장품·식품·의류·가전·휴대폰)이 증가한다고 한다. 그 결과 2018년 총 75억 달러의 콘텐츠 수출이 186억 달러(약 20.5조 원)의 소비재 수출을 견인한 것으로 나타났다. 이러한 소비재 수출의 생산 유발 효과를 계산하면 총 365.1억 달러(약 40.2조 원)로 추정된다.[4]

그동안 한류의 확산으로 화장품과 식품은 물론 가전과 휴대폰의 수출이 늘고 있다는 통념이 통계 분석으로 증명되고 있다. 특히 인터넷과 소셜네트워크서비스 등의 급속 발전에 힘입어 최근 전 세계로 확장되고 있는 음악·드라마·게임·영화 등 한류 콘텐츠로 인해 문화적 친밀감과 취향을 공유한 동호인들이 국경·나이·성별·종교를 초월해 공감대를 확장하고 있다. 세계 각국의 한류 동호인 수를 보면 가입 기준으로 1억 명에 육박한다. 또 다른 척도인 한국어능력시험 응시자 수도 2010년 14만 9,000명에서 2018년 26만 4,800명으로 80% 증가했다. 이는 한류를 중심으로 형성된 가상의 문화 영토이자 국가의 미래 핵심 자산으로서 중요한 가치를 갖는다.[5]

음악의 힘, 0.1%의 비밀

우리는 행복, 용기, 정체성, 감정적 힘의 원천으로서 음악에 의존하는 경향이 있다. 음악은 그것을 즐기는 사람들 사이에 정서적 유대를 형성함으로써 단순히 경제적 효과로만 계산할 수 없는 큰 가치를 만들어낸다.[6] 세계적 록그룹 U2의 리더인 보노Bono는 음악의 힘을 다음과 같이 표현했다. "음악은 사람을 변화시킬 수 있다. 그러기 때문에 음악은 세상을 바꿀 수 있다Music can change the world, because it can change people."

그러나 현실적으로 음악 산업 자체는 상대적으로 규모가 매우 작다. 거기에 종사하는 음악가들과 관계자들은 열악한 환경에서 활동한다. 이는 세계 최대 음악 시장을 가지고 팝 음악을 주도하고 있는 미국도 마찬가지다.

2017년 기준 세계 음악 시장 규모는 약 500억 달러(약 55조 원)이며 이 중 미국이 187억 달러로 3분의 1을 차지한다. (일본은 61억 달러로 세계 2위를 차지하고 있다.) 이러한 미국의 음악 시장은 미국 전체 GDP의 약 0.1%를 차지하는 정도에 불과하다. 미국 사람들이 1,000달러를 소비할 때마다 1달러 정도를 음악에 소비한다는 것이다. 이때 음악 소비액은 디지털 음원 구매, 공연 티켓, 음반 판매, 로열티 등에 관련된 지출 총액을 포함한 것이다. 미국 인구조사국 자료Census Bureau Data에 의하면 2016년 기준 음악과 관련된 종사자 수는 약 21만 3,000명으로 전체 고용자의 0.13%를 차지한다고 한다.[7]

열악한 음악 산업의 현실에 대해 세계적 가수 빌리 조엘Billy Joel은 다음과 같이 이야기한다. "스타나 유명 가수가 되는 것은 잊어버려

라. 집세를 내고 뮤지션으로 음식과 생필품을 살만큼 돈을 벌 수 있다면 그것만으로 이미 성공한 것이다."[8]

빌리 조엘의 말은 음악 관계자들의 삶은 비록 경제적으로 어렵고 불확실하지만, 그것을 능가하는 개인적 보람과 성취감이 존재함을 강조한다. 대부분 뮤지션에게 주어지는 보상은 열정적으로 음악 작업을 함으로써 얻어지는 본질적인 기쁨, 열정적인 음악인들과 협업해 사람들을 즐겁게 했다는 보람, 음악과 관련된 기술의 연마로부터 오는 성취감 등을 말한다.

하지만 만약 0.1%대의 경제적 비중에 불과한 음악 산업이 미국 경제에서 사라진다고 상상해보자. 이는 비틀스 없는 영국이나 할리우드 없는 미국을 상상하는 것과 유사하다. 국민이 느끼는 행복감이 감소하는 효과를 경제적으로 따진다면 아마 상상을 초월하는 평가가 나올 것이다. 또한 전 세계 소프트파워 1위이자 국가 브랜드 가치 1위인 미국이라는 국가 이미지에 치명타를 가할 것이다.

한국의 경우 음악 시장은 그 크기에서 세계 9위를 차지한다. 대략 미국 시장의 20분의 1, 일본의 7분의 1 규모다. 국가 전체 GDP에서 차지하는 비중은 약 0.06%로 추산된다(2017년 한국 전체 GDP 1,730조 원을 기준으로 9억 달러의 한국 음악 시장 규모를 대입했다). 이는 미국의 0.1%보다 낮은 수준이지만, 세계 평균치 정도로 평가된다.

2017년 세계 음악 시장이 세계 GDP 총액의 0.06%인 500억 달러를 차지했다.[9] 이렇게 작은 규모의 내수 시장 기반의 K팝이 오늘날 새로운 수출 상품으로 그리고 국가 이미지 제고의 일등공신으로 성장했다는 사실은 가히 혁명적인 사건일 수밖에 없다. 덕분에 한국의 음악 산업은 수출 전략 품목이 되고 그 주역인 아티스트와 프로듀서는 국가를 대표하는 얼굴이 되었다. 앞으로 한국은 이들이 만들어낸 0.1%의 힘을 활용해 어떻게 혁신적인 경제를 만들어갈지 고민해야 할 것이다.

한류 대표, K팝

K팝이 태동기이던 1990년대 말, 한류 열풍은 드라마로 시작했다. 1997년 드라마 〈사랑이 뭐길래〉가 중국 TV에서 인기를 끌고 2000년 〈가을동화〉가 히트한 이래, 2002년 일본에서 〈겨울연가〉로 한류 열풍이 급속 확산되었다. '한류'라는 용어 자체는 중국의 《인민일보》가 처음 만들어 사용한 것으로 알려졌다. 당시 1호 '아이돌'인 그룹 H.O.T.가 베이징에서 공연한 대형 콘서트를 보도하면서 '한국 음악의 유행'이라는 의미로 썼다고 한다.[10] 이후 일본과 대만 등으로 수출된 TV 드라마 덕분에 한류가 급성장했으며 2002년부터 드라마 수출이 수입을 넘어섰다.

그러나 이러한 한류 약진에 대한 반작용으로 일본과 중국 등지에서 '반한류' '혐한류' 현상이 등장해 2006년에는 드라마 수출이 감소하고 한류 콘텐츠의 국제 경쟁력에 대한 우려가 커졌다. 특히 국내 전문가들은 한류라는 갑작스러운 현상에 대해 비관적 견해가 적지 않았다. 한마디로 '일시적 유행'일 것이라는 견해가 많았다.

다행히 한류는 게임과 K팝 음악의 대약진으로 지속 성장할 수 있었으며 오늘날 문화 콘텐츠 산업이 새로운 수출 품목으로 떠오르는 데 기여했다. 특히 K팝은 좁은 내수 시장과 음반 시장의 붕괴라는 위기 요인을 극복하고 인터넷·모바일 기술이 가져온 새로운 기회에 올라타며 해외로 뻗어나갔다.

이러한 한류의 대약진에 대해 영국의 BBC 방송은 〈한국, 조용한 문화 초강대국〉이라는 다큐멘터리를 통해 "한국이라는 작은 나라가 제조업을 넘어 한류라는 자신들의 문화를 수출하기 시작했다"라고 보도했다.[11] 특히 아시아 시장을 점령하고 전 세계로 확산하고 있는 K팝을 집중 조명했다. 해외 미디어는 K팝을 한국의 전통문화라기보다 서양 문화에 기반을 둔 문화상품으로 평가한다. 그 문화상품이 "기존의 서양 음악에 비해 독특하며 더 날카롭고 더 압도적"이라는 평가를 내린다.[12] 이들이 K팝의 성공 요인으로 주목하는 것은 문화 기업들의 '적극적'인 국제화 전략이다.

아이러니하게도 우리 기업들이 '적극적'일 수밖에 없었던 이유는 협소한 내수 시장과 불법 복제가 난무한 상황 속에서 살아남는 유일한 길이 해외 진출이었기 때문이다. 어쨌든 한국의 음악 산업은 일본과 미국의 음악을 모방하던 수준에서 벗어났고 이제는 거꾸로 일본과 미국의 주류 음악계가 한국을 주시하게 되었다.

K팝 산업의 힘

[그림 2-2]에서 보는 바와 같이 2018년 전체 문화 콘텐츠 수출에서 음악, 즉 K팝 산업이 차지하는 비중은 6.8%다. 2006년 1.6% 정도를 차지한 것과 비교할 때 그 성장세가 매우 크다고 할 수 있다. 특히 K

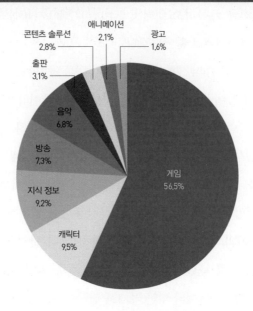

[그림 2-2] 문화 콘텐츠 수출 내 분야별 비중

콘텐츠 솔루션
2.8%

애니메이션
2.1%

광고
1.6%

출판
3.1%

음악
6.8%

방송
7.3%

지식 정보
9.2%

캐릭터
9.5%

게임
56.5%

팝 산업의 촉매 역할을 주목해야 한다. 빵으로 치면 누룩에 해당하는 효과를 말한다. 선진형 산업 구조일수록 내구성이나 가격으로 선택받는 제품보다는 이미지와 감성에 호소해 소비되는 제품들이 중요한 역할을 한다. 음악을 비롯한 문화 콘텐츠 산업은 바로 이러한 감성형 소비재 산업의 발전에 촉매 역할을 한다.

무엇보다 K팝 수출의 생산 유발 효과를 주의 깊게 볼 필요가 있다. 앞에서 문화 콘텐츠의 평균 소비재 수출 유발 효과가 1달러 수출에 소비재 수출 2.48달러라고 했다. 이에 비해 K팝은 1달러 수출에 17.77달러로 약 17배가 넘는 유발 효과를 나타냈다. 이러한 평가치를 고려할 때 K팝의 소비재 수출 유발 효과는 다른 문화 콘텐츠의 7배에 달하는 것으로 평가할 수 있다. 따라서 문화 콘텐츠 수출 총액의 6.8%를 차지하는 K팝의 비중은 실제 파급 효과를 감안하면 47%(6.8%×7배)가 넘는 비중으로 평가할 수 있다. 이는 우리가 실제로 느끼고 있는 K팝의 위상과도 일맥상통한다.

한편 K팝이 속한 한국 음악 소비 시장은 음반과 디지털 음원 구매, 공연 티켓, 로열티 등을 포함해 2017년 기준 9억 달러(약 1조 원)에 불과하지만 음악 산업의 총매출액은 5조 8,000억 원에 이른다. 주로 온라인 유통업, 노래연습장 운영업, 음악 제작업, 음악 공연업 등이 주류를 이루고 있다. 특히 증가하는 수출액을 주목해야 한다.

거의 모두 K팝이 만들어내고 있는 수출은 2008년 1,600만 달러에서 2017년 5억 1,000만 달러로 10년 동안 연평균 45%의 놀라운 성장세를 보였다. 2017년 기준 일본으로의 수출이 3억 2,000만 달러로 가장 큰 비중을 차지했으며 중국이 약 2억 달러로 그다음을 차지한다. 전체 수출액의 96.6%가 일본, 중국, 동남아 등 아시아에 편중되어 있다. 이에 비해 음악 수입액은 2017년 1,300만 달러로 수출액의 단 2%에 불과하다. 그중 절반 이상을 유럽에서 수입하고 있다. 한마디로 유럽 등에서 수입한 소규모의 음악 원재료와 국내의 창의적 자원을 활용해 완제품을 아시아 전역에 수출하고 있다고 할 수 있다.

그런데 최근 아시아 중심의 K팝 산업에 큰 변화가 일어났다. 세계 팝을 주도하고 있는 미국 시장에 본격적으로 진입한 것이다. 이를 상징적으로 알린 것이 2018년 BTS의 빌보드 앨범 차트 1위 기록이다. 세계에서 가장 공신력 있는 음악 차트인 빌보드 앨범 200 차트

에서 불과 1년 사이에 3개의 앨범이 연속해서 1위를 차지한 건 비틀스와 몽키스밖에 없었다고 한다.[13]

여기에 고무되어 2019년부터 많은 미국 아티스트와 기업들이 K팝과의 협업을 본격화했다. SM엔터테인먼트는 그룹 NCT127과 슈퍼M을 CMG와 협력해 미국 시장에 공식 데뷔시켰다. 그 결과 슈퍼M이 또다시 빌보드 차트 1위를 기록하는 성과를 거뒀다. YG의 블랙핑크는 인터스코프와 협력해 활발한 활동을 펼치고 있다.

이렇듯 세계적인 기업들과의 협업이 늘어나고 있는 이유는 K팝의 산업적 파급력이 그만큼 크기 때문이다. 예를 들면 2018년 미국 내 전체 음반 판매량이 16% 감소한 것과 달리 K팝의 미국 내 앨범 판매량은 93만 장으로 전년 대비 무려 499%가 늘었을 정도다.[14]

스트리밍 서비스에서도 재생 음악의 언어를 보면 한국어가 영어, 스페인어에 이어 3위를 차지하고 있다. 전 세계 수십억 명이 한국어로 된 음악을 듣고 있는 것이다. 그러나 K팝이 미디어 노출을 통해 미국 주류 사회에까지 영향을 끼치려면 앞으로 시간이 더 걸릴 것으로 평가된다. 미국 음악 시장은 매우 보수적이다. 과거 1960년대 흑인 음악과 1980년대 힙합을 받아들이는 데도 오랜 시간이 걸렸다. 성급한 투자가 실패하기 쉬운 시장이다. 이러한 어려움을 극복하려면 매우 조심스러운 전략이 필요하다. 이에 관해서는 7장의 '이카로스 패러독스'에서 더 논의하기로 한다.

02

●

아이돌의 탄생과
K팝의 성장

아이돌의 탄생

K팝이 산업적으로 급속 성장할 수 있었던 가장 큰 요인은 기존 음악과 달리 아이돌이라는 상품을 비즈니스 모델로 삼았기 때문이다. K팝과 아이돌은 개념적으로 동전의 앞뒤 같은 불가분의 관계라고 할 수 있다. 아이돌Idol이란 큰 인기로 대중에게 우상이 된 존재를 말한다. 이돌룸Idolum이라는 라틴어에서 파생되었는데, 인간들이 금속·돌·나무 등으로 만들어 숭배하는 상像을 의미한다. 현재 아이돌은 대중음악계에서 주로 청소년층에게 큰 인기와 영향력을 끼쳐온 가수를 의미하며 K팝의 탄생과 성장 과정에서 핵심 요소가 되었다.

한국 음악 시장에서 아이돌이라는 이름으로 명명된 최초의 가수는 다름 아닌 1996년 9월 데뷔한 그룹 H.O.T.다. H.O.T.는 1995년 이수만 프로듀서가 자신의 사업체를 주식회사 형태로 전환한 SM

엔터테인먼트라는 문화 기업이 처음으로 생산해낸 아이돌 그룹이다. 보이그룹의 형태적인 면에서는 1987년 데뷔한 소방차가 그 원형의 모습을 보여주었지만, K팝 그룹의 개념적 정의를 완성한 것은 H.O.T.가 처음이다. 1992년 데뷔한 '서태지와 아이들'이 고루한 사회 문화에 충격을 주고 대중음악계의 판도를 바꾸었지만, 시스템적 생산 체계 안에서 만들어진 산출물은 아니었다.

K팝 아이돌 그룹 1호인 H.O.T.는 "데뷔하자마자 신드롬을 일으키면서 1990년대 후반 대한민국 대중가요계를 평정했으며, 중화권 시장까지 사로잡아 한류의 문을 열었다"라는 평가를 받았다. 1996년 9월에 데뷔해 2001년 5월까지 4년 8개월 동안 활동한 H.O.T.는 성공한 아이돌의 궤적을 전형적으로 보여주었다. 예를 들면 100만 장이 넘는 앨범 판매를 4개나 기록하고 방송 3사의 가요 대상을 휩쓰는 그랜드 슬램을 달성했으며 국내 가수 최초로 잠실 주경기장 공연을 매진시켰다. 역대 최대 팬클럽을 형성함으로써 K팝 팬덤의 출발을 알렸다.

H.O.T.라는 혁신적 성과물이 탄생하기까지 뛰어난 아티스트와 창의적 프로듀서가 결정적 기여를 했지만, 그 배경에는 사회 분위기의 변화도 중요한 역할을 했다. 특히 1980년대 말 민주화 운동 이후 대중문화 통제와 권위적인 군사 문화에서 벗어났고 표현의 자유가 보장됨에 따라 음악계는 대중의 정서를 자유롭게 반영하고 표현할 수 있게 되었다. 이와 함께 1990년대 중반부터 개인소득 1만 달러 시대에 진입함에 따라 중산층이 늘어나고 음악 소비가 늘어났다.

H.O.T.는 K팝 아이돌의 출발점으로서 아이돌이 성공하기 위해 갖

취야 할 특성을 잘 나타내고 있다. 한마디로 성공한 아이돌의 DNA 가 무엇인지 보여준다. 다음은 H.O.T. 이래로 성공한 아이돌의 전형적인 특징들이다.

사회적 참여와 문제의식

현재 K팝 정상에 위치한 BTS가 성공한 이유 중 하나로 청년들의 문제를 정면으로 다루는 가사와 그들의 사회적 문제의식에 대한 높은 공감대를 꼽는다. 그러나 이는 이미 1호 아이돌인 H.O.T. 때부터 존재했던 특징이다. 원래 H.O.T.라는 그룹 이름은 'High-five Of Teenagers'의 약자로 '10대들의 승리'를 의미한다. 당시 당당한 소비 계층으로 떠오른 10대들이 느끼고 있는 문제의식과 사회적 불합리성을 정면에서 다루는 것이 그룹의 정체성임을 분명히 한 것이다. 첫 앨범인 〈전사의 후예〉는 사회 비판적 가사와 강렬한 사운드를 특징으로 한다. 이후 앨범들도 전쟁과 서열주의 비판, 청소년 수련원 화재 사고 추모, 장애인에 대한 사회적 차별 등을 다뤘다.

뮤지션으로서의 능력

문화 기업에 의한 체계적 생산물로 탄생한 아이돌 그룹에 대해 적지 않은 부정적 이미지가 있다. 그중 가장 많이 언급되는 것이 '기획사가 만들어주는 음악으로 부속품같이 활동한다'라는 비판이다. 그러나 BTS나 빅뱅 등 성공한 아이돌들은 작곡, 콘셉트, 안무, 심지어는 프로듀싱까지 창작 전반에 직접 참여한다. 10대의 나이에 데뷔한 H.O.T.의 경우도 아티스트로서의 역량을 키우기 위해 데뷔 초부터 작곡을 배웠으며 멤버 전원이 작곡과 작사뿐 아니라 편곡, 믹싱, 마스터링까지 직접 했다.

특히 강타는 그룹 해체 이후에도 다수의 자작곡을 히트시켰고 보아와 소녀시대의 노래를 작곡했으며 드라마 음악 감독을 맡는 등 성공한 뮤지션으로 자리 잡았다. 문희준과 장우혁은 데뷔 전부터 댄스 대회 수상 경험이 있을 정도의 전문가로 거의 모든 곡을 안무했으며, 이들의 춤은 이후 비보이나 K팝 댄서들에게 많은 영감을 준 것으로 알려졌다.

팬덤 형성

H.O.T.의 인기는 팬클럽의 활성화로 이어졌으며 '빠순이'라는 말도 이때 만들어졌다고 한다. 공식 팬클럽을 넘어서는 팬덤 현상은 H.O.T. 팬들에 의해 처음 형성되었다는 평가다.

예를 들면 흰색 풍선으로 통일한 응원 도구가 등장하고 'Club H.O.T.'가 스스로 결성되어 현수막, 플래카드, 응원봉 등을 조직적으로 사용했으며 건전한 팬 문화를 형성한다는 명목으로 'Club H.O.T. 10계명'을 만들어 자정 노력과 함께 공연장의 질서 관리를 스스로 할 정도였다. 팬 동호인 안에서 H.O.T. 멤버들이 등장하는 소설을 쓰고 공유함으로써 소위 '팬픽Fan+Fiction'이라는 신조어가 만들어졌다.

요즈음은 소셜네트워크서비스 발달로 흔히 볼 수 있는 팬덤 활동이지만 당시에는 팬들 간 상호 소통을 통해 스스로 공동체를 형성한다는 것이 쉽지 않은 여건이었다.

셀러브리티화와 착한 이미지

인기 가수가 미디어에 의해 유명해지는 현상을 셀러브리티화라고 한다. 이는 미디어에 의해 셀러브리티(셀럽)로서 대중에게 주목받고 사회적으로 큰 영향력을 갖게 되는 것을 말한다. H.O.T.의 경우도 미디어에 노출되면서 폭발적 인기를 얻었고 '대중으로부터 주목받고 영향을 끼치는 사람'이라는 의미의 셀러브리티가 되었다. 이에 따라 10대들의 생활에 영향을 끼치고 사회적 변화를 이끌어내기도 했다.

예를 들면 학용품과 팬시 같은 관련 상품들이 불티나게 팔리고 자서전이 출간 열흘 만에 20만 권이 팔려 출판 역사상 최단 시간에 베스트셀러 1위를 기록하기도 했다. H.O.T. 캐릭터가 그려진 '틱톡 에쵸티'라는 음료수는 당시 음료 업계 1위 코카콜라 판매량을 한때 앞지르기도 했다. 이와 함께 공연이 열리는 날에는 전국 여학생들의 조퇴를 막기 위해 교육부가 조퇴 금지령을 내릴 정도였다고 한다.

한편 평론가들은 H.O.T. 인기 비결의 하나로 '착한 이미지'를 꼽았다. 이는 H.O.T에 열광하는 자녀들을 걱정하는 부모들을 안심시키는 요인이 되었다고 한다. 이러한 모범생 이미지는 이후 아이돌들에게도 적용되어 엄격한 도덕적 기준을 요구하는 단초가 되었다. 오늘날 BTS가 추구하는 '선한 영향력'의 기원도 여기에서 찾을 수 있다.

그러나 미국의 역사학자 대니얼 부어스틴Daniel J. Boorstin이 지적했듯이 셀러브리티는 단지 미디어에 의해 유명하기 때문에 유명인이며 악명이나 비난의 대상이 되기 십상이라고 한다.[15] H.O.T.도 기록적인 팬클럽 회원 수와 함께 안티 사이트가 생긴 가수로도 기록을 남겼다. 오늘날 많은 연예인이 악플과 조롱으로 고생하는 것도 이러한 셀러브리티화의 부정적 단면이라고 할 수 있다.

이렇듯 H.O.T.는 국내에서의 놀라운 성과와 함께 해외 시장에서도 당시로는 생각하기 어려운 성공을 거뒀다. 특히 중화권에서의 인기가 매우 높았다. 2000년 2월에는 한국 가수 최초로 중국의 베이징공인체육관에서 단독 콘서트를 개최했다. 당시 1만 명 관객을 동원했으며 태극기를 들고 밤샘하는 현지 팬들을 취재한 중국 언론이 '한류'가 몰려오고 있다는 보도를 하면서 한류라는 단어를 처음으로 사용하게 만들었다.[16] 그 밖에 현지에서 직접 활동하지는 않았지만, 일본이나 아시아권뿐 아니라 유럽과 북미에서도 마니아층이 생겼다고 한다. 1999년 미국 MTV에서는 '국제시청자상'을 H.O.T.의 〈열맞춰!(Line UP!)〉 뮤직비디오에 수여하기도 했다.

이러한 해외에서의 성과는 SM엔터테인먼트의 '세계화' 전략의 시작을 의미하기도 했지만, 당시에는 쓰이지 않았던 K팝이라는 용어가 탄생하는 출발점이기도 했다.

K팝 정의와 산업적 성장

K팝은 단어로 보면 'Korean Pop(Popular music)'으로 한국의 대중음악이라는 의미다. 이에 따라 일부 대중음악 전문가들은 광의로 한국 대중음악 전부를 포함하는 개념으로 사용하기도 한다.[17] 협의로는 한국 대중음악 중 주로 댄스, 힙합, R&B, 발라드, 록, 일렉트로닉 음악 등을 일컫는 말로도 사용할 수 있다.

그러나 이러한 명확하지 못한 정의로는 지난 25년 동안 전 세계를 상대로 발전해온 K팝의 성장 과정을 제대로 이해할 수 없다. K팝이라는 말은 우리가 처음 사용하지 않았다. 해외에서 만들어져 역수입된 용어다. 특히 세계 음악 시장에서 먼저 자리를 잡고 있던 J팝에 대별되는 개념으로 사용하기 시작했다. 일본에서 유행하기 시작한 한국 아이돌 그룹의 음악을 일본 사람들이 자신의 음악과 구별해 K팝이라고 부르기 시작한 것이 그 출발이라고 할 수 있다.[18] 즉 2000년대 세계 음악 시장으로 퍼져나간 한국의 아이돌 중심 대중음악에 대해 자연스레 붙여진 이름이라는 것이다.

따라서 K팝은 음악의 특성이나 장르로 정의되는 것이 아니라 음원, 음반, 공연, 방송 등 다양한 형태로 해외에서 소비되는 한국 대중음악으로 정의될 필요가 있다.[19]

결론적으로 K팝은 산업연구원KIET이 2015년 발표한 보고서 「K-Pop의 경쟁력 강화를 위한 정책방안」에서와 같이 '해외에서 화제를 일으키고 소비되는 아이돌 그룹의 음악'으로 정의하는 것이 바람직하다. 이러한 정의는 한국에서 만들어진 대중음악이지만 해외에서 소비됨으로써 비로소 K팝이 되는 K팝의 본질적 특징을 반영한다.[20] K팝이 세계 시장에서 보여준 드라마틱한 성장 과정을 이해하려면 이 같은 정의가 필수적이다.

K팝은 해외 유수의 미디어들이 평가하고 있듯이 '기존에 없는 개성과 새로움'을 가진 콘텐츠로서, 초국적 개성을 소유하고 있는 문화 수출 상품이다. 다시 정리하면 K팝은 H.O.T.라는 1호 생산품을 시작으로 전 세계적으로 확산된, 정보통신 인프라를 활용해 과거에는 상상할 수 없었던 세계 시장을 개척하는 데 성공한 혁신 성

과물이라고 할 수 있다.[21] 그 결과 K팝은 국내 음악 시장의 재편을 촉발했다.

이렇듯 K팝은 개별 아티스트나 개인 프로듀서가 우연히 하루아침에 이뤄낸 것이 아니다. 개인의 창의력과 예술적 경험에 의존해온 기존의 예술 영역에, 반복 재현이 가능한 기술을 결합해 기업 차원에서 체계적으로 추진해온 혁신의 산물이다. 이러한 혁신 성과는 대중예술을 지속 가능한 산업으로 발전하는 데 결정적 기여를 했다.

앞에서 언급한 산업연구원의 보고서는 국내에서는 처음으로 이러한 혁신 과정에 주목하고 혁신 이론 관점에서 K팝 산업의 경쟁력을 분석했다. 이 보고서는 국내 음반 산업의 극심한 침체에도 불구하고 새로운 기회를 찾아 해외 시장을 개척하는 데 성공하고 국내 음악 시장에 활력을 되찾을 수 있었던 것은 일련의 혁신이 있었기 때문이라고 주장한다.

특히 K팝을 한국 음악 산업에 나타난 혁신 활동의 결과라고 평가하는 이유에 대해 "SM과 같은 선도적인 기업이 새로운 아이디어로 기존의 방식과는 다른 경영 활동의 결과로서 K팝 시장을 개척하고 부가가치를 창출했기 때문"이라고 주장했다.

이 보고서는 K팝 산업의 출발점으로 1989년 SM기획이라는 개인 사업체를 시작한 이수만 프로듀서와 1995년 주식회사로 전환한 SM엔터테인먼트라는 혁신 기업을 주목했다.[22] 혁신 활동을 수행할 혁신가와 혁신 기업이 등장해 국내 음악 시장의 위기를 극복하려 했기 때문이다. 이후 JYP, YG 등 후발 경쟁자들이 등장해 이들 간 선의의 경쟁을 통해 혁신이 가속화되고 K팝 시장의 파이가 급속히 확대되었다.

특히 이수만을 비롯한 프로듀서 혁신가들은 상품에 대한 정의를 기존과 다르게 했다. 즉 기존 음악 시장에서는 음반으로 구현된 '음악'이 핵심 상품이었던 것에 반해, 프로듀서 혁신가들에게는 그 음악을 생산하고 실연하는 '아이돌' 자체가 핵심 상품이었다.

이들에게 아이돌은 비즈니스 모델이고 수익 창출의 원천이다. 따라서 이들은 이 핵심 상품이 고도의 품질을 유지하며 안정적으로 공급되도록 기업 내부에 생산 시스템을 구축하는 혁신을 단행했다. 아울러 소셜미디어의 적극적 활용을 통해 세계 음악 시장을 상대로 유통·소비의 혁신을 이뤄냄으로써 지속 가능한 산업 생태계를 구축하는 데 성공했다. 이렇게 구축된 산업 생태계를 기반으로 25년 동안 370개가 넘는 아이돌 그룹이 창출되었고 K팝은 새로운 문화 수출 상품으로서 국가 브랜드를 획기적으로 높이는 데 기여했다.

03

●

컬처 테크놀로지(문화 기술)가 만든 혁신: 아이돌을 중심으로

프로듀서 혁신가의 컬처 테크놀로지

조지프 슘페터는 혁신은 혁신적 기업가$_{Entrepreneur}$, 즉 혁신가에 의해 추진된다고 주장했다. 그런데 그 혁신이 어떤 성과물을 산출하는지는 추진 주체인 혁신가와 혁신 기업의 기술 능력에 의해 결정된다. 기술이란 오늘날 주로 공학적인 생산 기술을 뜻하지만 원래 '무엇인가를 만들어내고 성취하는 방법'이라는 넓은 의미다. 어원적으로는 예술이나 의술 등을 포함하는 다소 포괄적 개념이다. 원래 예술적 창의성과 과학적 창의성은 같은 인지 활동에서 기인하기 때문에 근본적으로 다르지 않다고 한다.[23] 과학이든 예술이든 미래 예측이 어렵고 불확실할수록 인간의 뇌는 더 기발해지며 모든 창의적 사고의 배경에는 공통의 인지 메커니즘이 작용하기 마련이다.[24]

K팝 같은 문화 기업의 경우 기술 능력은 대부분 프로듀서 혁신가

의 암묵적 지식에 의존한다. 이때 기술 능력은 기존 지식을 소화하는 능력(모방)뿐 아니라 새로운 지식을 창조하는 능력(신지식 창조)까지를 포함한다.[25] 기업은 자신의 현안 과제나 잠재하는 문제를 파악하고 이것을 풀기 위해 새로운 지식을 발전시키는 과정을 통해 기술 능력을 축적하고 발전시키기 마련이다.[26]

예를 들면 이수만 프로듀서는 국내 음악 산업에서 처음으로 컬처 테크놀로지(문화 기술)라는 용어를 만들어 사용했다. 그는 문화 기술을 SM엔터테인먼트가 구축한 캐스팅, 트레이닝, 프로듀싱, 마케팅, 매니지먼트 등의 전 과정을 지칭하는 말로 사용했다. 그는 이 문화 기술에 의해 아이돌을 체계적으로 생산해내는 시스템을 구축하고자 했다.

기업은 공학이든 예술이든 이러한 기술 능력을 증대시키기 위해 효과적인 기술 습득 방식을 갖추는 것이 매우 중요하다. 기술 혁신 이론에 의하면 이 기술 능력을 효과적으로 습득하려면 기존 지식의 수준과 기술 습득을 위한 노력의 강도라는 두 요소를 모두 갖춰야 한다고 한다.[27] [그림 2-3]은 웨슬리 코헨Wesley Cohen과 대니얼 레빈달Daniel Levinthal의 모델이다. 이 모델은 두 변수 즉, 기존의 지식 정도와 노력의 강도에 의해 기술 능력 습득의 과정이 달라짐을 2×2 매트릭스로 나타내고 있다.

우리는 이 모델을 통해 볼 때 K팝이 빠른 시간에 세계적 수준의 기술 능력을 갖춘 이유를 알 수 있다. 첫째는 프로듀서 혁신가들의 지식 수준이다. 이들은 1970년대 가수와 MC로 이름을 날렸던 이수만 프로듀서의 예와 같이 모두가 음악 산업에서 직접 가수로 활동

[그림 2-3] 기술 습득의 동태적 과정[28]

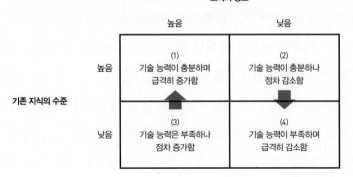

노력의 강도

	높음	낮음
높음	(1) 기술 능력이 충분하며 급격히 증가함	(2) 기술 능력이 충분하나 점차 감소함
낮음	(3) 기술 능력은 부족하나 점차 증가함	(4) 기술 능력이 부족하며 급격히 감소함

기존 지식의 수준

출처: 김인수, 1997

하거나 작곡가 또는 프로듀서로 활동하면서 상당한 수준의 암묵적 지식을 축적하고 있었다. 그들의 열정적 노력이 더해 기술 습득이 급속히 증가했던 것이다([그림 2-3]에서 (1) 상한에 속한다). 이러한 분석을 토대로 할 때, K팝 기술을 다른 국가에 이전시킨다 해도 현지 기업의 기존 지식이 취약하거나 노력의 강도가 약하면 혁신적 성과를 내기 어렵다는 추론을 해볼 수 있다.

특히 주목할 점은 디지털화로 인해 국내 음반 시장이 붕괴 수준에 이른 당시의 위기 상황이 기술 습득을 오히려 더 급진적으로 진전시켰다는 사실이다. 이는 위기 상황에도 불구하고 혁신 기업은 급진적인 방법으로 그들의 기술 능력을 제고시키고 경쟁력을 향상시킴으로써 그 위기를 기회로 바꿀 수 있음을 말해준다. K팝의 성공은 바로 이 같은 기술 혁신 활동의 결과라고 할 수 있다.

K팝 기술 혁신의 역사

앞에서 살펴보았듯이 기존의 지식 수준과 노력의 강도는 기술 혁신, 즉 기술 능력의 제고에 중요한 영향을 끼친다. 점진적인 기술 능력 개선은 일상적 행동에 의한 학습Learning by doing에 의해 일어나지만, 급진적인 혁신(기술 능력 전환)은 종종 위기에서 생겨난다.

K팝은 국내 음악 시장의 위기 국면으로부터 급속한 기술 혁신을 통해 위기로부터 기회를 이끌어낸 전형적인 혁신 사례에 속한다. 다시 말해 1990년대 후반 정보통신 기술의 발달은 국내 음반 시장의 붕괴를 가져왔지만, 이수만 같은 프로듀서 혁신가가 등장해 급진적 기술 능력 향상을 기반으로 새로운 아이디어로 새로운 비즈니스 모델을 창출하는 데 성공한 것이다. 이들이 지난 25년간 수행한 주요 기술 혁신 활동의 성과물이 바로 아이돌 그룹이다.

10대 중심의 음악 소비 시장을 토대로 1999년까지 수십 개 그룹이 쏟아져 나온 이래로 2000~2010년엔 100개 그룹이, 2011~2019년엔 200개가 넘는 그룹이 데뷔함으로써 가속적으로 혁신이 이뤄졌다고 할 수 있다. 다음은 K팝 기술 혁신에 핵심을 이루고 있는 아이돌의 역사를 간단히 정리한 것이다.

H.O.T.·S.E.S.·핑클

1995년 주식회사 형태의 문화 기업으로 전환한 SM엔터테인먼트는 1996년 9월, 1호 아이돌 H.O.T.를 데뷔시킴으로써 K팝에서 기술 혁신 활동을 가동했다. H.O.T.의 주요 활동과 성과에 대해서는 앞에서 언급한 바와 같다.

이에 자극받은 또 다른 프로듀서 혁신가인 DSP미디어(구 대성기획)의 이호연 대표는 애당초 듀엣 그룹의 계획을 수정해 젝스키스라는 6인조 그룹을 데뷔시켰다. 이후 NRG, 신화, g.o.d(groove over dose) 등 1세대 남성 아이돌의 시대가 열렸다.

S.E.S.는 1997년 11월 SM엔터테인먼트가 데뷔시킨 3인조 걸그룹이다. 당시 미국과 일본 등에서는 스파이스걸스와 SPEED 등 여성 그룹들이 인기를 끌었지만, 국내에서는 여성 가수의 입지가 척박했다. 이수만 프로듀서는 1996년 가을부터 걸그룹 프로젝트를 기획하고 수천 명이 넘는 오디션 과정을 통해 멤버를 선발했다. 체계화된 트레이닝과 음악 프로듀싱에 대한 투자 등을 통해 우수한 멜로디와 편곡, 세련된 캐릭터와 안무, 차별적인 뮤직비디오라는 여성 그룹의 성공 요소를 갖추도록 했다.

특히 2집 타이틀곡인 〈Dreams Come True〉는 처음으로 유럽 곡을 활용해 성공한 사례다. 이수만 프로듀서는 1997년 프랑스 칸에서 개최된 음원 마케팅 전시회에서 이 곡을 발견하고 무작정 핀란드로 작곡가를 찾아가 직접 만난 자리에서 계약을 성사시켰다. 그는 이 일이 오늘날 전 세계 작곡가 네트워크를 구축하는 첫걸음이었다고 회고한다.[29] 일단 수입한 곡을 가수에 맞게 수정하는 프로듀싱 과정을 통해 최종적으로 완성하는 방법도 이때부터 시작되었다고 한다.

H.O.T.에 이어 S.E.S. 역시 해외 시장 개척이라는 이수만 프로듀서의 비전 아래 데뷔 초기부터 일본 시장에 진출했다. 한국과 일본을 일주일 단위로 오가며 활동했다. 2000년 3월 열린 단독 콘서트

에서 국내 처음으로 인터넷 티켓 판매가 시도되고 한국·일본·대만 등 100여 명의 기자단과 3개 언어로 기자 회견을 하며 아시아의 스타임을 증명해 보였다. 이 당시 S.E.S.는 한국 가수로는 2번째로 미국《빌보드》에 '새로운 아시아 스타'라고 소개되었다.

한편 S.E.S.와 쌍벽을 이뤘던 핑클은 1998년 5월 DSP미디어의 이호연 대표가 데뷔시킨 4인조 걸그룹이다. S.E.S.와 함께 걸그룹 역사상 최초로 라이벌 구도를 만들어내면서 아이돌 생태계를 활성화하는 성과를 이뤘다. 이후 소녀시대와 원더걸스의 예에서 보듯이 라이벌 스타 마케팅이 일반화되었다. 핑클은 데뷔부터 인기를 얻으며 K팝 최고의 걸그룹으로 손꼽혔다.

보아

보아는 2000년 8월 만 13세 나이로 데뷔한 솔로 아이돌 가수다. 보아는 K팝의 본질을 가장 잘 보여주는 대표적 성공 사례에 속한다. 만 10세의 초등학생을 캐스팅해 신비 프로젝트라는 기획을 통해 노래, 안무, 영어·일본어 등 3개 국어를 익히는 트레이닝 과정을 거쳤다. 당대 최고의 작곡가와 음반 제작자들 심지어 강제규 영화감독까지 투입되어 대규모 프로듀싱 과정을 거쳐 데뷔했으며, 처음부터 해외 시장을 목표로 했다. 한국에서의 데뷔 직후인 2001년 현지 대형 유통사인 에이벡스Avex를 통해 신인으로 일본에 데뷔했다.

이후 1년 가까운 공백기를 거쳐 2002년 한국 가수로는 처음으로 일본 정규 앨범이 오리콘 앨범 차트 1위에 오르면서 100만 장 판매 기록을 세웠다. 이후 2008년까지 일본 베스트 히트 가요제에서 골드 아티스트상을 연속 6회 수상하며 지속적 인기를 누렸고 전체 일본 여가수 중 수익 2위를 기록하며, 꿈꿨던 일본 시장 진출 목표를 달성했다. 가창력·댄스·외모 등을 다 갖춘 전형적인 K팝 아이돌로서 '아시아의 별'이라는 별칭답게 국제적인 아티스트로서 성공했다. 당시 MTV가 아시아 최고 아티스트를 대상으로 처음 제정한 'The Most Influential Artist'상을 싱가포르에서 받았다.

이러한 보아의 혁신 활동은 국내 음악 시장의 위기를 타개하고 해외 시장을 개척해야 하는 K팝 산업의 당면 과제를 해결하는 데 매우 중요한 역할을 했다. 보아의 성공을 토대로 SM엔터테인먼트의 해외 진출이 가속화되고 일본 시장이 K팝의 성장 발판으로서 중요한 역할을 하기 시작했다.

보아는 일본 시장에 그치지 않고 당초 목표인 세계 시장을 향해 한 단계 더 도전했다. 2008년 싱글 앨범을 발매하고 미국 진출을 시작한 것이다. 보아의 미국 활동을 지원하기 위해 SM엔터테인먼트는 미국 현지법인을 설립했으며 한국 가수로는 처음으로 미국에서의 앨범 1집이 빌보드 앨범 차트에서 127위를 기록하기도 했다.

이후 2013년과 2014년 한국과 일본에서 단독 콘서트를 열면서 다시 돌아왔지만, 보아의 미국 진출은 S.E.S.가 일본 진출의 초석이 되었듯이 후배 아이돌 그룹들의 미국 진출에 소중한 경험이 되었다.

싸이·비

싸이는 2001년 데뷔한 댄스 가수이자 작곡가·프로듀서다. 그는 K팝 역사상 가장 센세이셔널한 아이돌로서 월드스타의 위치까지 오른 인물이다. 싸이는 'Psyco'의 줄임말인데, 팬클럽 이름 역시 '싸이코' 이듯이 엽기적 이미지로 국내에서 인기를 얻었다. 그는 1집 앨범을 직접 프로듀싱했는데, 직설적인 사회 비판적 메시지가 특징이었다. 이후 우여곡절을 겪으며 2010년 YG엔터테인먼트 가수가 되었다.

3대 K팝 기업인 YG의 기획력을 기반으로 2012년 7월에 발표된 뮤직비디오 〈강남스타일〉이 미국과 유럽을 포함해 전 세계로 퍼졌고 100일 만에 유튜브 조회 수 5억 건을 넘었다. BBC, CNN, 《뉴욕타임스》 등 유수 미디어들이 '말춤 신드롬'을 집중 보도했다. 싸이의 〈강남스타일〉은 빌보드 싱글 앨범 핫 100 차트에서 7주간 연속 2위를 기록했으며 미국 아이튠즈 뮤직비디오 차트 1위, 아메리칸 뮤직 어워드 뉴미디어상 수상 등을 기록했다. 〈강남스타일〉 뮤직비디오는 그동안 30억 뷰를 넘었다. 싸이는 1억 뷰 이상의 뮤직비디오를 6편 보유하고 있다.

이렇듯 싸이가 한국어로 만들어진 노래와 뮤직비디오로 세계적으로 엄청난 반향을 일으키고 월드스타로 세계적 셀러브리티로 부상한 일은 아무도 상상하지 못한 사건이었다.

'비Rain' 역시 3대 K팝 기업인 JYP의 연습생으로 시작해 2002년 솔로 가수로 데뷔했다. 그는 자신의 음악과 함께 2003년부터 출연한 드라마의 히트로 한류 톱스타로 자리매김했다. 이후 'Rain'이라는 이름으로 아시아권 투어 진행에 성공했으며 할리우드 영화에도 진출해 한국이 배출한 1세대 월드스타라는 이미지를 남겼다.

그는 아시아 전역에 100만 장이 넘는 앨범을 판매했으며 아시아 주요 도시들에서 콘서트를 성공적으로 개최했다. 2006년에는 한국 연예인으로는 처음 《타임》지가 선정한 '세계에서 가장 영향력 있는 100인'에 올랐다.

동방신기·슈퍼주니어·빅뱅

동방신기는 2004년 SM엔터테인먼트가 일본과 중국은 물론 아시아 시장으로의 진출을 목적으로 데뷔시킨 남성 아이돌 그룹이다. 동방신기의 앨범은 2015년까지 누적 판매 실적이 1,400만 장을 넘김으로써 K팝 역사상 처음 1,000만 장의 위업을 달성했다.

동방신기는 H.O.T.와 보아 이후 2세대 아이돌의 선두 주자로 평가된다. 동방신기는 데뷔와 함께 국내 음악 시장을 석권했으며 각종 시상식에서 신인상과 본상을 함께 받는 진기록을 남겼다. 이는 신세대 음악의 원조라고 할 수 있는 서태지와 아이들 이후 2번째다.

동방신기는 국내 데뷔 다음 해에 바로 보아의 방식대로 일본 현지 기업인 에이벡스를 통해 데뷔했다. 그러나 한국에서 최고 아티스트로 평가받은 것과는 상관없이 일본에서는 3년 넘게 소규모 라이브 하우스를 전전하며 신인으로서 활동을 어렵게 이어가야 했다.

2008년 초 일본에서만 16번째 발표한 싱글 앨범이 오리콘 차트 1위에 오른 것을 시작으로 3연속 1위를 유지하며 드디어 한일 양국에서 정상에 오르게 된다. 도쿄 돔 단독 콘서트 개최와 함께 아시아 시장을 상대로 인기를 이어가던 중 2010년에 3명의 멤버가 이탈했다. 2명으로 팀이 축소됨에도 불구하고 2013년 단일 공연장으로는 일본 최대 규모인 닛산 스타디움에서 7만 명이 넘는 관중 앞에서 공연을 성공시켰다. 이는 전문적 프로듀싱을 통해 일본뿐 아니라 한국에서도 스타가 나올 수 있다는 사실을 확연히 보여주는 계기가 되었다. 2014년에는 일본 골든 디스크 대상에서 5관왕 달성이라는 전무후무한 기록을 세웠다.

군 복무 후인 2017년 말에는 일본 5대 돔 투어를 하며 해외 아티스트 최초로 '5대 돔 투어 3회'라는 신기록을 세웠다. 2018년 초 또다시 닛산 스타디움에서 3일 연속 공연이라는 대기록을 세우며, 그해 일본 전체 콘서트 중 관객 동원 1위를 기록했다. 누적 관객 수는 100만 명을 돌파했다. 《빌보드》도 동방신기가 3일간 투어를 통해 거둔 대기록을 보도했다. 이 같은 동방신기의 성과는 보아가 이룩한 일본 시장 개척을 완성의 단계로 확장했다는 데서 그 의미가 크다고 할 수 있다.

슈퍼주니어는 12인조로 데뷔한 보이그룹으로, 2005년 동방신기 같은 연습생 시절을 보내며 1년 늦게 데뷔했다. 주로 중화권과 동남아를 중심으로 최고의 인기를 구가했다. 중국에서는 슈퍼주니어가 공연하는 날에는 도로 통제령이 내릴 정도였다고 한다. 2014년에는 중국 최초 음악 순위 경연 프로그램에서 2회 연속 1위를 차지하는 대기록을 세웠으며 대만에서는 100주 넘게 앨범 차트 1위를 기록했다. 동남아시아에서도 가장 인기 있는 K팝 그룹으로 알려졌다.

슈퍼주니어의 월드투어는 'Super Show'라는 브랜드로 K팝 가수 중 전 세계적으로 가장 넓은 지역에서 가장 많은 관객을 확보한 것으로 알려졌다. 2008년 초부터 시작한 월드투어는 아시아는 물론, 드디어 남미와 유럽까지 진출함으로써 2019년 기준 총 140회를 개최했다. 누적 관객 수는 200만 명에 달하는 것으로 알려졌다. 이 그룹은 처음부터 MC·코미디·연기·뮤지컬 등 다양한 장르에서 활동하도록 기획한 것이 특징이다.

한편 빅뱅은 2006년 YG에서 데뷔한 4인조 보이그룹이다. 이 그룹은 음악성과 영향력에 있어 K팝 시장에서 독보적인 위치에 있다. 빅뱅은 〈리얼 다큐 빅뱅〉이라는 서바이벌 프로그램으로 멤버를 결정한 특이한 데뷔 과정을 거쳤으며, 뮤직비디오에서 K팝 가수 중 가장 많은 조회 수를 기록했다. 2017년 발표한 〈Fantastic Baby〉는 3억 뷰를 기록하며 싸이에 이어 역대 2위를 기록했다. 그들이 발표한 9곡의 뮤직비디오가 각각 1억 뷰를 돌파했으며 솔로곡까지 포함하면 16곡이나 1억 뷰를 기록했다.

경제 전문지 《포브스》는 2012년과 2014년 빅뱅을 한국의 파워 셀러브리티 2위에 선정했다. 빅뱅은 2008년 월드투어를 시작해 매년 콘서트를 이어갔으며 2016년과 2017년 월드투어에서는 각각 100만 명이 넘는 관객을 유치함으로써 월드스타로서의 이미지를 확고히 구축했다.

원더걸스·소녀시대·카라

원더걸스는 2007년 JYP에서 데뷔한 걸그룹으로 소녀시대와 함께 경쟁 구도를 만들며 1990년대 말부터 시작된 1세대 걸그룹 붐을 다시 일으켰다. 원더걸스는 데뷔하자마자 〈텔미〉, 〈소핫〉, 〈노바디〉 등 3곡을 연속 히트시키며 국내는 물론 아시아 전역에서 K팝 열풍의 선두에 섰다.

이러한 성공을 기반으로 2009년 국내 활동을 멈추고 미국 진출을 시도했다. 조나스 브라더스 콘서트의 초대 손님 형식으로 미국 전역을 투어했으며 한국 가수 최초로 빌보드 싱글 앨범 핫 100 차트에 76위를 기록했다. 3년 동안 미국 시장에서 활동하며 영·미 시장 진출을 위한 선구적 역할을 했다.

소녀시대Girls' Generation는 원더걸스와 같은 해에 SM엔터테인먼트에서 9인조 걸그룹으로 데뷔했다. 2009년부터 전성기에 도달해 K팝을 대표하는 국민 걸그룹으로 최고의 인기를 구가했다. 2018년 평창올림픽 홍보 영상에 한류를 대표해 등장하기도 했다.

2019년 기준 8개의 뮤직비디오가 조회 수 1억 뷰를 넘었으며 2018년 기준으로 국내외 누적 앨범 판매량 500만 장을 기록했다. 2011년에는 '소시파이드'라는 이름의 미국 팬클럽이 자생적으로 결성되어 첫 정기모임을 하기도 했다.[30] 이는 영미권에서 K팝 인기의 시작을 알리는 신호이기도 했다.

소녀시대는 2010년 쇼케이스를 시작으로 일본 활동을 시작했다. 이때 사전 홍보나 마케팅 없이 유튜브를 통한 뮤직비디오 공개만으로 2만 명이 넘는 관객을 모았다. K팝의 마케팅 수단으로서 소셜네트워크서비스의 위력을 처음으로 확인한 사건이었다.

2010년 10월 일본에서 발매된 싱글 앨범 〈Gee〉가 첫날 오리콘 데일리 싱글 차트에서 1위를 했고 2011년 발매한 첫 정규 앨범이 오리콘 데일리 차트 1위를 하면서 보아의 기록인 23만 장을 넘어섰다. 2012년 일본 오리콘에서 발표한 총매출액 순위에서 7위를 기록하며(약 550억 원) 한국 가수로는 가장 높은 매출액을 기록했다.

2013년 이후 일본 내 반한류 분위기에도 불구하고 20회가 넘는 아레나 투어를 이어가며 확실한 팬덤을 형성했다. 한편 일본의 유력 경제 주간지인 《닛케이 비즈니스》는 표지를 소녀시대로 장식하며, 이들이 데뷔 때부터 글로벌 시장을 겨냥하는 등 삼성전자나 현대자동차의 전략과 유사하다고 분석했다.[31]

2012년 1월에는 한국 가수로는 처음으로 미국 CBS의 〈데이비드 레터맨 쇼〉에 출연하는 등 미국 3대 방송사 모두에 출연했다. 스페셜 앨범 〈더 보이즈〉가 스페인과 프랑스 앨범 차트에 진입하기도 했다. 2015년부터 미국의 인터스코프 레코드사와 프랑스의 폴리도르 레코드사를 통해 미국과 유럽 진출을 시도했다. 중국에서의 인기도 매우 높아 2014년에는 중국 팬 미팅 투어를 하기도 했다. 그러나 2016년 중국 정부가 사드 배치 보복으로 한한령을 발동함으로써 한국 연예인의 방송·영화·CF·공연 등의 활동이 금지됨에 따라 중국에서의 활동은 할 수가 없었다.

카라 역시 소녀시대, 원더걸스와 같은 해에 데뷔한 걸그룹이다. 핑클을 키운 DSP미디어 이호연 대표의 작품으로 앞의 두 걸그룹과 함께 2세대를 대표하는 아이돌로 손꼽힌다.

2009년 2월 일본 라디오에 소개된 것을 계기로 1년 후 첫 쇼케이스를 했다. 일본에서는 유니버설뮤직 재팬을 통해 신인으로 활동을 시작했으며 2011년 카라를 주인공으로 한 드라마 〈우라카라〉가 도쿄TV에서 방영된 것을 계기로 첫 정규 앨범이 오리콘 데일리 차트 1위를 기록했으며 일본 잡지에 가장 많이 등장하는 K팝 아이돌이 되었다. 2011년에 발매된 싱글과 정규 앨범 모두 오리콘 차트에서 1위를 차지했다. 이 기록은 세계적 걸그룹 놀란스Nolans가 30년 전에 세운 기록에 이어 2번째라고 한다. 카라는 이후 일본 활동에 집중하면서 일본 시장에서는 소녀시대, 빅뱅, 심지어는 BTS보다 더 많은 인기를 얻은 그룹이 되었다.

샤이니·엑소·NCT

샤이니는 SM엔터테인먼트의 지속적 혁신의 일환으로 독특하고 새로운 음악을 추구하는 아이돌 그룹으로 2008년 탄생했다. 컨템퍼러리 밴드라는 별명과 함께 기존과 차별화된 음악 세계를 가지고 있으며, 멤버 모두 앨범 제작 과정에 참여하는 음악성을 발휘해 일찍부터 유럽 시장의 진출이 기대되었다.

2010년 말 일본에서의 단독 콘서트를 시작으로 EMI뮤직 재팬을 통해 일본 시장에 성공적으로 진출했다. 오리콘 싱글 주간 차트에서 세 번 연속 3위 안에 진입함으로써 데뷔부터 기록을 세웠다. 이후 대만·중국·싱가포르에서 단독 콘서트를 했으며 영국 런던의 오데온 웨스트엔드 극장에서 단독 공연을 했다. 2014년에는 활동 폭을 넓혀 멕시코시티와 부에노스아이레스 등 남미와 대만·상하이·자카르타 등에서 공연했다. 샤이니는 SM엔터테인먼트 특유의 음악 스타일에서 탈피한 새로운 장르를 추구한다는 평가를 받을 정도로 파격적인 스타일과 음악을 추구하고 있다.

엑소는 2012년 데뷔했으며, 지구의 패러렐 세계인 '엑소 플래닛'에서 온 새로운 스타라는 의미의 보이그룹이다. 엑소는 데뷔 시 한국 그룹 6명과 중국 그룹 6명으로 구성되면서 아이돌의 새로운 형태를 추구했다. 즉 한국어와 중국어로 같은 노래를 부름으로써 양국에서 동시에 활동하는 전략을 수립한 것이다. 그러나 중국인 멤버들의 탈퇴로 그 전략적 혁신은 2016년 데뷔한 NCT로 미뤄지지만, 엑소는 처음부터 목표로 삼은 중국 등 아시아 시장은 물론 북미와 유럽에서 인기를 얻었으며, 2018년 평창 동계올림픽 폐막식 공연으로 서구권에서의 인기도 급상승했다. 발매하는 앨범마다 새로운 음악 스타일로 성공하는 그룹으로 평가받고 있다.

한국에서 아이돌 최초로 5년 연속 대상 수상, 전 세계 최단 기록 콘서트 표 매진 기록(1.47초), 세계 밴드 중 음반 판매량 5위 등 많은 기록을 보유하고 있다. 유튜브 조회 수에서도 1곡이 3억 뷰, 5곡이 2억 뷰를 넘었고 1억 뷰가 넘은 곡이 12개가 있다. 그들의 유튜브 동영상은 영어 다음으로 아랍어 자막이 많을 정도로 중동에서의 인기도 높다. 일본에서는 해외 그룹으로 처음으로 첫 싱글과 정규 앨범 모두 오리콘 주간 차트 1위를 하는 기록을 세웠다. 2018년 현재 팬클럽 회원 수가 460만 명이며 아시아권은 물론 서구와 중동으로 팬층을 확장하고 있다.

NCT는 'New Culture Technology(신문화 기술)'의 약자로 그동안 이수만 프로듀서가 추구해오던 'Culture Technology', 즉 문화기술의 개념을 적용한 아이돌 그룹이다. 2016년 데뷔한 NCT는 개방성과 확장성을 특징으로 하기 때문에 멤버의 영입이 자유롭고 멤버 수도 제한이 없다. NCT라는 그룹명 아래 전 세계 각 도시를 기반으로 각 팀이 순차적으로 데뷔할 예정이다.

현재는 경도 127인 서울의 팀을 의미하는 NCT 127, 어린 소년으로 구성된 NCT Dream, 중국 팀인 WayV 등이 구성되어 있으며

NCT U를 통해 기존 멤버들이 지역과 팀을 넘어 다양한 구성을 가능하게 했다. 서울팀 NCT 127은 미국 CMG그룹을 통해 활동하며 2019년 빌보드 앨범 200 차트에서 11위를 기록하기도 했다. 중국팀 WayV도 중국 내 각종 차트에서 1위를 하며 정상급 그룹으로 활동하고 있다. NCT는 기존 아이돌 그룹과 달리 수십 명이 넘는 다국적 멤버가 전 세계를 상대로 활동한다는 의미에서 매우 파격적이고 혁신적인 개념의 아이돌 형태라고 할 수 있다.

BTS·슈퍼M

BTS는 2013년 데뷔한 7인조 보이그룹으로 현재 K팝뿐 아니라 아시아 출신 가수를 대표하고 있다. BTS라는 이름은 잘 알려진 바와 같이 '방탄소년단'의 약자로 '총알을 막아내듯이 10대로 살아가면서 경험하는 고난·편견·억압을 막아내겠다'라는 뜻을 지녔다. H.O.T. 이후 사회 부조리에 대한 문제의식이 K팝 아이돌의 DNA에 있듯이 BTS는 10대들이 느끼는 삶과 사랑, 사회의 억압과 부조리를 그들 나름의 독특한 시각과 감성으로 표현함으로써 세계적인 공감대를 형성했다. 모든 멤버가 작사·작곡·프로듀싱에 참여함으로써 그룹의 음악성을 인정받고 있다.

BTS는 중소 기획사인 빅히트엔터테인먼트를 통해 데뷔함으로써 초창기부터 방송 홍보나 마케팅에서 한계가 있었다. 그러나 데뷔 전부터 트위터·블로그·유튜브 채널을 통해 전 세계 팬들과 소통함으로써 오히려 방대한 콘텐츠를 제공하는 아이돌 그룹이 되었다. 그 결과 2019년 기준 공식 팬 카페 회원 수가 150만 명이 넘으며 트위터 팔로우 2,000만 명, 유튜브 '방탄TV' 구독자 2,000만 명이 넘는 거대한 팬덤을 형성하고 있다.

BTS는 이러한 팬덤을 바탕으로 각종 경제적 효과와 사회문화적 신드롬을 일으키고 있다. 미국 CNBC는 향후 10년간 한국 경제에 37조 원 이상의 경제적 가치를 창출할 것이라고 보도했다. 고려대학교 편주현 교수팀은 2019년 10월 26일, 27일, 29일 세 번 개최한 공연만으로 1조 원에 달하는 경제적 효과(직접 효과 3,307억 원, 간접 효과 5,922억 원)를 거뒀다고 분석하기도 했다. 그리고 2018년 평창 동계올림픽 기간 방문한 28만 명의 67%인 18만 7,000명의 관광객을 유발한 것으로 나타났다.[32]

BTS는 신인으로서의 기간을 지나 2016년부터 빌보드 차트에 진입하면서 서구권에서 인기가 가열되기 시작했다. 일본 시장에서도 2017년 말 6일 연속 오리콘 데일리 및 주간 차트 모두에서 1위에 올랐다. 흥미로운 것은 이 당시 BTS의 일본어 앨범이 빌보드 앨범 200 차트에서 43위를 기록하기도 했다는 사실이다. 이후 BTS는 그동안 K팝 역사에서 없었던 신기록을 세워나갔다. 2017년 빌보드 뮤직 어워드 톱 소셜 아티스트 부문을 수상한 것과 함께 2018년에는 2장의 앨범이 빌보드 200 차트에서 1위를 기록했다. 이어서 2019년 또 1장의 앨범을 빌보드 200 차트 1위에 올림으로써 모두 3장의 앨범이 빌보드 차트에서 1위를 하는 신기록을 세웠다. 이와 함께 2020년 1월에 열린 제62회 '그레미 어워즈' 무대에서의 공연은 전 세계 음악인들에게 깊은 감명을 주었다.

BTS는 세계적인 셀러브리티로서 강력한 사회문화적 영향력을 발휘하고 있다. 2018년 한국 가수 최초로 UN 총회에 참석해 전 세계 청소년을 대상으로 한 캠페인 행사를 했다. 2020년 1월에는 런던 킹스턴대학에서 BTS 국제 학제 간 학술대회가 열리기도 했다. 이 학술대회에서는 BTS의 팬이며 다양한 국적과 전공을 가진 140명의 학자가 자발적으로 모여 이틀간 학술 토론을 했다.[33]

슈퍼M은 SM엔터테인먼트가 샤이니, 엑소, NCT127, WayV에서 멤버를 선발한 7인조 보이그룹이다. 슈퍼M은 'Matrix'와 'Master'를 의미하는 M이 상징하듯이 글로벌 음악 팬을 이끄는 스타이자 전문가인 뛰어난 아티스트가 모여 '막강한(슈퍼)' 시너지를 제공한다는 뜻이라고 한다. 슈퍼M은 2019년 10월 타이틀곡 〈Jopping〉의 공개와 함께 미국 유통사인 CMG의 로스앤젤레스 본사 앞에서 쇼케이스를 통해 데뷔했다. 앨범 데뷔 직후 열흘 만에 빌보드 앨범 200 차트에 1위를 기록했다. 데뷔 앨범 1위는 비틀스 이후 처음일 정도로 대기록으로 평가된다. 이로써 한국은 BTS의 1위 앨범 3장과 함께 모두 4장의 앨범이 빌보드 1위를 기록한 국가가 되었다.

슈퍼M의 멤버들은 다국적 아티스트로 한국어·영어·태국어·중국어·일본어·광둥어 등이 가능하고 영어가 모국어인 멤버가 2명이 있어 의사소통에 있어 한층 강화된 면모를 보이고 있다. 슈퍼M은 NCT의 미국 유통사인 CMG가 이수만 프로듀서에게 새로운 K팝 프로듀싱을 제안한 것이 주된 계기였다고 알려졌다. 슈퍼M은 SM엔터테인먼트의 어벤져스 그룹으로 불리지만 이수만 프로듀서가 추구해온 '다양한 콘텐츠의 융합'이라는 전략의 일환이며 다음 단계로 진화할 K팝의 미래를 암시한다고 할 수 있다.[34]

트와이스 · 블랙핑크

트와이스는 2015년 JYP에서 데뷔한 9인조 걸그룹으로 '눈으로 한 번, 귀로 한 번 감동을 준다'라는 뜻을 지녔다. 이 그룹 이름은 '보는 음악'으로서 K팝의 특징을 잘 나타낸다. 트와이스의 멤버는 방송국 서바이벌 프로그램을 통해 선발되었는데 그 과정에서 박진영 프로듀서뿐 아니라 대중의 의견까지 반영해 선정한 것으로 알려졌다. 멤버 안에는 일본인과 대만인이 각각 3명과 1명이 포함되어 다국적 출신으로 구성되었다.

2017년 일본 데뷔 이후 해외 출신의 신인으로는 최단 기간(21개월)에 도쿄 돔에서 공연하는 기록을 세웠다. 이러한 성과를 기반으로 2019년에는 로스앤젤레스, 시카고 등 미주 4개 도시를 포함해 전 세계 17개 지역에서 월드투어를 29회 했다. 2016년 발표한 뮤직비디오가 여성 가수로는 최초로 3억 뷰를 넘었으며 2020년 1월 현재 5억 뷰를 돌파했다. 거의 모든 멤버가 작사나 작곡 등에 참여해 자신들의 생각과 메시지를 담아내는 등 적극적인 음악 활동을 하는 팀으로 알려졌다.

블랙핑크는 YG에서 2016년 데뷔한 걸그룹이다. 데뷔부터 세계 시장을 목표로 삼았고 2018년 미국 진출을 시작했다. 발표한 거의 모든 뮤직비디오가 1억 뷰를 넘으며 걸그룹 최초로 최단 시간 1억 뷰를 돌파하는 기록을 세웠다. 미국 진출을 위해서 세계 최대 음반사인 유니버설뮤직 계열의 인터스코프(마돈나, U2 등 정상급 가수들의 앨범을 유통)와 계약했다. 그 결과 빌보드 앨범 200 차트 40위와 빌보드 핫 100 55위로 빌보드 메인 차트에 동시 진입하는 기록을 세왔다. 특히 인스타그램의 팔로워 수가 1,500만 명이 넘는 등 걸그룹 중 최고의 기록을 세우고 있다. 블랙핑크는 2019년 월드투어를 통해 440억 원이 넘는 매출을 기록한 글로벌 걸그룹으로 성장했다.[35]

K팝 혁신의 성과라고 할 수 있는 아이돌 그룹의 수는 2000년대 들어와 가속적으로 증가했으며 언급한 대표적 사례들 외에도 많은 혁신적 음악 그룹이 데뷔했다. 예를 들면 2세대 아이돌 그룹으로 2007년 데뷔한 FT아일랜드는 모든 멤버가 작사와 작곡에 참여하는 음악적 재능을 토대로 일찍부터 일본 시장에 데뷔해 큰 인기를 끌었으며 밴드 공연의 상징적 장소인 부토칸에서 한국 밴드로는 처음으로 공연하기도 했다. 이 그룹은 대만의 G-Music 차트에서 1위를 하면서 중화권에도 진출했다.

2009년 YG에서 데뷔한 4인조 힙합 걸그룹인 2NE1(투애니원)도 주목할 만하다. 기존의 K팝과 차별화된 음악과 개성으로 그 실력을 일본과 북미에서 인정받았다.

한편 아이돌 3세대에 접어든 2015년에는 몬스타엑스라는 6인조 보이그룹 역시 방송 서바이벌 프로그램을 거쳐 데뷔했으며 신인 그룹이지만 미국에서 활발한 활동을 하고 있다. 같은 해에 여자친구라는 6인조 걸그룹이 중소기획사인 쏘스뮤직에서 데뷔했다. 걸그룹 여자친구는 2018년 일본 음반사 킹레코드를 통해 일본 시장에 진출했으며 《빌보드》는 주목해야 할 K팝 아티스트로 꼽기도 했다.

K팝의 5대 혁신 성과

앞 절에서 살펴보았듯이 K팝은 1996년 첫 아이돌인 H.O.T. 이후 최근 2019년까지 20여 년 동안 세계 음악 시장에서 비약적 성장을 했다. 물론 그 핵심에는 아이돌이라는 차별적 콘텐츠의 생산·유통·소비에 관한 혁신이 있었다. 이러한 혁신을 기반으로 수많은 아이돌이 활동하며 놀라운 성과를 만들어냈다. 시기별로 보면 1996년부터 2010년까지 약 150개의 아이돌 그룹이 데뷔했다. 이후 데뷔 추세는 더욱 가속화되어 2011년부터 2019년까지 223개 그룹이 데뷔했다. 이런 추산을 토대로 할 때 20여 년 동안 K팝 산업이 창출한 아이돌은 공식 데뷔 기준만으로 볼 때 370개가 넘는다.

이러한 아이돌 그룹을 세대별로 나눠 분석해보면 [표 2-1]과 같다. 먼저 1세대 원조 격인 H.O.T.와 2세대 대표 주자인 동방신기, 3세대 대표 주자인 BTS와 엑소를 기준으로 할 때 자연스럽게 8년

[표 2-1] 세대별 아이돌 그룹과 혁신 성과

구분	1세대	2세대	3세대
기간	1996~2003년	2004~2011년	2012~2019년
주요 아이돌	H.O.T., S.E.S., 보아, 싸이, 비	동방신기, 슈퍼주니어, 빅뱅, 샤이니, 원더걸스, 소녀시대, 카라	엑소, BTS, 트와이스, NCT, 블랙핑크, 슈퍼M
혁신 내용	아이돌 탄생, 일본 시장 개척	아시아 시장 완성, 글로벌 협력 네트워크, SNS 마케팅, 월드투어	월드스타, 빌보드 1위, 세계적 브랜드
데뷔 수	75개	83개	200개

주기로 세대 구별이 가능하다. 즉 1996~2003년을 1세대로 볼 때 H.O.T., S.E.S., 핑클, 보아, 싸이, 비 등이 속한다.

1세대는 처음으로 아이돌 생산 시스템을 갖추고 경쟁적으로 혁신 활동을 함으로써 국내 시장에서 아이돌 붐을 일으켰다. 더 중요한 것은 국내 시장의 한계를 극복하기 위해 세계 2위의 음악 시장인 일본 진출을 이뤄냈다는 사실이다. 1세대 중 싸이는 특이한 사례로서 데뷔 한참 후인 2012년에 뒤늦게 〈강남스타일〉로 세계적 스타가 되었다. 1세대에서 출발해 3세대 시작 무렵에 세계 시장에서 인정받은 셈이다.

2세대는 2004~2011년의 기간으로 동방신기, 슈퍼주니어, 빅뱅, 샤이니, 원더걸스, 소녀시대, 카라 등이 속한다. 2세대에서는 유럽을 비롯해 전 세계 작곡가 및 프로듀서들과의 협력을 체계화함으로써 한층 강화된 콘텐츠를 생산했다. 이를 유튜브·인스타그램·트위터 등 소셜네트워크서비스를 통해 아시아권은 물론 유럽과 영미권 음악 시장으로 마케팅을 확대해나갔다. 특히 슈퍼주니어의 〈쏘리쏘리〉는 남미에서까지 폭발적 인기를 얻으며 K팝이 더욱 글로벌해졌고 이후 싸이 등의 미국 진출에 발판이 되었다고 할 수 있다.

3세대는 2012년 이후 현재까지로 엑소, BTS, 트와이스, NCT, 블랙핑크, 슈퍼M 등이 대표적 혁신 성과물이다. 이들 대부분은 영미권을 포함한 월드투어로 수익을 극대화함은 물론 빌보드 차트의 상위권에 오름으로써 세계적 브랜드를 만들어냈다. 이처럼 1세대로부터 3세대로 이어지는 아이돌을 기반으로 K팝은 다음과 같은 다섯 가지 혁신 성과를 만들어냈다.

아이돌 생산 시스템의 구축

1996년 1호 아이돌로 데뷔한 H.O.T.는 과거와는 다른 비즈니스 모델과 시스템에 의해 탄생했다. 과거 개인 아티스트나 개별 프로듀서 중심으로 '음악'이라는 상품을 앨범에 담아 주먹구구식으로 파는 사업 방식에서 벗어나, 음악의 실연자인 아이돌 그 자체를 상품으로 다시 정의하고 수익을 창출하는 방식을 선택했다. 이를 위해 인재 발굴을 위한 캐스팅, 아티스트를 훈련하는 트레이닝, 콘텐츠를 만들어내는 프로듀싱, 홍보·유통을 위한 마케팅을 통합해 운영함으로써 효율적인 아이돌 생산 시스템을 구축했다. 이러한 생산 시스템에 의해 문화 기업들은 효율적으로 다수의 아이돌을 데뷔시키고 포트폴리오를 구축할 수 있었다.

이 생산 시스템은 특히 보아의 사례를 통해 확립되었다고 할 수 있다. 만 10세의 초등학생을 캐스팅해 노래·안무·외국어를 익히는 트레이닝 과정을 거쳤다. 작곡가, 음반 제작자, 비디오 감독 등이 참여한 프로듀싱 과정을 통해 일본 시장에서도 통할 만한 아이돌 상품을 생산해낸 전 과정은 이후 K팝 생산 시스템의 전범이 되었다.

K팝의 아이돌 생산 시스템은 일종의 토털 매니지먼트Total Management 전략이라고 할 수 있다. 즉 가수의 선발과 매니지먼트는 물론 음악의 작사와 작곡, 제작과 유통·판매 등을 회사 안에서 모두 관리하는 것을 의미한다. 이러한 통합형 시스템은 1920~1930년대 미국 영화 산업에서 채택한 바 있다. 미국 할리우드의 대형 스튜디오들은 배우들을 발굴·육성하고 데뷔와 이미지까지를 모두 관리했다.[36] 이는 당시 미국의 산업화를 이끌고 있던 포디즘Fordism을 반영한 것으로 분업화와 표준화를 통해 컨베이어벨트 시스템으로 대량 생산을 이뤄낸 제조업 생산 시스템이 엔터테인먼트 분야에 적용된 것이다.

이러한 토털 매니지먼트 전략은 1960년대 미국 음악 산업에서 모타운Motown이라는 전설적인 레코드회사가 도입했다. 모타운은 슈프림스와 다이애나 로스, 스티비 원더, 잭슨 파이브 등 많은 유명 가수를 키워냄으로써 미국 음악 시장에 큰 영향을 끼쳤다. 이 회사는 기업 안에 작사가와 작곡가는 물론 연주자를 뒀고 가수들을 선발해 정형화된 음악과 이미지를 생산해냄으로써 성공을 거뒀다. 이 시스템은 1980년대 일본의 쟈니스에도 도입이 되어 일본식 아이돌들이 탄생했다.

한국의 K팝 생산 시스템도 이러한 토털 매니지먼트 전략에 뿌리를 두고 있다. 즉 가능성 있는 젊은 인재를 선발해 표준화된 교육 방식으로 키워서 자신의 콘텐츠를 통해 데뷔시키는 시스템을 통해 새로운 음악 상품인 아이돌을 효율적으로 생산해낸 것이다. 결론적으로 K팝 생산 시스템이라는 혁신 성과는 개인의 창의력과 예술적 경험에 의존하는 예술 영역에 '시스템적 생산'의 개념을 접목해 새로운 가치를 창출해낸 것이다.

그 결과 20여 년 동안 370개가 넘는 아이돌 그룹을 배출해냈으며 이들로 인해 K팝은 수출 전략 산업으로 성장하고 국가 브랜드를 획기적으로 높이는 데 기여했다.

일본 시장의 개척

1990년대 후반부터 국내 음악 시장은 온라인 불법 복제와 IMF 경제위기의 파급 효과 등으로 붕괴 위기를 맞았고 이를 극복하기 위해 새로운 수익 창구로서 해외 시장이 절실히 필요했다. 그 출발은 일본 시장이었다. 특히 일본은 세계 2위의 시장으로서 그 규모가 한국의 10배 가까이 크며 저작권 보호가 잘 되어 있는 세계 최고의 음반 소비 시장이었다.

이러한 일본 시장 개척의 일등공신은 당시 만 13세의 어린 소녀 보아였다. 보아는 2001년 현지 대형 유통사인 에이벡스를 통해 일본에 데뷔해 신인으로서 여러 난관을 이겨내고 2002년 한국 가수로는 처음으로 오리콘 정규 앨범 차트 1위에 오르면서 100만 장 판매 기록을 세웠다. 이후 2008년까지 일본 베스트 히트 가요제 골드 아티스트상을 연속 6회 받으며 K팝의 해외 전진 기지를 구축하는 데 성공한다. 당시 일본의 아이돌이 갖지 못한 가창력과 신비주의적인 요소 등 차별화된 콘텐츠를 가지고 국내에서는 획득하기 어려운 폭발적인 수요를 창출했다.

이러한 보아의 성공을 토대로 동방신기가 2006년부터 2009년까지 6연속 오리콘 차트 1위를 기록하고 2010년 한 해만 1,300억 원의 매출을 올리는 등 일본 시장은 K팝의 성장 발판이 되었다.[37] 이후 소녀시대와 카라 등이 진출해 최고 앨범 판매 기록을 세웠다.

이렇듯 일본 시장은 K팝 아이돌 그룹의 가장 큰 실물 시장이면서 전 세계 시장으로 뻗어 나가기 위한 전초 기지 역할을 했다. 이에 관해 이수만 프로듀서는 다음과 같이 회고했다. "세계 음악 시장에서 K팝이 진출할 가장 큰 시장은 결국 중국이 될 것이다. 하지만 아시아 음악으로서 일본에 비해 경쟁력이 없으면 성공할 수 없다고 생각한다. 따라서 일본 본토에서 경쟁해서 이겨야 앞으로 최대 시장이 될 중국 시장에서 살아남을 수 있다고 생각했다."[38]

특히 일본 시장의 개척이 중요한 이유는 K팝의 안정적인 지지 기반이자 해외 진출의 동기 요인Motivator이 되었기 때문이다. 만약 이러한 지지 기반의 확보 없이 국내 음악 시장에만 머물렀다면 하나의 혁신 요인(편의상 1이라고 표기)이 국내 시장(1이라고 표기)에만 작용해 하나(1×1)의 성과만 거뒀을 것이다. 그러나 국내 시장보다 10배가 큰 일본과 아시아 시장에서 하나의 혁신(1)을 적용하면 10(1×10)이 된다. 더 나아가 최근 우리가 보듯이 국내 시장의 20배가 넘는 미국 시장으로까지 확대하면 하나의 혁신으로 30[1×(10+20)]배를 창출할 수 있다. 이와 함께 앞에서 살펴보았듯이 수출로 인한 간접 효과(17배로 가정)까지 고려하면 무려 510(1×30×17)배의 잠재력을 누릴 수 있다.

즉 음악 시장에서 1이라는 작은 혁신의 성과가 국내에 머무르면 1(1×1)이라는 성과를 내면서 그만그만한 가수들끼리의 경쟁 구조가 된다. 그러나 세계 시장과 만난다면 수십 배의 매출과 수백 배의 잠재력을 획득할 수 있다. 이 때문에 국내에 머문 실력파 가수와 세계적 셀럽이 된 스타와의 차이는 가창력 등에서 비슷한 수준인 것 같아도, 그 성과는 '하늘과 땅'만큼의 격차로 나타난다. '시장이 클수록 아주 작은 차이가 엄청난 결과를 만들어낸다'라는 가설이 통하게 된다. 이러한 가설이 작동하는 환경에서는 작은 재능이 큰 차이를 만들어낼 수 있기 때문에 좋은 콘텐츠나 스타들이 항상 돋보이게 마련이다. 이들을 발굴하고 투자하는 시스템이 발달하게 됨으로써 시장과 투자가 함께 확대되는 선순환이 일어나 산업이 지속적으로 성장할 수 있게 된다.

디지털 기반의 유통·마케팅과 글로벌 협력 네트워크

K팝 이노베이션의 가장 중요한 특징은 디지털 기반의 소셜네트워크서비스를 기반으로 세계 음악 시장에서 유통과 마케팅의 혁신을 이뤘다는 것이다. 이러한 디지털 기반의 혁신으로 한국 음악 산업은 세계 팝 시장에 당당하게 진입할 수 있었다. 즉 2000년대 들어와 디지털 음악 시장이 열리고 새로운 음악 생태계가 만들어지는 조짐이 보이자 이러한 변화에 K팝이 가장 먼저 혁신으로 대응한 것

이다. 2003년 애플의 아이튠즈 스토어가 개설되고 점점 더 많은 고객이 온라인으로 음악을 소비했다. 2007년에는 5,000만 명이 넘는 고객이 40억 곡을 온라인상에서 구매했다고 한다.[39]

이와 함께 유튜브가 2005년 12월 서비스를 개시하면서 음악 시장에 지각 변동을 일으켰다. 여기에 가장 민첩하게 대응한 것도 바로 한국의 K팝 기업이었다. SM엔터테인먼트는 2006년 바로 유튜브 채널을 개설해 2010년 11월까지 600만 명이 넘는 채널 조회 수와 누적 업로드 조회 수 2억 명을 기록하면서 대규모 팬덤을 확보했다. 이를 기반으로 2007년 데뷔한 소녀시대는 홍보와 마케팅을 유튜브 채널로 집중했다. 그 결과 2010년 쇼케이스로 시작한 일본 시장에서 홍보나 마케팅을 위한 별도의 투자 없이도 신인의 벽을 단숨에 넘을 수 있었다. 쇼케이스 당일 유튜브를 통한 뮤직비디오 공개만으로 2만 명이 넘는 관객들이 몰렸고 유튜브에서 홍보한 싱글 앨범 〈Gee〉가 첫날 오리콘 데일리 싱글 차트에서 1위를 했다.

이러한 성공을 계기로 소셜미디어는 K팝의 핵심 마케팅 수단이 되었다. 엑소의 경우 유튜브 조회 수 1억 뷰가 넘는 노래가 12곡이나 된다. 경쟁 기업인 JYP와 YG도 2008년 유튜브 채널을 개설해 수백만 명의 조회 수와 1억이 넘는 업로드를 기록했다. 이를 기반으로 YG의 빅뱅은 뮤직비디오에서 K팝 가수 중 가장 많은 조회 수를 기록했다. 예를 들면 2017년 발표한 빅뱅의 〈Fantastic Baby〉는 3억 뷰를 기록하며 싸이의 〈강남스타일〉에 이어 역대 2위를 기록했다. 그들이 발표한 노래 중 16곡이 1억 뷰를 넘는 기록을 세웠다.

무엇보다도 BTS는 홍보와 마케팅을 적극적으로 할 수 없는 중소

기획사의 한계를 극복하기 위해 데뷔 전부터 소셜미디어를 활용해 전 세계 팬들과 소통함으로써 거대한 팬덤을 형성했다(2019년 기준 트위터 팔로우 2,000만 명, 유튜브 '방탄TV' 구독자 2,000만 명이 넘는다). 이렇게 디지털 기반의 플랫폼 미디어를 기반으로 형성된 팬덤은 과거 수동적으로 음악 상품을 소비하는 것을 넘어서 소비자가 능동적으로 참여하는 생산적인 네트워크이자 문화가 되었다.[40] 이렇듯 팬덤을 기반으로 이뤄지는 K팝의 동영상 소통은 싸이의 〈강남스타일〉 뮤직비디오 재생 횟수가 당초 설계한 최대치(약 21.4억 회)를 넘은 사건이 상징하듯이 플랫폼 미디어와 K팝 간 공생 관계로까지 발전했다.[41]

디지털 기반의 K팝 이노베이션에 포함해야 할 또 다른 혁신 성과는 온·오프라인상에 구축된 작곡가와 프로듀서들 간 협력 네트워크다. SM엔터테인먼트의 경우 온라인과 송캠프Song camp 등으로 묶여 있는 협력 파트너가 2019년 기준 유럽 451명, 북미 210명, 아시아 193명, 오스트레일리아 10명으로 864명에 달한다. 2000년대 중·후반부터 구축된 전문가 협력 네트워크는 혁신적 콘텐츠를 생산하면서 많은 히트곡을 창출하는 데 기여했다.

언급했듯이 그 결정적 계기는 소녀시대가 마련했다. 소녀시대의 세련된 뮤직비디오의 등장으로 K팝 콘텐츠의 잠재력을 포착한 해외 전문가들이 몰려들었기 때문이다. 소녀시대의 〈Mr. Mr.〉가 이렇게 만들어진 대표 성공 사례라고 할 수 있다.[42] 이는 K팝이 단지 팬덤에 의한 소비 공간만이 아니라 전 세계 작곡가와 프로듀서들이 함께 모여서 협력하는 창작 공간도 동시에 구축했음을 의미한다.

월드투어와 셀러브리티화

해외 시장에서의 성공을 본질로 하는 K팝에 있어서 아이돌이 '세계적' 스타로 성공함으로써 사회에 큰 영향을 끼치는 셀럽으로 성장하는 것은 의미가 크다. 앞에서 언급했듯이 하나의 혁신이 국내에 머물지 않고 일본과 미국 등 해외 시장으로 진출할 경우 수백 배의 성과를 거둘 수 있다.

따라서 K팝은 디지털 기반의 유통과 마케팅으로 해외 시장에 진입한 후, 가장 큰 수익원인 공연을 통해 매출을 확보했다. 아이돌 개개인들은 자신의 이미지를 기반으로 셀럽으로 활동함으로써 경제적·사회적 파급 효과를 최대화했다. 이렇듯 아이돌의 월드투어 공연과 셀러브리티화는 K팝이 이룬 중요한 혁신 성과다.

H.O.T.에 의한 중국에서의 성공과 보아에 의한 일본에서의 성공 이후, '세계적' 스타로서 성공을 추구한 것은 비였다. 비는 한류 드라마에서의 이미지와 JYP의 사전 기획에 의한 이미지 마케팅을 기반으로 '월드스타'가 되기 위한 노력을 의도적으로 했다. 그 결과 아시아권 공연 투어에 성공했으며 할리우드 영화에 진출해 한국이 배출한 1세대 월드스타라는 이미지를 남겼다. 비는 2006년 한국 연예인으로는 처음 《타임》지가 선정한 '세계에서 가장 영향력 있는 100인'에 올랐다.

그러나 실질적인 월드스타와 셀러브리티화는 2012년 싸이의 〈강남스타일〉을 계기로 본격화되었다. 이 뮤직비디오가 세계적으로 엄청난 반향을 일으키면서 싸이는 한순간에 월드스타로 등극하며 세계적인 셀러브리티가 되었다.

한편 아이돌 계보에서 '세계적'이라는 수식어가 본격적으로 붙기 시작한 것은 동방신기부터라고 할 수 있다.[43] SM엔터테인먼트는 세계적인 그룹 동방신기를 주축으로 2008년부터 'SM타운 라이브 공연'이라는 이름으로 월드투어를 꾸준히 진행했다.

특히 슈퍼주니어는 'Super Show'라는 브랜드로 2008년 초부터 월드투어를 진행했다. 이 그룹은 2019년 기준으로 아시아·남미·유럽 등에서 총 140회를 개최해 200만 명의 누적 관객을 기록했다. 빅뱅 역시 2008년 월드투어를 시작해 매년 콘서트를 이어갔으며 2016년과 2017년 월드투어에서는 각각 100만 명이 넘는 관객을 유치함으로써 월드스타로서의 이미지를 구축했다.

경제 전문지 《포브스》는 2012년과 2014년 한국의 파워 셀러브리티 2위로 빅뱅을 선정했다. 최정상급 월드스타에 올라선 BTS는 2018년에 세계 23개 도시에서 200만 명이 넘는 관객을 동원했다. 이렇듯 동방신기, 빅뱅, 슈퍼주니어, 엑소, BTS, 블랙핑크 등 많은 아이돌 그룹이 대규모 공연장을 무대로 월드투어에 성공했다. 아이돌 개개인이 대중의 우상으로 셀러브리티화함으로써 음악·엔터테인먼트 시장에서 세계 수준의 브랜드 파워를 확보하기 시작했다.

이러한 셀러브리티화는 K팝이 음악과 경제적 측면을 넘어서 세계적으로 사회문화적 영향력을 획득했음을 의미한다. 예를 들면 BTS가 2018년 UN 총회에서 한 연설은 전 세계 청소년들에게 깊은 감동을 주었다. 2020년 1월 런던 킹스턴대학에서 열린 BTS 국제 학제 간 학술대회는 BTS가 셀러브리티로 전 세계적으로 중요한 영향을 끼치고 있음을 반증한다.[44] 그러나 셀러브리티는 악명이나 비난의 대상이 되기 십상이므로 부정적 단면에 대한 조심과 대비의 필요성도 아울러 커지고 있다. 미국의 역사학자 대니얼 부어스틴이 이에 대해 경고한 바 있다.[45]

빌보드 1위와 세계적 브랜드 획득

빌보드 1위는 K팝의 혁신 활동에 정점을 찍는 중요한 성과임이 틀림없다. 세계 팝 특히 그것을 지배하고 있는 미국 음악 시장에서 빌보드 1위란 대중예술과 산업적 의미 모두에서 최정상이라는 상징적 의미가 있기 때문이다. 아시아 음악이 정규 앨범으로 빌보드 1위를 한 것도 센세이셔널하지만 모두 4장의 앨범이 1위라는 기록은 역사적 사건일 수밖에 없다. 한국은 단 2년 만에 4장의 앨범을 빌보드 1위에 올린 문화 강국이 된 것이다.

빌보드 1위 등극의 극적 사건은 빅히트엔터테인먼트의 BTS가 처음으로 만들었다. BTS는 2016년부터 빌보드 차트에 진입하면서 서구권에서의 인지도를 높여갔다. 2017년에는 일본어 앨범이 빌보드 앨범 200 차트에서 43위를 기록하기도 했다. 본격적인 성공은 2017년 빌보드 뮤직 어워드의 톱 소셜 아티스트 부문에서 수상한 것과 함께, 2018년 5월 〈Love Yourself: 'Tear'〉와 2018년 8월 〈Love Yourself: 'Answer'〉라는 2장의 앨범이 빌보드 앨범 200 차트 1위를 기록하면서부터다. 한 해에 두 번이나 1위를 기록한 것은 영어가 아닌 외국어 앨범으로는 처음 있는 일이라고 한다.

2019년 4월 〈Map of the soul: 'Persona'〉라는 또 한 장의 앨범

이 빌보드 앨범 200 차트에서 1위를 기록함으로써 BTS는 3장의 앨범을 빌보드 차트 1위에 올리는 성과를 이뤄냈다. K팝은 여기서 그치지 않고 SM엔터테인먼트의 어벤저스 그룹 슈퍼M이 2019년 10월 발표한 〈Super M〉 앨범이 데뷔 열흘 만에 빌보드 앨범 200 차트에서 1위를 기록했다.

빌보드 1위가 상징하는 의미는 1960년대 비틀스의 등장 이후 영국과 미국이 팝 시장에서 벌인 각축전을 보면 알 수 있다. 1964년 2월 비틀스가 미국에 도착한 후 빌보드 차트는 영국 팝이 점령했다. 비틀스의 후광을 입고 많은 영국의 밴드들과 음악이 미국 시장에 안정적으로 진입했다.

당시 미국 팝 시장은 침체기였는데 그 돌파구를 연 것이 바로 모타운 레코드였다. 언급했듯이 이 회사는 K팝 아이돌 생산 시스템의 원형이라고 할 수 있는 토털 매니지먼트 시스템을 음악 산업에 처음 도입했다. 이 회사 창업자인 베리 고디Berry Gordy는 'Sound of Young Americans'라는 캐치프레이즈를 내걸고 "흑인이 설립한 회사에서 흑인 중심의 음악으로 전 세계 팝 음반 시장을 흔들어놓을 스타를 만들겠다"라는 비전을 선언했다.[46] 1964년 8월 모타운은 슈프림스라는 3인조 걸그룹의 노래를 빌보드 1위에 올려놓았다. 이는 비틀스가 점령하고 있던 미국 음악 시장에서 흑인 음악이 미국인들의 자존심을 세워준 역사적 사건으로 평가된다.[47]

모타운의 혁신은 음악적 측면에서 흑인의 소울 뮤직을 활용해 R&B, 펑키, 디스코 등 다양한 음악을 선도했다.[48] 특히 백인 중심의 미국 사회에서 흑인 혁신가가 주도하는 스타 생산 시스템에 의해 음악 시장의 판도가 바뀌었다는 사실에 주목할 필요가 있다. 이러한 혁신 성과는 K팝이 이뤄낸 것과도 본질적으로 일맥상통한다. 즉 K 팝이 영미권 중심의 음악 시장에서 아이돌 생산 시스템을 구축하고 디지털 기반의 유통과 마케팅을 통해 사업화에 성공함으로써 세계 시장을 변화시킨 것과 유사하다는 것이다.

물론 빌보드 1위가 어느 날 갑자기 이뤄진 것은 아니다. 앞에서도 강조했듯이 보아가 2008년 앨범 200 차트에서 127위를 처음 기록한 이래 원더걸스가 싱글 차트 핫 100에서 76위를 했다. 2012년 뜻하지 않게 싸이의 〈강남스타일〉이 핫 100 2위까지 기록했다. 빌보드 1위의 위업은 이런 시도들이 누적되어 달성한 성과라고 봐야 할 것이다. NCT127이 2019년에 기록한 빌보드 앨범 차트 11위에서 보듯이 앞으로도 지속되리라 전망된다.

지금까지 제시한 K팝의 5대 혁신 성과는 (1) 생산 시스템, (2) 일본 시장, (3) 디지털 기반, (4) 월드스타, (5) 빌보드 1위라는 다섯 가지 키워드로 정리할 수 있다. 이를 풀어 해석하면 '지난 25년 동안 K팝 이노베이션은 다양한 아이돌을 체계적으로 생산하는 시스템을 구축하고 일본이라는 세계 2위의 시장을 개척했으며, 디지털 기반의 플랫폼 미디어를 적극 활용해 월드스타 배출과 빌보드 1위의 세계적 브랜드를 획득하는 성과를 거뒀다'라고 할 수 있다. 이러한 혁신 성과는 K팝 이노베이션이 유지되는 한 확대 재생산될 수 있을 것으로 기대된다.

예를 들면 K팝 산업에서 첫 번째 '별의 공장'을 연 SM엔터테인먼트의 경우 지금도 혁신을 지속하고 있다. 그룹 NCT는 기존 형태와 달리 수십 명이 넘는 다국적 멤버가 전 세계를 상대로 활동할 수 있는 플랫폼 개념의 아이돌이다. K팝의 원조 격인 이수만 프로듀서는 슈퍼M의 빌보드 1위 달성을 계기로 컬처 유니버스Culture Universe라는 새로운 비전을 제시했다. 이는 'K팝이 아이돌 단위의 혁신을 넘어 무한대의 융합과 협업이 이뤄지는 세상'을 의미한다. 이에 관해서는 5장에서 자세히 다루기로 한다.

3장

K팝 이노베이션

01

●

혁신이란

고전적 정의

이노베이션의 한국어 번역은 혁신革新이다. "묵은 풍속, 관습, 조직, 방법 등을 완전히 바꾸어서 새롭게 한다"는 사전적 뜻을 가진다.[1] 그런데 이 책에서 의미하는 혁신은 조지프 슘페터가 강조한 경제학에서의 '이노베이션Innovation'을 말한다. 즉 생산자와 소비자의 가치 모두를 증대시키고 경제적인 부를 증대시키는 것을 전제로 하는 기술 변화를 의미한다. 이러한 이노베이션의 정의는 K팝이 음악 산업에서 어떤 변화와 가치를 만들어냈는지를 이해할 수 있게 한다.

조지프 슘페터는 이노베이션을 (1) 신제품의 개발과 생산, (2) 새로운 생산 방법의 도입, (3) 신시장의 개척, (4) 새로운 원료와 부품의 적용, (5) 신조직에 의한 생산성 증대 등으로 정의했다. 이러한 그의 정의를 적용할 때 K팝 이노베이션은 앞의 다섯 가지 중 적어도 세

가지에 해당한다. 즉 (1) 신제품과 관련해 과거 듣는 음악에서 '보는' 음악으로 새로운 제품을 제시하는 데 성공했다. (2) 신생산 방법과 관련해 아이돌의 발굴, 육성, 프로듀싱, 마케팅의 전 과정을 통합하는 생산 시스템으로 다양한 문화상품을 지속적으로 생산할 수 있게 했다. (3) 신시장 개척과 관련해서는 디지털 플랫폼을 활용한 마케팅을 활용해 해외 틈새시장을 개척하고 팬덤이라는 온·오프라인상 소비자 영역을 창출하는 데 성공했다. K팝은 이러한 혁신을 통해 문화 발전을 이끌어냈을 뿐 아니라 세계 음악 시장으로 그 규모를 확대하고 더 많은 음악 관계자들이 참여할 기회를 제공했다.

현대적 의미

경제학자 조지프 슘페터의 고전적 정의를 따르지 않고 현대의 실천적 의미에 따라 평가해도, K팝은 전 세계 음악 시장을 무대로 의미 있는 혁신을 단행했다고 할 수 있다. 원래 기업은 기술 변화와 경제적 부가가치 창출을 위해 이노베이션 활동을 수행한다. 그 활동 과정에서 사용된 다양한 실제 의미들을 종합할 때, 다음과 같이 정의할 수 있다. 즉 이노베이션은 "위험을 무릅쓰고 특정 아이디어를 실현함으로써 기업과 소비자 모두를 위한 가치를 창출하는 행위"라고 정의할 수 있다.[2]

이러한 정의에 입각할 때 이노베이션은 아이디어에서 출발하지만, 소비자 관점에서 새로운 가치를 만들어내도록 그 아이디어를 실현할 수 있어야 한다. 따라서 이노베이션은 새로운 기술과 제품 성능에만 관련된 발명과는 달리, 시장에서의 성공을 전제로 한다. 따라서 이노베이션은 새롭고 기발한 그 무엇을 의미하는 크리에이티브, 즉 창의성과 달리 새로운 것을 실제로 구현시키는 것을 말한다. 이를 통해 기업은 수익 측면에서, 소비자는 성능과 가격 측면에서 새로운 가치를 획득할 수 있다.

이노베이션은 기존 질서를 파괴하는 새로움과 놀라움을 추구하기 때문에 시장에서 '창조적 파괴' 현상을 일으킨다. 이와 함께 이노베이션은 단순히 제품이나 기술을 대상으로 하는 것을 넘어 조직과 관리 방식, 비즈니스 모델 자체를 획기적으로 변화시키는 것까지를 포함한다. 따라서 이노베이션이라 함은 제품만을 변화시키기보다 공장 시스템이나 시장 자체를 변혁하는 것을 포함한다. 이러한 의미에서 K팝은 음악만이 아니라 생산 시스템, 유통, 비즈니스 모델, 신시장 개척 등의 변혁을 추구했다고 할 수 있다.

02

●

한국 경제의
혁신 역사

한국 경제는 가장 낮은 기술 수준을 가진 최빈국으로 출발해 불과
한 세대 만에 산업화와 정보화를 이룩했다. 이러한 놀라운 발전에
는 기술 변화가 가장 큰 기여를 했다. 기술 변화는 생산성을 증대시
키고 새로운 산업을 만들어내는 역할을 함으로써 경제 성장에 가
장 중요한 요인으로 작용한다. 지금까지 대부분 국가의 경제 발전은
50% 이상이 기술 변화에 의해 성취되었다고 한다.[3]

　한국 경제는 1962년 경제개발계획이 추진되면서 연평균 9%의
고도성장을 기록했다. 1인당 GDP는 100달러 미만에서 1995년 1만
달러를 돌파했다. 이러한 고도성장이 가능했던 이유는 기술 능력이
시간의 흐름에 따라 축적되어 기술 변화를 지속적으로 일어나게 한
덕분이었다.[4] 다시 말해 기존 지식을 흡수하고 새로운 지식을 만들
어내는 능력을 지속적으로 축적함으로써 변화하는 경제 환경에 대

응해 새로운 제품과 공정을 끊임없이 개발했기 때문이다.

모방에서 혁신으로

한국 경제는 기술 기반이 전무하고 투자 재원도 열악했던 1960년
대와 1970년대의 '단순 모방'의 시대로부터 출발했다. 단순 모방은
저임금국인 개발도상국이 초기 산업화 과정에서 불가피하게 사용
하는 전략으로서 선진국 제품을 불법적으로 복제하거나 역엔지니
어링으로 모방하는 것을 의미한다. 모방 전략은 기술이 세계적으로
성숙했거나 쇠퇴기에 들어섰기 때문에 해외로부터 쉽게 확보되거
나 모방이 쉬운 산업을 중심으로 이뤄진다. 이 전략은 산업화 초기
단계에서 효과를 발휘해 한국 경제는 1960년대 중반부터 섬유·의
류·가발·장난감·합판 등 노동 집약적 산업을 일으켰으며 1970년
대 들어와 조선·철강·가전·건설 등의 산업에 도전했다.[5]

단순 모방의 시대인 1960년대와 1970년대의 20년 동안 한국 경
제는 재벌 대기업을 중심으로 규모의 경제를 추구했다. 이를 위해
산업특례촉진법과 수출 지원 정책 등 강력한 정부 지원책이 작동했
다. 이를 기반으로 기업들은 교육 수준이 높고 근면한 노동력을 활
용하고 선진국의 성숙 기술을 모방함으로써 주로 노동 집약적 제품
을 생산했다. 예를 들면 한국의 가전 산업은 LG전자가 1958년 독일
기술자를 고용해 라디오 조립 생산을 시작한 것으로 출발했다. 이
후 모방 전략을 통해 제품을 개발함으로써 해외로부터의 기술 지원
없이도 선풍기·냉장고·TV 등을 생산하기 시작했다. 1967년 설립된

현대자동차는 정부의 국산화 정책에 편승해 20%대에 머물던 국산화율을 1972년 60%, 1981년에는 92%까지 끌어올렸다.[6] 이 기간 현대자동차는 역엔지니어링에 의한 모방 전략을 통해 반제품 조립에서 완전 조립 생산 체제로 전환했다.

그러나 1980년대 들어와 한국 기업들이 성숙기 기술을 넘어 선진국에 전략적 가치가 아직 남아 있는 과도기 기술에 도전하게 되자 해외 선진 기업들은 그들의 특허 기술을 제공하기를 거부했다. 여기에 미국 등 선진국들은 국가 차원에서 단순 모방에 의한 역엔지니어링을 못하도록 압력을 가했다. 이에 한국 정부는 정부의 간섭을 줄이고 시장의 기능을 강화하는 정책을 통해 노동 집약적 산업에서 기술 집약적 산업으로 전환을 시도하게 된다. 이와 관련해 정부는 반독점법, 무역 자유화, 금융 자유화, 중소기업 육성, 외국인 투자 자유화, 혁신 관련 활동을 강조하는 정책들을 시행하기 시작했다.[7]

1세대 혁신

한국 경제는 1980년대 이후 모방의 시대에서 벗어나 혁신의 길을 걷기 시작한다. 즉 실질적인 연구개발 투자를 통해 괄목할 만한 학습과 지식 창출 활동을 수행하기 시작한 것이다. 이러한 혁신 활동은 1990년대 중반까지 이어지면서 1세대 혁신을 형성했다. 1세대 혁신은 선진국 기술을 재빨리 흡수해 창의적으로 모방하는 것을 특징으로 한다. 오늘날 한국 경제의 특징을 '재빠른 추격자Fast follower'라고 부르는 이유도 여기에 있다. 고故 김인수 교수의 역저 『모방에서 혁신으로Imitation to innovation』는 한국 경제가 '창의적 모방'에 기반을 둔 혁신을 통해 발전한 역사를 상세히 분석하고 있다.

한편 한국 경제에서 실질적인 혁신의 시작을 대중적으로 알리는 상징적 사건이 있었다. 그것은 바로 1983년 이병철 회장의 도쿄 선언이다. '삼성의 반도체 진출'을 알리는 이 선언은 그동안 조립 산업에 의존했던 경제 구조로부터 과감히 탈피해 독자적인 기술 능력을 축적해 기술 변화를 스스로 도모하겠다는 '혁신을 향한 다짐'이었다. 이러한 혁신 의지는 당시 재계에 큰 파급 효과를 불러일으켰으며 한국 경제를 일으킨 역사적 사건으로 평가된다. 《동아일보》가 '한국 경제를 일으킨 100대 퀀텀 점프'로 선정했다.[8]

'창의적 모방'은 모방에 더해 새로운 기능을 창의적으로 추가하는 것을 말한다. 따라서 벤치마킹, 역엔지니어링, 전략적 제휴 등의 활동을 포함하지만, 실질적인 연구개발 투자를 통해 괄목할 만한 학습과 지식 창출 활동을 하기 때문에 혁신이라고 부를 수 있다.[9] 정부는 1986년 신산업육성법을 제정해 연구개발과 인적 자원 개발 같은 혁신 활동에 강력한 인센티브를 제공했다. 이러한 정책에 힘입어 민간의 연구개발 활동이 대폭 증가했다. 그 결과 1963년 국가 전체 연구개발 투자의 2%를 차지했던 민간 연구개발이 1994년에는 84%를 차지하게 됐다.[10] 연구개발이 전체 GDP에 차지하는 비중도 1971년 0.32%에서 1994년 2.01%로 대폭 증가해 영국을 능가하는 혁신 활동 수준으로 올라갔다.[11]

이러한 1세대 혁신에 의해 한국 경제는 컴퓨터, 반도체 메모리 칩, 비디오 리코더, 자동차, 산업 플랜트 등 기술 집약적 제품들을 수출하게 된다. 그 결과 1994년 기준 세계 경제에서 조선과 가전이 세계 2위, 메모리 반도체가 3위, 석유화학과 전자가 5위, 자동차와 철강이 6위를 기록했다.[12]

삼성전자는 1983년 메모리 반도체의 독자 개발에 나선 후 64K DRAM에서 4년, 256K DRAM에서 2년으로 선진국과의 격차를 점차 축소해나갔다. 4M DRAM에서 일본 기업과 격차 없이 거의 같은 시기에 대량 생산할 수 있었다. 그 결과 삼성은 10년 만에 반도체 칩의 단순 조립에서 주요 생산 기업으로 도약했다. 반도체 품목은 1994년 국가 총수출액의 13%를 넘어서는 최대 수출 상품이 되었다.

한편 자동차 산업에서 현대자동차는 1984년 고등공학연구소를 설립해 엔진과 트랜스미션을 자체 개발하기 시작했다. 이를 계기로 각종 연구개발 센터들을 추가로 설립해 기술 혁신을 도모했다. 그 결과 매 10년 10배의 생산량 증대라는 성과를 거두고 연간 100만 대 자동차 생산의 위업을 18년 만에 달성했다. 이와 관련해 도요타는 29년, 마쓰다는 43년이 걸렸다고 한다.[13]

2세대 혁신

한국 경제는 1990년대에 들어와 반도체·IT·바이오 등 선진국과 거의 대등한 경쟁을 하는 산업들이 부분적으로 증가하기 시작했다. 세계적으로 유동기 기술의 산업은 선진국에 전략적 가치가 매우 높기 때문에 더 높은 수준의 혁신이 필요했다. 이 단계에서는 선진국을 모방하기보다는 새로운 지식을 창출해야 하며 이를 위해서 자체

연구개발의 대폭적 강화, 해외 연구개발 전진 기지의 구축, 기업의 합병과 전략적 제휴 등 추가적인 활동이 요구된다.[14] 이러한 혁신의 단계는 일본 경제의 발전 과정에서도 관찰된다. 지난 한 세기 동안 진행된 일본의 기술 및 산업의 발전을 연구한 히로즈키 오다가리와 아키라 고토에 의하면 "일본 경제는 해외에서 기술과 지식을 수입하고(단순 모방), 이를 자신의 이점에 맞게 개조하고 시행착오를 통해 학습이 이뤄진 이후에(1단계 혁신), 점차 독자적인 혁신 노력(2단계 혁신)을 함으로써 기술 능력을 축적해왔다"라고 분석했다.[15]

한국 경제에서 2세대 혁신을 상징하는 대표적 사건은 1993년 이건희 회장의 '신경영 선언'이었다. 삼성전자는 1세대 혁신의 상징이었던 선대 이병철 회장의 도쿄 선언에 이어 2세대 혁신을 주도함으로써 한국 경제의 대표적 혁신 성과를 이뤄냈다. 예를 들면 1994년 반도체 산업에서 256M D램의 세계 최초 개발을 시작으로 2017년에는 세계 반도체 1위 기업인 인텔을 추월해 선두 자리를 차지했다. 이와 함께 2006년 TV 산업에서 세계 1위의 소니를 추월했고, 2012년에는 휴대전화에서 노키아를 누르고 1위를 했다.

삼성의 신경영과 함께 2세대 혁신을 상징하는 또 다른 사건은 1995년 중소 기술 벤처들에 의한 벤처기업협회의 설립과 1996년 코스닥 시장의 개설이었다. 이후 한국 경제에서 기술 집약적 벤처기업들의 혁신 활동으로 IT와 인터넷 산업이 발전했다. 1996년 국내 최초의 온라인 쇼핑몰 인터파크가 설립되고 1999년 네이버의 검색 서비스가 시작되었다. 2010년과 2011년에는 모바일 메신저 서비스인 카카오톡과 라인이 출시되었다.

벤처기업들은 2018년 말 기준 3만 7,000개이며 벤처 인증을 받고 생존 중인 누적 벤처기업 수는 7만 개에 달한다. 이 중 매출액 1,000억 원이 넘는 기업은 570개, 매출액 1조 원이 넘는 기업은 11개가 있다. 이들의 매출액 총합은 2017년 기준으로 약 225조 원으로 GDP의 14.5%를 차지하며 삼성전자(258조 원)와 현대자동차(162조 원)의 중간을 차지하는 규모로 발전했다. IT 벤처의 대표 주자인 네이버의 시가총액은 2020년 5월 기준 약 35조 원으로 제조 대기업의 대표 격인 현대자동차 시가총액(약 20조 원)을 능가했다.

이와 함께 2세대 혁신의 또 다른 주체로서 문화 콘텐츠 기업을 주목해야 한다. 앞에서도 언급했듯이 최근 게임, 한류 드라마, K팝 등 문화 콘텐츠가 새로운 수출 품목으로 등장했다. 그동안 문화 콘텐츠 산업은 그 규모가 작아 정책적으로 큰 주목을 받지 못했다. 그러나 앞에서 언급한 '0.1%의 힘'에서 알 수 있듯이 국가 전체의 창의성과 혁신 분위기를 고취하고 국가 브랜드에 가장 큰 영향을 끼치는 산업으로서 그 중요성이 날로 커지고 있다.

실제로 K팝 산업은 [그림 3-1]에서 보듯이 2세대 혁신으로서 제조 대기업과 IT 벤처기업들과 함께 시대정신을 공유해왔다. 예를 들면 국내 최초 이메일 서비스 기업인 다음커뮤니케이션이 창업한 해인 1995년에 SM엔터테인먼트가 설립되었고 1996년 H.O.T.가 데뷔했다. 이어서 2001년 보아의 일본 진출, 2004년부터 2007년까지 동방신기, 슈퍼주니어, 빅뱅, 소녀시대의 데뷔, 2012년 싸이 〈강남스타일〉의 세계적 히트와 엑소의 데뷔, 2018년과 2019년 BTS와 슈퍼M의 빌보드 1위 등이 이뤄졌다. 이러한 K팝의 혁신 성과는 반도체와

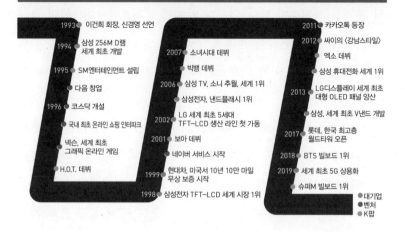

[그림 3-1] 2세대 혁신의 주요 성과

1993 ● 이건희 회장, 신경영 선언
1994 ● 삼성 256M D램 세계 최초 개발
1995 ● SM엔터테인먼트 설립
● 다음 창업
1996 ● 코스닥 개설
● 국내 최초 온라인 쇼핑 인터파크
● 넥슨, 세계 최초 그래픽 온라인 게임
● H.O.T. 데뷔

2007 ● 소녀시대 데뷔
● 빅뱅 데뷔
2006 ● 삼성 TV, 소니 추월, 세계 1위
● 삼성전자, 낸드플래시 1위
2002 ● LG 세계 최초 5세대 TFT-LCD 생산 라인 첫 가동
2001 ● 보아 데뷔
● 네이버 서비스 시작
1999 ● 현대차, 미국서 10년 10만 마일 무상 보증 시작
1998 ● 삼성전자 TFT-LCD 세계 시장 1위

2011 ● 카카오톡 등장
2012 ● 싸이의 〈강남스타일〉
● 엑소 데뷔
● 삼성 휴대전화 세계 1위
2013 ● LG디스플레이 세계 최초 대형 OLED 패널 양산
● 삼성, 세계 최초 V낸드 개발
2017 ● 롯데, 한국 최고층 월드타워 오픈
2018 ● BTS 빌보드 1위
2019 ● 세계 최초 5G 상용화
● 슈퍼M 빌보드 1위

● 대기업
● 벤처
● K팝

IT 벤처 등 제조 산업에서의 혁신 성과와 함께 한국 경제의 2세대 혁신에 포함해 평가할 필요가 있다.

미래 혁신을 위해

2세대에 걸친 성공적 혁신 역사에도 불구하고 현재 한국 경제는 성장 엔진이 식어간다는 위기의식이 심화되고 있다. 세계 평균의 3배 정도의 성장률을 보이던 국가가 평균 이하의 저성장으로 떨어진 것은 국가적으로 혁신이 위축되고 성장 잠재력이 급속히 하락했기 때문으로 분석된다.[16]

한마디로 한국 경제의 구조적 위기는 기업들의 혁신 활동이 사라지는 데서 찾아야 하며, 추격자 전략이라는 과거의 성공 방식에서 하루빨리 탈피해야 한다. 결론적으로 성장의 핵심 동력인 혁신을 살려야 한다. 이를 위해서 혁신의 주체인 기업과 민간 부문의 혁신 활동을 촉진해야 한다. 그러나 앞에서 살펴보았듯이 1세대 혁신 전략으로는 미래 변화에 제대로 대응할 수 없다. 2세대 혁신의 본질을 정확히 파악해 이를 더욱 촉진하고 확대해야 하는 이유가 여기에 있다.

1세대 혁신이 국산화와 수출 장려 등 정부 지원에 기초한 창조적 모방과 패스트 팔로우 전략이었다면, 2세대 혁신은 민간의 자유로운 기업가정신에 기초한 신지식 창조와 퍼스트 무버 전략이 본질이다. 따라서 이 책에서 제시한 제조 대기업, IT 벤처, K팝 문화 기업의 혁신 활동은 1세대와 본질적으로 다르다. 그 본질적 특성을 정확하게 파악해 촉진할 필요가 있다.

결국 혁신은 사람이 만든다. 정부의 역할은 과거 모방의 시대와 달리 개인과 기업 등 민간 부문의 혁신을 지원하고 촉진하는 데 중점을 둬야 한다. 혁신의 주체인 사람이 자유롭게 생각하고 행동할 수 있게 분위기를 조성하는 일이 가장 먼저다. 개인이 이룬 혁신 성과에 대해 충분한 보상이 돌아가도록 힘써야 하며 정당한 실패에 대해서 지원이 이뤄져야 한다. 결론적으로 국가 차원에서 전면적인 혁신을 원한다면, 아이디어와 잠재력을 갖추고 퍼스트 무버로 행동하는 사람들이 그 혁신적 시도를 주저하지 않도록 하는 사회문화 구조를 구축해야 한다.

카이스트 미래전략연구센터는 한국 경제의 미래 대응을 위해 "지금 요구되는 새로운 패러다임은 전면적인 혁신이다"라고 제안한다. 아이디어와 잠재력을 갖추고 퍼스트 펭귄이 되고자 하는 사람들이 혁신적 시도를 주저하지 않도록 하는 사회적 구조를 만들어야 한다고 주장한다.[17] 이와 함께 한국 경제의 미래를 위한 산업 전략도 달라져야 한다고 제안한다. 즉 '먹거리 찾기'나 '유망한 산업 타깃팅'이 이제 통하지 않는다는 것이다. 이것보다는 사람이 활동하고 창의성을 발휘할 수 있는 사회 환경을 조성하는 것이 근본적인 산업 전략이라고 주장한다.[18]

나 역시 이 책을 통해 같은 결론에 도달했다. 1990년대 중반 이후 진행되어온 2세대 혁신은 정부가 아닌 민간 주도로 이뤄졌으며, 다행하게도 환경 변화의 고비마다 혁신가들이 등장해 새로운 산업을 일으켰다. 특히 미래를 예측할 수 없는 4차 산업혁명 시대에서 혁신의 주체는 민간이 될 수밖에 없다. 정부 차원에서 의도적으로 '먹거리 찾기'를 해봐야 정확한 예측을 할 수 없다. 과거 산업화 시절에 성공했던, 유망한 산업을 찾아 투자를 몰아주는 타깃팅 전략은 이제 실패하기 십상이다.

미래 유망 산업이란 어느 순간 창발하기 때문에 사전 계획이 어렵다. 정부의 연구개발 투자액이 GDP 대비 세계 최고 수준이나 투자 대비 성과가 세계 최저 상태인 것도 이 때문이다. 창의적 개인과 민간 기업이 위험을 무릅쓰고 스스로 기회의 길목을 지키는 수밖에 없다. 반도체도 K팝 산업도 결코 유망 산업 타깃팅으로 성공한 것이 아니다. 정부가 과도한 위험 투자에 난색을 짓거나 시장 규모가 작다고 방치했지만, 민간 스스로 '길목 지키기'로 성공을 일궈낸 것이다. 결국 개인과 민간 주체들이 창의성을 발휘하고 자유로이 활동할 수 있는 여건을 조성하는 것이 가장 효과적인 산업 전략이다.

03

●

혁신 이론으로 설명하는
K팝 성공 요인

한국 대중음악 산업의 흐름

음악 산업은 예술 및 사회적 요인과 함께 경제적 실체로서 거시적 경제 요인을 포함한다. 음악 산업 역시 한국 경제의 발전 단계 속에서 성장했다. 예를 들면 1960년대와 1970년대 한국 대중음악의 초창기 역사는 미국과 일본의 음악을 단순 모방하는 단계라고 할 수 있다. 이에 따라 "음악의 형식과 스타일, 제작 체계와 법 제도, 방송 환경 등 대중음악을 구성하는 모든 면에서 일본과 미국의 커다란 영향을 받으며 형성되었다"라고 평가된다.[19]

음악 평론가 김성민은 저서 『케이팝의 작은 역사』에서 이러한 단순 모방 시대의 대표적 사례로 고故 길옥윤 선생을 제시했다. 길옥윤 선생은 1960년대부터 1980년대까지 '한국 가요'를 대표하는 작곡가이자 연주자다. 그는 1946년 주한 미군 부대에서 재즈 색소폰

연주자로 시작해 1950년대에는 일본에서 활약했다. 이후 한국으로 돌아와 3,000곡이 넘는 노래를 작곡하면서 1988년 서울올림픽에서 음악 감독을 맡으며 대중음악계의 상징적 인물이 되었다.[20]

한국 대중음악 산업이 '창의적 모방' 시대로 진입한 것은 대체로 1980년대 중후반으로 평가된다. 특히 중산층의 증가로 음악 시장의 소비 계층이 중고생으로 급격히 젊어지고 1988년 서울올림픽 이후 민주화·개방화·국제화 등이 전개됨에 따라 음악 시장도 획기적인 전환기를 맞이한다.[21] 이 시기에 세계저작권협회와 음악 저작권 보호를 위한 공식 협약을 체결했다. 영화 산업에서는 스크린쿼터제가 무너지고 할리우드 영화의 직배가 시작되었다. 비슷한 시기인 1990년에는 민영방송 설립이 자유화되었다.

이런 환경 변화에 따라 대중음악 산업과 관련한 법과 제도가 표현의 자유를 확대하는 방향으로 바뀌었다. 소비자들은 혁신적인 음악을 선호하는 경향이 커졌다. 이에 관해 김성민은 1980년대 중·후반 이후에 한국 음악 산업이 미국과 일본에 대한 일방적인 모방에서 탈피해 "적극적인 융화와 변주를 통해 자기 음악을 창출하는 쪽"으로 혁신을 시작했다고 평가했다.[22] 즉 '실질적인 연구개발 활동을 통해 괄목할 만한 학습과 지식 창출 활동'이 일어나기 시작한 것이다. 이는 전형적인 '창의적 모방'의 특징으로서 한국 경제의 1세대 혁신에 해당하는 것이다.

한편 한국 음악 산업이 2세대 혁신을 시작한 때는 다른 산업의 예와 마찬가지로 1990년대 중반 이후다. 그 상징적 사건이 '서태지와 아이들'의 활동이다. 1992년 데뷔한 서태지와 아이들은 구세대에게 수용하기 어려운 불편함을 주는 혁신적 음악으로 한국 대중문화에 큰 충격을 주었다. 이들은 1996년 해체되었지만 '문화 대통령'으로 불릴 정도로 한국 대중음악계에 큰 영향을 준 것으로 평가된다.[23]

이러한 2세대 혁신의 출발은 세계 팝계의 변화와 무관하지 않았다. 1989년 아메리칸 뮤직 어워드가 힙합과 랩 부문을 신설하면서 흑인 주도의 힙합 문화가 주류로 떠올랐다. 한국의 젊은 음악가들은 이러한 새로운 흐름을 적극 수용하고 흡수함으로써 독자적인 음악을 창조하고자 했다. 이러한 혁신 활동을 열정적으로 지원한 것이 당시 X세대로 불리는 젊은 소비 계층이었다. 이들은 컬러TV와 비디오로부터 인터넷과 휴대폰까지 새로운 미디어를 먼저 수용하면서 새로운 소비 주체가 되었다.[24] 1995년 SM엔터테인먼트의 설립과 1996년 H.O.T. 데뷔로 시작된 K팝 이노베이션도 이러한 한국 대중음악의 흐름 속에서 출발했다고 할 수 있다.

K팝 성공 요인의 고찰

열악한 국내 시장 환경을 딛고 수출 주력 산업으로 성장한 K팝의 성공 요인에 대해서는 다양한 분석이 있다. 예를 들면 한국콘텐츠진흥원(2011)은 콘텐츠 자체의 경쟁력, 디지털 기반의 유통과 마케팅, 한국의 국제적 위상과 아시아 문화 소비 시장의 급속 성장 등을 성공 요인으로 꼽았다.[25] 그리고 현대경제연구원(2011)은 여기에 가수 육성 시스템, 차별적인 댄스 음악, 화려한 군무를 포함시켰다.[26] 이와 함께 삼성경제연구소(2012)는 생산·소비·분배의 관점에서 체계적인 제작 시스템, 소셜미디어 활용에 의한 마케팅, 소셜네트워크 서비스 기반의 능동적 소비자, 노래·안무·비주얼의 삼박자 등 네 가지 요인을 제시했다.[27] 이에 관해 산업연구원은 「K-Pop의 경쟁력 강화를 위한 정책방안」이라는 보고서를 통해 [표 3-1]에서 보는 바와 같이 국내 연구기관들의 분석 결과를 종합해 다음 세 가지 성공 요인으로 정리했다.[28]

(1) **체계적인 제작 및 트레이닝 시스템.** 캐스팅 → 트레이닝 → 프로듀싱 → 마케팅 및 해외 프로모션으로 표현되는 단계별 제작 및 유통 시스템을 K팝의 차별화된 경쟁력으로 가장 먼저 꼽았다. 미국과 일본과는 다르게, 인재를 발굴하고 연습생을 장기간 훈련해 스타로 만드는 차별화된 방식을 구축한 것이 가장 중요한 성공 요인이라는 것이다. K팝은 이를 바탕으로 아이돌 그룹을 생산해 해외 시장을 공략할 수 있었다.

(2) **소셜미디어 활용에 의한 홍보 및 마케팅.** 유튜브·페이스북·트위터 등 소셜미디어를 기반으로 큰 투자 없이 아시아는 물론 미국과 유럽 등 전 세계로 홍보 및 마케팅을 했다. 예를 들면 SM엔터테인먼트를 필두로 YG, JYP 등이 세계 음악 관련 기업 중 가장 먼저 유튜브에 공식 채널을 개설하고 음악 콘텐츠의 홍보와 마케팅에 활용했다. 이후 유튜브 음악 카테고리에 K팝 전용 채널이 개설됨에 따라 큰 비용 부담 없이 전 세계로 K팝을 확장해나갈 수 있었다.

(3) **세련된 음악성과 비주얼.** 해외 시장에서 성공한 아이돌은 가창력은 기본이며 세련된 안무와 패션 등 차별적인 매력을 가진 것으로 평가된다. 뛰어난 국내 작곡가와 프로듀서들은 물론 유럽·미

[표 3-1] K팝 성공 요인 관련 선행 연구[29]	
한국콘텐츠진흥원 (2011)	• K팝의 경쟁력 • 디지털 기반의 K팝 유통과 마케팅 • 높아진 한국의 국제적 위상과 아시아 대중문화 시장의 빠른 성장
현대경제연구원 (2011)	• 국내 시장을 바탕으로 다양한 콘텐츠 생산 유도 • 국내 치열한 경쟁을 통해 검증받은 콘텐츠 해외 진출 • 콘텐츠의 유통 및 소비 수단 변화에 의한 기회 발생 • 문화적 장벽이 낮은 장르적 특성 적극적으로 활용
삼성경제연구소 (2012)	(성공 요인을 생산·소비·분배의 관점에서 분석) • 생산자: 기획사의 체계적 제작 시스템 • 전달 방식: 소셜미디어의 적극 활용 • 소비자: IT에 친숙한 능동적 소비자 • 콘텐츠: 노래·안무·비주얼 삼박자를 완비
산업연구원 (2015)	• 체계적인 제작 및 트레이닝 시스템 • 소셜미디어 홍보 • 세련된 음악성 및 비주얼

국·일본 등 다양한 국가의 전문가와 협력해 차별화된 콘텐츠를 창출해냈다. 특히 SM엔터테인먼트는 K팝 초창기 핀란드 작곡가의 노래인 S.E.S.의 〈Dreams Come True〉 수입 이후 전략적으로 해외 협력 네트워크를 구축해나감으로써 세계적으로 우수한 음악을 확보하고 세련된 콘텐츠를 제작하는 데 앞장섰다.

이 같은 기존 분석 결과들을 종합할 때, K팝 성공은 일부 해외 매체들이 보도하는 것과 같은 정부의 정책적 지원에 힘입은 바는 거의 없는 것 같다. 오히려 1990년대 후반부터 심화된 인터넷 불법 다운로드나 저작권 문제에 대한 정부의 미온적 대처로, 가뜩이나 IMF 경제위기로 어려워진 음악 시장이 더욱 피폐해졌다.

결과적으로 음악 관련 기업들은 해외 시장이 아니면 생존이 어려울 정도로 극단적 상황에까지 몰렸다. 자금 확보 측면에서도 당시 어느 대기업도 음악 산업에 관심을 기울이지 않았으며 금융 기관 역시 체계적 지원이 전무한 실정이었다. 그나마 유일한 자금 확보처로 1996년 개설된 코스닥 시장이 작동했다. 관련 업계에서는 처음으로 SM엔터테인먼트가 2000년 4월 코스닥 등록에 성공함으로써 대규모 자금 확보가 가능해졌다. 당시 코스닥 심사에서 H.O.T. 그룹의 수입에만 의존한 SM엔터테인먼트의 사업 구조에 대해 부정적 의견이 많아 재수 끝에 통과한 것으로 알려졌다.

그러나 위에 제시한 성공 요인들은 K팝의 성공을 사후적 관점에서 평면적으로 분석한 것으로서, K팝 산업의 성공 과정을 제대로 설명하지 못하는 약점이 있다. 예를 들면 위의 성공 요인들이 정확한 것이라면 다른 국가에서도 그것을 활용해 제2의 K팝 성공을 이뤄낼 수 있어야 한다. 그러나 체계적인 제작 및 트레이닝 시스템, 소셜미디어 활용에 의한 홍보 및 마케팅, 세련된 음악성과 비주얼 등과 같은 요인들을 따라 한다고 K팝과 같은 성과를 만들어낼 수는 없을 것이다. K팝 성공을 정확히 설명하려면, K팝 산업을 일으킨 혁신의 과정을 중심으로 그것을 구성하는 요인들과 상호작용의 과정을 파악해야 한다.

이와 관련해 산업연구원(2015)의 앞의 보고서는 혁신 이론 관점의 분석 결과를 제시했다. 즉 K팝 성공을 혁신 활동의 성과로 간주하고 혁신의 성공 원인을 "SM 같은 선도적인 기업이 새로운 아이디어로 기존의 방식과는 다른 경영 활동의 결과로서 K팝 시장을 개척하고 부가가치를 창출했기 때문"으로 해석했다.[30] 즉 "가장 먼저 이수만 프로듀서와 그가 설립한 SM엔터테인먼트가 혁신의 주체가 되어 아이돌 육성 시스템, 해외 시장 진출, 수평 및 수직 계열화, OSMU(One Source Multi Use) 등 다방면에서 음악 사업 경영에 혁신 요소를 도입하고 국내 음반 시장의 붕괴를 해외 시장 개척으로 극복하면서 빠른 시간에 시장의 최강자로 성장했으며 이후 JYP, YG 등 후발 경쟁자들이 등장해 경쟁을 통해 산업 생태계가 확장되고 혁신 시스템이 체계화되었다"라고 분석했다.[31]

결론적으로 혁신 이론 관점에서 볼 때, K팝의 성공은 "정보통신 기술의 발달이 인터넷을 통해 음반 시장의 붕괴를 가져왔지만, 혁신적인 기업가들이 등장해 새로운 아이디어로 혁신적인 비즈니스 모델을 창출함으로써 성장 동력을 확보했기 때문으로" 풀이된다.[32] 이러한 결론은 K팝 성공 요인의 정확한 분석을 위해서 혁신의 구성 요소인 혁신가(또는 혁신적 기업가)와 그들이 직면한 환경 변화, 이에 대응한 그들의 전략을 파악해야 한다는 것을 시사한다. 다음 절에서 설명할 M-ies 모델은 바로 이러한 혁신의 구성 요소와 이들 간 상호작용을 분석하는 틀을 제공함으로써 K팝 성공의 과정을 보다 심층적으로 이해하는 데 도움을 준다.

04

●

M-ies 모델로 분석한
K팝 이노베이션

K팝의 성공은 1990년대 후반 국내 음반 시장의 붕괴라는 위기 속에서 만들어진 혁신 성과라고 할 수 있다. 앞에서 설명한 이노베이션의 고전적 정의에 따라 평가할 때, K팝은 기존과는 다른 방식으로 새로운 가치를 창출해낸 혁신 활동의 결과다. 특히 신제품, 신생산 방법, 신시장 개척 등에서 혁신을 함으로써 새로운 가치를 창출하고 획기적인 경제적 이익을 창출했다.

이같이 특정 산업이 형성되어 급속 성장하는 과정은 어느 한 사람만의 노력이나 한 번의 발명적 사건으로 이뤄지지 않는다. 이보다는 20여 년 동안 K팝 산업을 지속적으로 성장시킨 혁신의 모멘텀(관성)을 이해할 필요가 있다. 즉 끊이지 않고 혁신 활동이 일어나도록 만든 원동력에 초점을 맞춰야 한다. [그림 3-2]에서 설명한 M-ies 모델은 혁신의 원동력으로서 모멘텀 개념을 제시하고, 그것을 구성하는

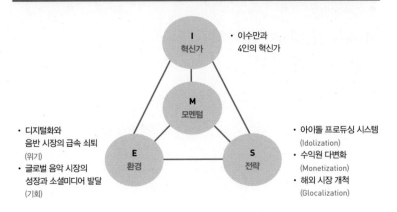

[그림 3-2] M-ies 모델로 본 K팝 이노베이션

I
혁신가

• 이수만과
4인의 혁신가

M
모멘텀

• 디지털화와
음반 시장의 급속 쇠퇴
(위기)
• 글로벌 음악 시장의
성장과 소셜미디어 발달
(기회)

E
환경

S
전략

• 아이돌 프로듀싱 시스템
(Idolization)
• 수익원 다변화
(Monetization)
• 해외 시장 개척
(Glocalization)

요인들과 그것들 사이의 상호작용을 파악할 수 있게 한다.

조지프 슘페터는 경제 발전의 궁극적인 동력으로 이노베이션, 즉 혁신의 개념을 제시했다. 그 실천의 주체로서 혁신적 기업가, 즉 혁신가를 핵심 요인으로 들었다. 그런데 특정 산업에서 혁신가의 활동은 주로 기업을 중심으로 이뤄지기 때문에 경영학에서는 기업에서 일어나는 혁신에 초점을 맞춰 혁신적 기업가$_{Innovator}$가 제시한 경영 이념과 리더십, 기업이 처한 환경$_{Environment}$, 기업이 환경에 대응하기 위한 전략$_{Strategy}$이라는 세 가지 관점으로 나눠 연구해왔다.

하지만 핵심 요인인 혁신가(I), 환경(E), 전략(S)을 따로 떼어서는 복잡하게 이뤄지는 혁신 과정을 제대로 설명하기 어렵다. 이 요인들은 독립적으로 작용하기보다 시간의 흐름에 따라 상호작용하면서 일정한 성과를 창출하기 때문이다. 따라서 지속적인 혁신의 과정을 이해하려면 특정 시점에서 활동을 분석하는 정태적$_{Static}$ 개념이 아

니라 시간의 흐름에 따라 변화를 설명하는 동태적$_{Dynamic}$ 개념으로 접근해야 한다.[33]

K팝 기업들이 어떻게 스스로 에너지를 축적해 성장을 가속화했는지 시간의 흐름에 따라 동태적 관점에서 파악할 필요가 있다. 이를 바탕으로 성장의 원동력인 혁신 모멘텀이 어떻게 형성되었는지를 알아야 한다. 다시 말해 프로듀서 혁신가의 비전과 리더십, 기업을 둘러싸고 있는 환경, 기업의 전략 간 상호작용을 통해 혁신 모멘텀이 어떻게 형성되고 진화했는지에 초점을 맞춰야 한다. 그래야 K팝이 해외에서 새로운 시장을 창출해내고 그로부터 높은 수익을 달성하는 일련의 혁신 과정을 제대로 이해할 수 있다.

그러면 [그림 3-2]의 M-ies 모델에 입각해 K팝의 혁신 과정을 파악해보자. 이를 위해 먼저 K팝 혁신을 선도한 SM엔터테인먼트의 사례를 중심으로 살펴보는 것이 효과적이라 본다. 이 회사는 최초의 아이돌 상품을 생산한 혁신가(이수만 프로듀서)가 설립한 대표적 혁신 기업이기 때문이다.[34] 이수만 프로듀서는 1996년 H.O.T.의 성공적 데뷔와 중국 최초 진출로 활발한 혁신 활동을 이어가던 중 인터넷에서 불법 다운로드가 범람하고 음반 시장이 쇠퇴하는 환경 변화에 직면했다. 그는 이에 대응하기 위해 해외 시장 개척을 목표로 지속적인 혁신을 감행했다. 예를 들면 당시 주먹구구식 경영 관행에서 탈피해 새로운 비즈니스 모델을 제시했다.

즉 음반에 담은 '음악'만 상품으로 보는 기존 틀을 바꾸어 '아이돌'이라는 새로운 개념을 상품으로 재정의하고 특유의 생산 시스템을 통해 지속 생산이 가능하도록 시스템화를 이뤘다(아이돌화).

OSMU 전략으로 광고·방송 예능·영화·뮤지컬 등 다양한 장르로 진출해 부가가치 창출을 극대화하는 한편 아이돌 상품 자체의 수명 주기도 늘려나갔다(수익원 다변화). 전 세계적으로 중산층이 확대됨에 따라 젊은 층의 음악 소비가 증대하고 유튜브·페이스북 등 소셜미디어의 발전하는 것에 편승해 세계 2위의 콘텐츠 시장인 일본을 비롯해 다른 아시아 국가들, 특히 성장 잠재력이 가장 큰 중국 시장을 공략했다(세계화).

이러한 혁신 활동으로 SM엔터테인먼트는 짧은 시간에 K팝 산업에서 리딩 기업으로서의 위치를 선점했다. 한마디로 국내 음악 시장의 쇠퇴라는 위기에 대응해 아이돌화, 수익원 다변화, 세계화라는 혁신 전략을 감행함으로써 해외로부터 새로운 기회를 획득하는 혁신 성과를 거뒀다. 우리는 위기를 기회로 바꾸는 것이 바로 혁신가라는 사실을 또다시 깨닫게 된다. SM엔터테인먼트의 혁신 사례는 5장에서 자세히 설명하기로 한다. 이렇게 촉발된 K팝의 혁신 모멘텀은 이수만 프로듀서에 이어 이호연, 박진영, 양현석, 방시혁 등 후속 경쟁자들이 등장함으로써 확대되고, 또 다른 혁신을 창출함으로써 선순환이 일어나게 된다. 그 결과 K팝 산업은 국내 시장의 위기 요인을 극복하고 세계 음악 산업의 디지털화와 해외 음악 소비의 증대 같은 기회 요인을 활용할 수 있게 되었다.

한편 최근 한국 영화와 클래식 음악계에서도 이러한 혁신가들의 노력으로 놀라운 혁신 성과를 거두고 있는 것을 관찰할 수 있다. 2020년 2월 제92회 아카데미 시상식에서 봉준호 감독의 〈기생충〉이 최고의 영예인 작품상과 감독상 등 4관왕을 달성했다. 피아니스트 이루마의 음반이 2020년 3월 넷째 주 빌보드 클래시컬 차트에서 6주 연속 1위를 차지했다. K팝뿐 아니라 다른 문화 콘텐츠 분야에서도 혁신가들이 등장해 세계적인 혁신 성과를 거두고 있다. 그러나 이러한 성과가 산업 발전으로 이어지려면 계속해서 혁신가들이 등장하고 이들의 활동이 기업화되어 확대 재생산될 수 있도록 전략적 투자가 일어나야 한다. 즉 혁신이 분절된 사건에 그치는 것이 아니라, M-ies 모델이 강조하듯이 모멘텀을 형성해 혁신 활동들을 지속적으로 확대 재생산할 수 있어야 한다는 것이다.

국가 간 제도와 문화 차이

혁신 모멘텀과 함께 논의해야 할 요인은 국가 간 제도와 문화 차이다. 한국의 K팝 기업들이 미국이나 일본과 달리 체계화된 시스템으로 아이돌을 생산하고 세계화를 이룩할 수 있었던 데는 제도와 문화적 요인도 크게 작용했다. 미국의 경우 엔터테인먼트 산업의 오랜 역사와 풍부한 인재 풀에도 불구하고 한국 같은 아이돌 그룹을 생산하지 못한 것은 기술적 능력이 뒤떨어져서가 아니라 우리와 법체계와 제도가 다르기 때문이다. 과거 미국의 엔터테인먼트 기업들이 토털 매니지먼트 시스템으로 가수와 배우 등 아티스트를 키우고 관리하던 제도가 바뀌어 매니지먼트와 에이전시가 법적으로 분리되었다. 이에 따라 매니지먼트 기업은 아티스트를 단순 관리하는 일만 할 뿐 아이돌을 육성하고 생산하는 식의 운영은 할 수 없게 되었다. 아티스트의 데뷔 이후 활동은 에이전시를 통해 직접 하는 것이 법 제도여서, 회사는 투자 환수를 할 방법이 없어졌기 때문이다.

일본은 우리와 법체계는 비슷하나 문화 기업 중심의 공동체 문화가 강해서 보통 아티스트들이 월급제로 활동하며 성공 보수가 취약하다. 아티스트들의 회사 간 이동도 어렵다.[35] 반면 한국은 문화 기업이 아티스트를 직접 육성하고 관리하면서 위험 부담을 지는 고위험·고수익형 특성이 있다. 이러한 제도적 환경은 기업이 높은 위험을 감수하지만, 고수익을 기대하고 과감한 투자를 할 수 있는 여건을 조성한다. 이는 2000년대 이후 수백 팀의 아이돌이 쏟아져 나올 수 있는 기반이 되었다. 이에 관해서는 뒤에서 상세히 설명하기로 한다.

한편 혁신가·환경·전략의 상호작용으로 형성된 혁신 모멘텀은 일정 시점을 지나 티핑 포인트를 넘어서면서 종종 드라마틱한 성과를 연출한다. 티핑 포인트란 물이 어느 시점에 끓어오르는 것과 같이 모든 것이 한꺼번에 변화하고 전염되는 극적인 순간을 말한다. 이러한 티핑 포인트는 소수 사람의 영향력, 특수한 상황 및 환경, 소수의 영향력이 주변에 전달되고 각인되는 고착성으로 구성된다고 한다.[36] 이는 M-ies 모델에서 제시한 혁신의 세 가지 요인과도 일치한다.

즉 K팝 혁신의 출발인 프로듀서 혁신가들의 비전과 리더십은 티핑 포인트 구성 요인 중 소수의 영향력에 해당하며 특수한 상황 및 환경은 기업을 둘러싼 경영 환경, 마지막으로 고착성은 기업의 전략에 해당한다.[37] K팝 산업은 프로듀서 혁신가들이 주도한 혁신 모멘텀이 티핑 포인트를 넘어서면서 강력한 성장 동력으로 작동함으로써 전 세계 음악 시장을 상대로 놀라운 성공을 거둔 것이다. 이에 관해 4장에서 구체적인 설명을 이어가고자 한다.

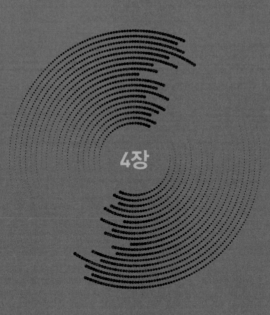

4장

K팝 혁신 모멘텀

K팝이 하나의 산업으로 성장해 국가 수준에서 새로운 수출 품목으로 발전하는 과정에는 강력한 혁신 모멘텀이 존재했다. 3장에서 설명한 M-ies 모델은 이러한 혁신 모멘텀을 이해하기 위해서 혁신가, 환경으로부터의 위협과 기회, 기업의 대응 전략 등을 자세히 살펴봐야 함을 시사한다.

01

●

5인의 혁신가

K팝 혁신의 출발점에는 프로듀서 혁신가들이 있다. 그 선두에는 1989년 SM기획을 설립한 이수만 프로듀서가 있다. 그는 1995년 자신의 개인회사를 주식회사 형태인 SM엔터테인먼트로 전환해 H.O.T.라는 최초의 '아이돌'을 데뷔시켰다. 이러한 선도적 혁신 활동에 자극받은 이호연 프로듀서는 젝스키스, 핑클 등을 데뷔시킴으로써 SM엔터테인먼트와 함께 아이돌계 양대 산맥을 형성했다.

박진영과 양현석도 연이어 JYP와 YG를 설립해 많은 아이돌 그룹을 국내외 시장에 데뷔시켜 성공을 거뒀다. 최근에는 JYP 프로듀서였던 방시혁이 빅히트엔터테인먼트를 설립해 신생 중소 기획사라는 한계를 극복하고 BTS라는 세계 최정상의 아이돌 그룹을 탄생시켰다. 이렇듯 5인의 프로듀서 혁신가들의 혁신 활동을 기반으로 K팝은 지속 가능한 산업 생태계를 형성할 수 있었다.

이수만

1952년생으로 서울대학교 농공학과를 졸업하고 미국 캘리포니아주립대학교 대학원에서 컴퓨터공학으로 석사학위를 받았다. 대학 시절인 1972년 '사월과오월' 멤버로 데뷔한 이래 가수와 MC로 활발히 활동했다. 미국 유학에서 돌아온 후 테크노 음악을 프로듀싱했으며 1989년 개인 사업체 SM기획을 설립해 힙합 가수 현진영을 데뷔시켰다. 이후 1995년 주식회사 형태로 전환한 SM엔터테인먼트를 통해 본격적인 음악 제작 사업을 추진했다.

"변화하는 대중의 니즈를 파악하고 그 니즈를 반보 앞서 충족시킨다"라는 전략을 수립하고[1] 인재 발굴과 트레이닝 시스템을 구축했다. 첫 작품이 H.O.T.였다. 그는 중산층의 소득 증대와 교육 수준 향상으로 10대의 문화 구매력이 급속히 증대하고 있음을 각종 통계 자료를 통해 먼저 분석했다고 한다.[2] 시장 분석 자료를 토대로 당시에는 주목하지 않았던 10대 중심의 음악 시장을 타깃으로, 멤버를 발굴하고 트레이닝 과정을 거쳐 H.O.T.를 데뷔시켰다. 이후에도 지속적인 분석과 예측을 바탕으로 신인들을 육성하고 중국과 일본 등 해외 시장 진출을 시도했다.

그 결과 S.E.S., 신화, 플라이투더스카이, 보아, 동방신기, 천상지희, 슈퍼주니어, 소녀시대, 샤이니, f(x), 엑소, 레드벨벳, NCT 등 대표적 아이돌 그룹을 배출했다. 세계 음악계에서는 그의 선도적 혁신 활동이 K팝 성장의 중심에 있음을 인정했다. 예를 들면 미국 《포브스》는 그를 'K팝의 선구자'로 보도했다.[3]

이수만 프로듀서는 일찍부터 'Culture Technology(CT)'의 개념을 제시하고 체계화된 아이돌 생산 시스템을 구축해나갔다. 그는 자신이 구축한 CT를 활용해 한국인 스타를 키울 뿐 아니라 아시아인 스타를 탄생시킴으로써 한·중·일이 합친 아시아 시장이 미국 및 유럽 등 서구권과 경쟁하는 구도를 꿈꿨다.

이러한 그의 세계화 전략은 1호 아이돌인 H.O.T.가 국내 가수 최초로 대규모 베이징 공연을 성공시킴으로써 불씨를 댕겼다. 이후 2001년 보아의 일본 진출이 성공함으로써 세계 2위 음악 시장을 개척하는 데 성공한다. 2008년에는 보아의 영어 버전 노래를 직접 프로듀싱해 미국 시장에 또다시 도전해 한국 가수로는 최초로 빌보드 앨범 200 차트 127위에 진입시켰다. 2011년 프랑스 파리에서의 'SM Town Live' 공연이 대성공을 거두고, 루브르박물관 앞에서 추가 공연을 요청하는 플래시몹 행사가 주목을 받았다. 이는 유럽 팝 시장에 K팝을 처음 알리는 계기를 마련했다는 평가를 받았다.[4]

그는 CT의 개념을 더욱 확장해 국내에 머물지 않고 세계 수준에서 협력 네트워크를 구축해나갔다. 이러한 국제적 협력 네트워크를 기반으로 확보한 곡을 적합한 가수와 연결시키는 'A&R(Artist&Repertoire)' 시스템을 처음 도입해 K팝 산업의 표준으로 정착시켰다.[5] 이와 함께 OSMU의 사업 다변화를 시도해 음악을 토대로 영화, 광고, 온라인 커뮤니티 사업, 노래방, 방송 연예, 캐릭터 등 다양한 수익원을 창출하고 사업 영역을 넓혀갔다. 이러한 전략은 좁은 내수 시장의 한계를 가진 K팝 기업을 종합 엔터테인먼트 기업으로 성장할 수 있게 함으로써 세계 굴지의 미디어 그룹들과 경쟁하고 협력할 수 있는 발판을 마련했다는 평가를 받는다.[6]

이호연

1954년생으로 성균관대학교 체육교육과를 졸업하고 대전에서 고등학교 체육 교사를 했다. 1981년 한밭기획에 입사한 이래 엔터테인먼트 산업에 투신해 여러 가수를 발굴하고 키웠으며 소방차의 매니지먼트를 맡았다. 이를 기반으로 1996년 DSP미디어(구 대성기획)를 설립해 젝스키스, 핑클, 클릭비, 이효리, SS501, 카라 등을 연이어 히트시켰다. 특히 그는 안목과 캐스팅 능력이 뛰어난 것으로 알려졌다. H.O.T.의 데뷔를 보고 즉시 젝스키스를 데뷔시켰고 S.E.S.의 활동에 대응해 핑클을 히트시킴으로써, 1세대 아이돌 시장의 형성과 K팝 혁신을 확산하는 데 기여했다.

2000년대 중반에는 코스닥 시장 등록과 함께 드라마 산업으로의 진출로 회사를 크게 확장했다. 그러나 드라마 투자에 실패해 코스닥 시장에서 상장 폐지되는 등 어려움을 겪었으며 그 여파로 뇌출혈로 쓰러졌다. 그러나 그가 기획한 걸그룹 카라는 일본 진출에 성공해 회사 창립 이래 가장 큰 이익을 창출했다.

박진영

1972년생으로 1950년대생인 이수만, 이호연 프로듀서와 20년 정도 차이 나는 신세대 프로듀서이자 가수·작곡가·댄서·배우다. 그는 아버지를 따라 초등학교 시절 미국 생활을 했으며 연세대학교 지질학과를 졸업하고 경기대학교 행정대학원과 연세대학교 정치학과 대학원에서 석사과정을 공부하기도 했다.

1994년 가수로서 데뷔 앨범을 내고 47만 장의 음반 판매량을 기록했다. 이후 싱어송라이터로 성공적 활동을 했으며 1997년 JYP를 창립해 '국민 그룹'으로 불린 g.o.d.를 키웠다. 2002년 비를 데뷔시키는 등 많은 가수를 키워냈다. 2007년 원더걸스를 시작으로 본격적인 아이돌 그룹 생산에 돌입했다. 2AM, 2PM, 미쓰에이, GOT7 등 정상급 아이돌을 키워냈다. 최근 트와이스와 ITZY가 각각 일본과 미국에서 각광을 받고 있다. 2008년 국내 인기 절정이던 원더걸스를 미국에 데뷔시키는 모험을 감행해, 빌보드 싱글 앨범 핫 100에 진입시키는 등 해외 시장 개척을 위한 노력을 지속적으로 했다. 특히 릴 존, 아웃캐스트, 알 켈리 등 미국의 유명 프로듀서들과 협력해 소속 가수들의 미국 시장 데뷔를 추진한 것으로 알려졌다.

그는 프로듀서로서 "좋은 가수보다는 좋은 사람이 먼저 되라"는 인성 교육을 강조한다고 한다. 또한 "한국인이 반드시 한국적인 음악을 해야 한다고 생각하지 않는다. 한국인이라도 흑인 음악을 할 수 있고 그것들로 해외 진출도 할 수 있다"[7]는 의견을 피력하면서 K팝의 정체성이 한국 전통문화에 있지 않음을 강조하기도 했다.

양현석

1970년생으로 광명공업고등학교를 졸업하고 1989년부터 댄서와 안무가로 활동했다. 1992년 서태지와 아이들의 멤버로 데뷔해 한국 대중음악사에 큰 영향을 미쳤다. 그는 그룹 활동을 통해 대중의 음악적 니즈를 파악하는 능력을 키웠으며 이를 기반으로 1998년 흑인 음악 레이블을 표방하는 YG를 세웠다. YG는 2011년 엔터테인먼트 기업으로는 SM엔터테인먼트에 이어 2번째로 코스닥에 직상장했다. 그러나 이러한 성공은 첫 번째 그룹의 실패를 딛고 흑인 음악인 R&B 장르에 집중한 공격적 전략의 성과였다.[8]

지누션과 원타임의 성공으로 성장의 발판을 마련했으며 원타임의 멤버인 테디 등 우수한 작곡가와 프로듀서들을 확보하면서 차별화된 음악 시스템을 구축했다. 이를 기반으로 2004년 이후 일본과 중국은 물론 미국 시장 진출을 시도했다. 2011년 에이벡스와 합작으로 YGEX 레이블을 설립해 일본 진출을 본격화했으며 싸이, 빅뱅, 2NE1 등이 해외 시장에서 빅히트를 기록했다. YG의 음악은 아시아보다 미국 팝 시장에 더 맞는다고 평가받고 있다. 실제로 양현석은 미국의 힙합과 R&B 프로듀서들의 영향을 많이 받았으며, 마크 시멜Mark Shimmel, 리치 해리슨Rich Harrison, 다크차일드Darkchild 등 유명 힙합 프로듀서들과 긴밀한 협업 체계를 구축하고 있다.

이러한 글로벌 프로듀싱 체계를 기반으로 최근에는 걸그룹 블랙핑크가 미국과 유럽 등 서구권에서 인기를 끌고 있다. 이러한 성공은 "세계 넘버원 레이블이 되겠다"라는 양현석 프로듀서의 꿈과 의지의 산물이라고 평가된다.[9]

방시혁

1972년생으로 서울대학교 미학과를 졸업했다. 대학 재학 중인 1996년 음악 경연 대회에서 수상한 것을 계기로 작곡가의 길로 들

[그림 4-1] 5인의 혁신가와 혁신 활동

1989 ● SM기획(이수만)

1991 ● DSP media

1995 ● SM ENTERTAINMENT

1996 ● JYP ENTERTAINMENT
LEADER IN ENTERTAINMENT
H.O.T.

1997 ● YG ENTERTAINMENT
S.E.S.

핑클
1998

2001 ● 보아
싸이

2002 ● 비

2004 ● 동방신기

2005 ● Big Hit Entertainment 슈퍼주니어

2006 ● 빅뱅

2007 ● 소녀시대
원더걸스

엑소
2012

2013 ● BTS

2015 ● 트와이스

2016 ● 블랙핑크
NCT

슈퍼M
2019

어섰다. 1997년 JYP에 스카웃되어 400곡이 넘는 작곡을 했으며 많은 곡을 히트시켰다. 2005년 빅히트엔터테인먼트를 설립했고 BTS를 기획해 2013년 데뷔시켰다. '21세기 비틀스'로 불리는 BTS를 키워 2018년과 2019년 각각 2장과 1장의 앨범을 빌보드 앨범 200 차트 1위에 올려놓았으며 2019년 《빌보드》가 뽑은 25인의 혁신가에 뽑혔다. 2019년 BTS 한 팀의 성공만으로 SM, JYP, YG를 능가하는 매출을 기록했으며 영업이익은 앞의 3사의 영업이익을 모두 합친 액수의 2배에 달했다.[10]

그는 2019년 모교인 서울대학교 졸업식 축사 연설에서 오늘날의 자신을 만든 에너지가 '분노'임을 밝혔다. 한국의 음악 산업이 처한 비상식적 상황과 음악인에 대한 편견을 향한 분노와 저항이 빅히트엔터테인먼트의 오늘을 만들었다고 말했다.[11] 《타임》지와의 인터뷰

에서 BTS의 성공 요인에 대해 "미국 주류의 기존 방식과는 다르게 접근했으며 무엇보다도 팬들과의 직접 소통에 의한 '충성심(로열티)'이 중요한 역할을 했다"라고 밝혔다.[12] 이와 함께 "시대정신을 담은 BTS의 메시지가 디지털 세상을 만나 빠르게 전파됐고, 마침 미국에 없던 어떤 지점을 건드렸던 것 같다"라는 분석을 내놓았다.

공장형 아티스트에 대한 편견에 대해 "연습생 기간에 음악적 스킬에만 집중하지 않고 사회성을 포함한 '아티스트로서의 삶' 전반을 교육하는 데 많은 투자를 하고 있다"라고 강조했다.[13] 포장된 아이돌만으로는 대중, 특히 세계인의 욕구를 만족시키기 어려우며 아이돌 스스로가 음악인으로서의 능력을 보여줘야 성공할 수 있다는 것을 강조했다. BTS도 멤버 자신들이 직접 곡을 만들고 프로듀싱에 참여하는 과정에서 성공을 일궈낼 수 있었다고 말한다.[14]

소개한 5인의 프로듀서 혁신가들을 종합해보면, 1950년대 초반 출생자들과 1970년대 초반 출생자들이 함께 활동하며 K팝 산업을 이끌었다고 할 수 있다. 먼저 전자의 혁신가들이 1980년대 창의적 모방의 시기를 거치면서 지식과 경험을 축적하고 1990년대 중반부터 혁신의 길을 개척했다. 연이어 신선한 감각과 열정으로 무장한 20대 혁신가들이 동참했다. 이들은 실제로 가수·작곡가·댄서·프로듀서 등으로 활동하면서 충분한 암묵적 지식을 축적했다. 여기에 자신만의 꿈과 비전으로 열정적 노력을 더함으로써 빠른 시간 안에 기술 습득을 이루고 세계 수준의 기술 능력을 갖출 수 있었다.

●

위협과 기회

위기 때 혁신이 촉진된다

국내 음반 시장은 2000년대에 들어서면서 MP3와 인터넷 보급으로 붕괴 위기를 맞았다. 디지털 매체의 발달로 음악 소비 행태가 변화하고 산업이 구조적으로 바뀌기 시작한 것이다. 특히 소비자들은 CD를 구매하는 대신 MP3 파일을 다운로드하는 데 익숙해졌다. 이에 따라 음악을 소유하는 대신 공유하는 것으로 급속히 인식을 바꿨다. 소비자들은 더는 음반을 사지 않고 인터넷으로 다운로드한 음악 파일을 휴대폰이나 MP3로 감상하기 시작했다. 이러한 음악 산업의 디지털화는 음반 판매와 대여를 하는 소매점들을 사라지게 했다. 디지털화는 비단 음악만의 현상이 아니었다. 영화 시장에서도 동네마다 있었던 비디오 대여점들을 망하게 했다.

결과적으로 한국 음반 시장은 2003년 디지털 다운로드가 음반

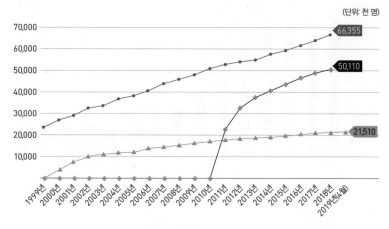

시장의 규모를 넘어서기 시작했다. 미국 음악 시장에서 디지털 다운로드 점유율이 음반 판매를 넘어선 것이 2011년인 것과 비교하면 엄청나게 빠른 속도다.[15] 따라서 기존 음반 시장의 급격한 축소와 함께 온라인 음원 유출과 불법 복제로 인한 수익성 감소는 모든 음악 관련 기업들에 생존의 위기로 작용했다. [그림 4-2]에서 보는 바와 같이 국내 휴대폰 보급률은 1999년 2,000만 대를 넘어섰으며 초고속 인터넷 가입자 수도 2000년부터 급증했다. 이후 2010년부터 폭발적으로 늘어난 스마트폰 가입자 수는 동영상 중심의 음악 소비를 획기적으로 증대시켰다.

더욱이 SM에 이어 JYP, YG 등이 활동을 시작한 1990년대 후반은 IMF 경제위기로 국내 음반 산업이 구조적으로 흔들렸던 시

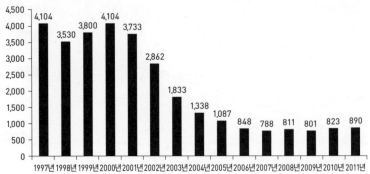

[그림 4-3] 국내 음반 산업의 매출(1997~2011)[16]

(단위: 억 원)

기다. [그림 4-3]에서 보는 바와 같이 한국의 음반 시장은 1997년 4,100억 원을 정점으로 두 해 연속 뒷걸음쳤다. 잠시 원래 규모로 회복한 2000년을 마지막으로 급속한 내리막길을 걸었다. 1990년대 만 해도 밀리언셀러 앨범들이 적지 않았던 시장 상황은 2001년 이후 자취를 감추었다. 2002년 당시 연간 판매량 1위를 기록한 보아의 앨범조차 50만 장 기록에 그칠 정도였다.[17]

국내 음반 산업은 디지털 매체의 발달로 인해 2001년을 기점으로 지속적으로 감소해 2007년 788억 원까지 내려갔다. 이후 더 내려가지는 않고 800억 원대를 유지하면서 소폭 상승하고 있는데, 이유는 전 세계적으로 K팝이 확산되면서 음반 수요가 오히려 늘어났기 때문이다.[18] 이렇듯 온라인 음악 시장이 음반 시장을 빠르게 대체하면서 2010년부터 온라인 음악이 90% 이상을 차지했다. 반면 오프라인 음반 시장은 10% 이내로 감소했다. 그 결과 2014년 국내 음악 시장은 음반 950억 원, 음원 4,207억 원, 공연 2,450억 원, 노래연습장 저작권 348억 원 등으로 구성되며 전체 규모는 약 7,955억 원으로 추산된다.[19]

이같이 K팝 선도 기업들이 활동을 본격화한 1990년대 후반과 2000년대 초반은 국내 시장이 심각한 위기에 처한 시기였다. 그런데 이러한 위기 상황을 기회로 반전시킨 것이 바로 프로듀서 혁신가들이었다. 실제로 혁신 이론에 의하면 시장에서 위기가 조성되어 주위 상황을 바꿔야만 하는 전략이 절실해질 때, 기술 습득과 신지식 창조가 급진적으로 일어날 수 있다고 한다.[20] 즉 기업이 급진적인 방법으로 기술적 능력을 스스로 전환하고 경쟁력을 향상함으로써 위기를 기회로 바꿀 수 있다는 것이다.

초국가적 미디어 소비 시장의 출현

아이러니하게도 음악 산업의 디지털화는 국내 시장에서는 생존 위협 요인이었지만 해외 시장에서는 기회 요인으로 작용했다. 생산과 유통 비용이 드는 CD 매체 대신에 온라인 음원을 활용함으로써, 유통 경로 없이 해외 소비자를 상대할 수 있었기 때문이다. 예를 들면 2008년 보아가 미국 진출을 하면서 자신의 노래를 30개국에 발매할 수 있었던 것이나, 2010년 소녀시대가 사전 홍보나 마케팅 없이 유튜브를 통한 뮤직비디오 공개만으로 일본 쇼케이스에서 2만 명이 넘는 관객을 모은 것은 온라인 매체를 활용한 덕분이다.[21]

결과적으로 디지털 미디어 시대의 도래와 K팝의 세계적 확장은 서로 밀접한 관계를 형성하며 영향을 주고받았다. K팝이 디지털 미디어 환경에 의해 만들어졌다고 해도 과언이 아닐 정도로 큰 영향을 받았으나,[22] K팝 역시 전 세계적 팬덤의 형성을 통해 새로운 디지털 미디어의 발전에 기여했다.

2003년 스티브 잡스가 출시한 아이튠즈 서비스는 합법적인 디지털 음악 시장을 구축함으로써 음악 시장의 디지털화를 가속화했다. 그 결과 2007년 디지털 음악 기기인 아이팟이 1억 대 이상 팔렸고 아이튠즈 스토어에서는 40억 곡이 거래되었다.[23]

2005년 12월 유튜브가 동영상 공유 서비스를 본격적으로 시작했다. 유튜브를 통해 동영상 중심의 소셜네트워크가 구축되면서 음악이 유통되고 스타가 만들어지는 방식이 달라졌다. 이러한 변화에 가장 민첩하게 대응한 것이 K팝이다. K팝의 뮤직비디오들이 유튜브를 통해 언어의 장벽을 극복하면서 전 세계로 확장되어나갔다. 싸이의 〈강남스타일〉 동영상 재생 횟수가 유튜브가 원래 설계한 최대치(약 21.5억 회)를 넘어선 사례는 디지털 미디어와 K팝이 상호 발전적인 영향을 주고받았음을 잘 보여준다.[24] 특히 유튜브는 방송 시간의 제약 없이 24시간 전 세계 이용자들과 소통할 수 있으며 이용자들은 편집, 번역 자막, 리액션 등을 통해 능동적인 참여를 했다. 덕분에 K팝은 국경을 초월해 거대한 팬덤을 형성할 수 있었다.[25]

그 밖에 트위터·페이스북·인스타그램 등 소셜네트워크서비스가 전 세계적으로 확산함에 따라 디지털 기반의 음악 소비 시장은 더욱 커졌다. 이러한 소셜미디어들은 언어나 직업, 나이와 국적에 상관없이 하나의 놀이 공간으로서 전 세계로부터 다양한 정보를 공유하는 기회를 제공했다. 이에 따라 K팝을 접하는 새로운 팬들이 계속 유입되고 K팝의 소비 공간은 더욱 확대될 수 있었다.

중산층 증대와 문화 세계화

지구촌은 1990년대 들어와 경제적·문화적으로 큰 변화를 맞이했다. 첫째는 소득 증대로 인한 중산층 확대이고, 둘째는 정보통신 기술의 발달로 인한 문화 세계화다.

한국 경제를 보면 [그림 4-4]에서 보듯이, 산업화의 급속 진전으로 중산층이 차지하는 비중이 1985년 약 25%에서 1990년대 후반부터 30%를 넘어섰다. 이로써 음악을 포함한 문화 소비가 크게 늘어나는 토대가 되었다. 세계적으로는 [그림 4-5]에서 보듯 중산층 비중이 1990년 이후 꾸준히 증가했다. 특히 한국·대만·싱가포르 등 신흥 공업국 외에 중국과 동남아시아의 경제 발전 속도가 빠르게 진행되었다. 이에 따라 세계적으로 극빈층(1일 소득 2달러 미만의 최저 계층)은 [그림 4-6]에 나타난 바와 같이 1966년 50%에서 2017년 9%로 가파르게 감소했다.[26]

이러한 경제 수준의 향상은 문화에 관한 관심과 소비의 증대로 이어졌으며 음악 소비층도 크게 확대되었을 것으로 추측된다. 예를 들면 [그림 4-7]에서 보는 것처럼 전 세계 인구 100만 명당 기타 보유 수가 1962년 200대에서 2014년 1만 1,000대로 대폭 증가했다. 이러한 추세는 음악에 대한 세계적인 수요 증대를 시사한다.[27]

또 하나 주목할 것은 정보통신 기술의 발달로 국제적인 문화 교

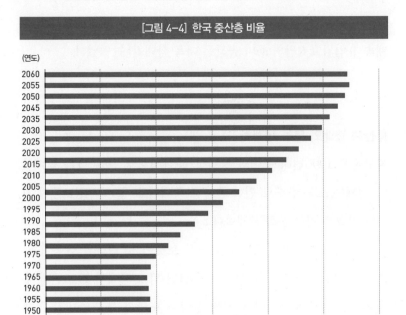

[그림 4-4] 한국 중산층 비율

출처: Gapminder based on Bourguignon and Morrisson, World Bank & OurWorldlnData

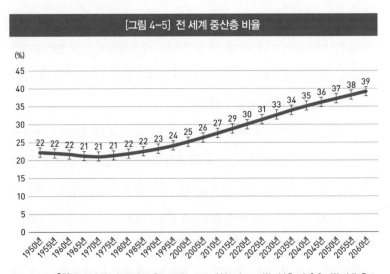

[그림 4-5] 전 세계 중산층 비율

출처: Gapminder based on Bourguignon and Morrisson, World Bank & OurWorldlnData

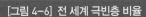

[그림 4-6] 전 세계 극빈층 비율

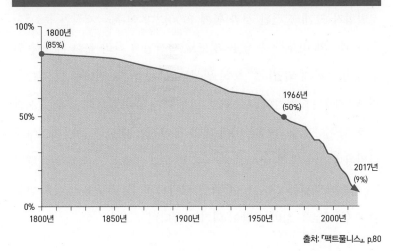

출처: 『팩트풀니스』, p.80

[그림 4-7] 전 세계 100만 명당 기타 보유 수

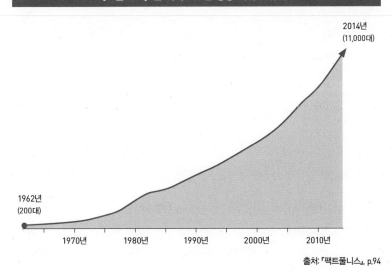

출처: 『팩트풀니스』, p.94

류의 폭과 속도가 크게 확대되었다는 사실이다. 그동안 경제의 글로벌화가 크게 진전된 것과 함께 1990년대 이후 국제적인 문화 교류가 과거와 비교할 수 없을 정도로 확장됨에 따라 문화 세계화 현상이 주목받게 되었다.[28] 특히 위성통신의 발달과 인터넷 및 휴대전화 등 각종 IT 기기의 대중화로 세계 각지에서 발생한 일을 실시간으로 알 수 있게 되었다. 이에 따라 동아시아는 물론 동남아시아와 라틴아메리카 등의 국가들은 영미권 문화상품의 소비를 확대했지만, 동시에 한국의 K팝이나 한류 드라마 같은 비주류권 문화상품에 대한 새로운 소비 시장이 되기도 했다.[29]

●

K팝 3대 전략

위의 환경 요인들을 종합할 때 1990년대 후반 이후 세계 음악 산업은 위협과 기회가 공존했다고 할 수 있다. 물론 주된 원인은 음악 산업의 디지털화다. K팝을 일으킨 프로듀서 혁신가들은 1990년대 후반 국내 음악 시장에 몰아친 위기를 정면으로 돌파했기 때문에 초국가적 미디어 소비 시장이라는 기회를 만날 수 있었다. 중산층 증대와 문화 세계화라는 거시적 환경 요인을 바탕으로 그 기회를 지속적으로 살려갈 수 있었다. 여기서 살펴봐야 할 것은 프로듀서 혁신가들이 위기를 기회로 바꾸는 과정에서 사용한 전략이다. 즉 프로듀서 혁신가들은 아이돌화Idolization, 수익원 다변화Monetization, 세계화Glocalization라는 3대 전략을 실행함으로써 위기를 기회로 바꾸는 혁신에 성공할 수 있었다.

아이돌화

아이돌Idol이란 큰 인기를 누리는, 대중에게 우상 같은 존재를 말한다. 특히 대중음악계에서 청소년층에게 큰 인기와 영향력을 끼쳐온 가수를 뜻한다. K팝 혁신가들은 이러한 아이돌 자체를 전략적 상품으로 정의하고 새로운 비즈니스 모델을 제시했다. 즉 기존 음악 산업의 비즈니스 모델이 음악을 담은 '음반'을 주력 상품으로 정의한 것에 반해, K팝은 음악의 실연자와 그를 둘러싼 모든 것을 상품으로 재정의한 것이다. 따라서 아이돌이라는 상품의 가치를 극대화하기 위해 프로듀서 혁신가들은 선발 과정(오디션)을 신중하게 하고 장기간의 합숙과 훈련 과정을 거쳐 차별화된 아티스트를 만드는데 많은 투자를 한다. 이에 따라 아이돌이 되려면 보컬과 댄스 트레이닝, 프로듀싱과 스타일링 등 다양한 단계를 거쳐야 한다.

아이돌이 되기 위해서 요구되는 것들을 보면 기본 소질과 재능, 즉 노래·랩·댄스 실력이 해외 시장에서 경쟁력을 갖출 수 있는 수준에 도달해야 한다. 단순히 잘하는 것이 아니라 최신 트렌드에 맞는 음색·발성·리듬감 등을 갖춰야 하며 댄스도 힙합, 재즈댄스, 현대무용 등 다양한 장르의 실력 외에 K팝에 어울리는 감각을 갖춰야 한다.[30] 여기에 더해 성공의 최종 관건이 있다. 아이돌이 스스로 소유한 매력으로서 이는 트레이닝이나 인위적 꾸밈으로 획득될 수 없는 요인이다. 이러한 성공 요건들을 갖추기 위해 아이돌은 대부분 10대 어린 나이에 아이돌 생산 시스템 안에서 수년간의 연습생 시절을 보내게 되며 사회에 관한 공부도 여기서 하게 된다.

아이돌화의 과정은 캐스팅 → 트레이닝 → 프로듀싱 → 마케팅으로 구분된다. 이는 앞에서 언급했듯이 SM의 이수만 프로듀서가 CT 개념으로 체계화한 것으로서, 이후 K팝 기업들은 이러한 과정을 통해 우수한 품질의 아이돌을 다양하게 생산할 수 있었다. 이러한 체계적 생산 시스템의 역사적 뿌리는 1920년대부터 1950년대 초반까지 유행했던 할리우드의 스튜디오 시스템에서 찾을 수 있다. 스튜디오 시스템은 스타·감독·작가·디자이너·스태프 등을 소유하면서 개인의 재능을 키워 스타를 만들고 표준 제작 방식으로 영화를 다량으로 만드는 것을 특징으로 한다.[31]

음악 산업에서 체계적 생산 시스템의 역사는 1959년 디트로이트에서 설립된 모타운 레코드에 뿌리를 둔다. 포드, GM, 다임러-크라이슬러 등 3대 자동차 공장이 밀집된 자동차Motor의 도시Town에서 체계적인 스타 생산 시스템이 출발한 것은 우연만이 아니었다. 실제로 모타운 레코드의 창업자 베리 고디는 "자동차 공장의 컨베이어 벨트 위에 부품들이 조립된 후 완성된 새 차로 공장 문을 나가듯이, 모타운 레코드의 문을 들어선 평범한 꼬마 아이더라도 결국 문을 나갈 때는 스타가 되는" 회사를 꿈꾸었다.[32] 모타운은 이러한 스타 생산 시스템을 기반으로 슈프림스, 다이애나 로스, 마빈 게이, 스티비 원더, 템테이션스, 잭슨 파이브 등 수많은 스타와 그룹을 생산함으로써 1960년대와 1970년대 미국 팝 산업에 혁신을 일으켰다.

여기에서 주목할 점은 체계적인 생산 시스템을 거친 스타들의 면모다. 이들은 동일한 생산 시스템을 거쳐 창조되었지만, 모두가 독특한 개성을 지닌 세계적 문화상품인 것이다. 이러한 생산 시스템의 개념은 제조업의 그것과 유사한 것 같지만, 한 팀의 아이돌 그룹이

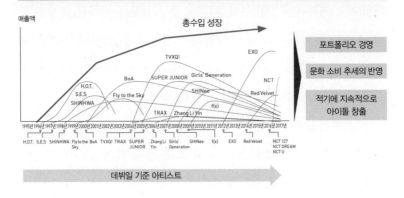

[그림 4-8] SM엔터테인먼트의 아이돌화 사례

탄생하는 데 평균 5년 내외가 걸리는 정도로 특유의 복잡한 과정을 거쳐 각기 다른 개성을 지닌 그룹을 창조한다.

이렇듯 아이돌 생산 시스템은 그 시대에 최적화된 가수와 그룹들을 지속적으로 생산해 시장에 출시함으로써 안정적인 성장을 할 수 있게 한다. 특히 한두 팀의 명운에 좌우되지 않고 인위적으로 통제할 수 없는 성공과 실패를 적절하게 관리하는 포트폴리오 경영을 가능하게 했다.

[그림 4-8]에서 보듯이 SM엔터테인먼트의 지난 25년간을 분석해보면 H.O.T., 보아, 동방신기, 소녀시대, 엑소 등 빅히트 아이돌과 상대적으로 중간 또는 소규모 히트, 심지어는 실패한 아이돌까지를 아우르면서 기업 전체로는 안정적으로 성장세를 이어갔음을 알 수 있다. 이를 통해 불확실한 환경 요인과 소비자들의 니즈 변화를 적절하게 반영할 수 있었으며, 지속적으로 새로운 아이돌을 시의적절하게 출시할 수 있었다. 그 결과 종합적인 포트폴리오 경영을 통해

불확실성이 매우 높은 고위험·고수익의 사업을 성공적으로 영위할 수 있었다.

수익원 다변화

문화 산업에서 하나의 콘텐츠 소스를 다양한 장르와 미디어에 적용함으로써 부가가치 창출을 극대화하는 것은 일반적인 전략이다. 이 전략은 소위 'OSMU'로 부르며, 수익원을 다변화함으로써 이익을 창출하고 투자 재원을 마련하는 데 기여한다. 한마디로 하나의 콘텐츠를 최대한 많은 돈으로 만들어내는 전략을 말한다. 일본의 음악 산업에서 쟈니스가 스맙, 토키오, 브이식스 등을 매니지먼트하면서 이 전략을 많이 사용한 것으로 알려졌다.[33] 즉 아이돌이 가수로 활동하면서도 드라마·영화·TV 예능 등 다양한 분야를 크로스오버Cross-over하면서 수익 창출을 극대화한 것이다.

　이 전략은 국내 음악 시장의 빈약한 규모와 악화된 수익성을 극복하고 국내외 시장에서 수익을 창출함으로써 K팝의 산업적 발전에 중요한 역할을 했다. 프로듀서 혁신가들은 단순히 아이돌의 음악만 팔지 않고 아이돌 자체를 콘텐츠화해 다양한 수익원을 확보하려 했다. 따라서 아이돌의 기획 단계부터 음악뿐 아니라 드라마·영화·뮤지컬·CF 등 다양한 분야에서의 상품성을 종합적으로 고려해 훈련하고 관리해나갔다. 이러한 다변화 전략은 아이돌 그룹이라는 상품 자체의 수명 주기를 높임으로써 상품적 가치를 근본적으로 제고시키는 효과가 있다. 즉 아이돌의 육성 → 프로듀싱 → 데뷔

→ 음악 활동 → 다양한 연예 활동 → 휴식 → 다시 프로듀싱 등으로 이어지면서 상품 가치를 유지하고 제고시킬 수 있었다.[34]

아이돌 중심의 수익원 다변화 전략은 K팝 산업을 성장시키는 중요한 동인임이 틀림없다. 이유는 음원 상품만으로는 수입이 제한적이기 때문이다. 중간 유통을 담당하는 플랫폼 미디어와의 수익 분배 문제와 이용자 편의 중심의 서비스로 음원 단가가 과도하게 낮게 책정되는 상황에서 디지털 음원의 수익성은 매우 취약하다. 하지만 아이돌 팬들은 음원뿐 아니라 공연 티켓, MD(머천다이즈) 등을 구매해준다. 높은 충성도로 음악이 히트하지 않아도 이탈하지 않고 기다려주기 때문에 아이돌 그룹은 팬덤 중심으로 다양한 수익원을 창출할 수 있다.

수익원 다변화 전략은 아이돌 그룹 자체의 수명 주기를 늘리는 효과를 가져옴으로써 아이돌을 단기 상품이 아니라 장기적으로 지속할 수 있는 스타 상품으로 만드는 데 기여한다. 이에 따라 하나의 아이돌 그룹이 창출할 수 있는 전체 수익의 규모도 점점 더 확장할 수 있었다. BTS를 키운 빅히트엔터테인먼트의 방시혁 프로듀서는 이에 관해 다음과 같이 언급했다. "예전에는 아이돌 그룹이 길어야 5년이었지만 지금은 아니다. SM과 YG가 신세계를 열고 있다. 가령 YG의 빅뱅은 아이돌 그룹의 아티스트 노선을 걸으며 7년 넘게 가고 있다. SM의 경우 최근 SM C&C를 통해 연예 매니지먼트를 시작했다. 이것은 업종 전환을 통해 아이돌 가수를 다른 연예 영역에서 계속 매니지먼트하겠다는 것이다. 산업적 측면에서 봤을 때 매우 현명한 처사라 본다. 예전처럼 아이돌 가수를 5년짜리 단기 상품으로 끝내는 시

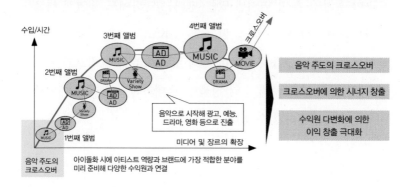

[그림 4-9] SM엔터테인먼트의 수익원 다변화 사례

음악 주도의 크로스오버

크로스오버에 의한 시너지 창출

수익원 다변화에 의한
이익 창출 극대화

음악으로 시작해 광고, 예능,
드라마, 영화 등으로 진출

아이돌화 시에 아티스트 역량과 브랜드에 가장 적합한 분야를
미리 준비해 다양한 수익원과 연결

대는 지났다. 얼마든지 다른 형태로 스타성을 이어갈 것이다."[35]

[그림 4-9]는 특정 아이돌 그룹의 수익 다변화 전략 사례다. 이 그림은 SM엔터테인먼트의 아이돌 그룹 중 하나를 가상적으로 설정해 나타낸 것이다. 수직축은 시간의 흐름에 따른 수익을 나타내며, 수평축은 진출한 미디어와 장르를 나타낸다.

데뷔 이전에 그룹과 멤버 개인에게 어떤 차별적인 특징과 장점이 있는지 파악해 브랜드를 구축한 후, 그것에 가장 적합한 분야에서 수익원을 찾으려는 계획을 수립한다. 이후 첫 앨범을 출시하고 음악의 이미지와 소비자의 반응을 활용해 광고 활동을 하고 TV 예능 활동 등을 통해 인지도를 높인다. 이후 잠시 활동을 멈추고 2번째 앨범을 준비한 후 활동을 재개한다. 팬들의 기다림에 부응하는 음악적 성과로 인지도를 더 높여 더 많은 광고와 예능 활동을 하며 이번에는 아이돌 그룹 중 특정 멤버가 자신의 이미지에 맞는 드라마에 출연한다. 이후 다시 준비기에 들어가 3번째 앨범을 준비한 후,

새로운 음악적 성과를 바탕으로 이번에는 수익성이 더 높은 광고와 드라마 활동을 하며 연기에·맞는 멤버는 영화에도 출연해 새로운 수익원을 추가한다.

이처럼 아이돌 그룹은 OSMU 전략을 통해 다양한 장르와 미디어로 크로스오버함으로써 수익 창출을 극대화하고 자신의 이미지를 지속적으로 제고시킬 수 있다.

세계화

K팝 산업에서 아이돌화와 수익원 다변화가 가능했던 것은 해외에서 새로운 시장을 개척해냈기 때문이다. K팝 기업들은 세계화 Glocalization 전략을 바탕으로 새로운 시장을 확보함으로써 공연과 음원은 물론 음반·머천다이징·광고 등 다양한 방법으로 수익을 창출할 수 있었다. 이러한 세계화 전략은 SM엔터테인먼트가 가장 앞서 실행했다. H.O.T.의 베이징 공연, S.E.S.의 일본 진출 경험을 토대로 만 10세 소녀인 보아를 캐스팅해 처음부터 일본 시장을 목표로 아이돌화 과정을 거쳐 2001년부터 현지화 Localization 전략을 감행했다. 음악 시장 규모가 국내보다 7배 이상 크고 저작권 보호가 잘 되어 있으며 아직 음반 시장이 붕괴되지 않은 일본 시장에 대한 현지화 전략은 K팝 역사에서 탁월한 선택으로 평가받는다.[36]

보아의 현지화 전략을 살펴보면, 데뷔를 위해 SM 재팬 Japan을 설립하고 일본 유명 음반 회사인 에이벡스, 일본 최고의 TV 프로덕션인 요시모토 등과 협력했다. 보아의 음반은 에이벡스와의 라이선스

협정 체결을 통해 일본에서 '에이벡스 연예인'으로서 자유롭게 출간할 수 있었다. 결과적으로 K팝 기업들은 현지화 전략을 통해 현지 기업의 영업망과 마케팅 자원을 안정적으로 활용할 수 있었다.[37]

보아의 성공 후 2000년대 후반부터 음악 산업의 급격한 디지털화가 진행되어 세계 음악 시장에 지각 변동이 일어났다. 휴대폰 보급과 소셜네트워크서비스의 발달로 물리적 거리가 장애가 되지 않는 문화 세계화 시대가 도래한 것이다. SM엔터테인먼트는 2009년 6월부터 유튜브에 공식 채널을 마련하고 각종 소셜미디어 플랫폼을 활용해 표준화된 콘텐츠로 전 세계에 진출하는 표준화Globalization 전략을 구사했다. 이러한 전략은 전 세계를 상대로 뮤직비디오 배포, 팬들과의 소통, 가수 관련 앨범과 MD 판매, 수상과 캐스팅 소식 전달 등을 가능하게 했다. 다시 말해 전 세계의 팬들이 시공간을 초월해 정보를 교환하고 자신이 원하는 문화를 접할 수 있게 만들었다.

예를 들면 소녀시대는 일본 시장 진출 시 일체 기존 매스미디어에 노출하지 않았다. 대신 뉴미디어에 집중해 음원을 홍보하고 팬들과 소통했다. 바로 2010년 8월 도쿄 아리아케 콜로세움Ariake Colosseum에서 쇼케이스를 성공적으로 개최했다. 다음은 이에 관한 SM엔터테인먼트 김영민 대표의 평가다. "소녀시대의 일본 진출 전략은 유튜브 같은 뉴미디어를 이용한 표준화 전략이었습니다. 기존 매스미디어에는 일체 노출하지 않고 바로 일본 현지 쇼케이스를 열었습니다. DVD 구매자만이 참석할 수 있는 쇼케이스였는데, 수용 가능 관람객의 3배 이상이 몰렸고 NHK에서 관심을 갖고 취재했습니다. 소녀시대는 일본에서 데뷔도 하기 전에 막강한 뉴스거리가 되었습니다."[38]

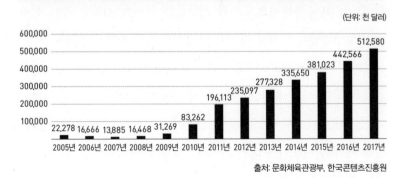

(단위: 천 달러)

출처: 문화체육관광부, 한국콘텐츠진흥원

이 같은 표준화 전략은 소녀시대로 하여금 어렵지 않게 안정적으로 일본 활동을 시작하게 했다. 이런 현상은 중앙아시아를 넘어 유럽에까지 나타났다. 세계 시장을 겨냥해 북유럽 출신의 유명 작곡가가 만든 소녀시대의 멜로디 라인은 유럽인들에게 그대로 흡수되었다. 간단하고 반복적 후렴구를 사용한 '후크송'은 유럽인들도 한국어로 소녀시대의 노래를 따라 부르게 만들었다.[39] 이렇듯 현지화 전략과 표준화 전략에 의해 K팝 수출액은 [그림 4-10]에서와 같이 2017년 5억 1,000만 달러로 2008년 1,600만 달러와 비교해 연평균 45%의 놀라운 증가율을 보였다.

[그림 4-11]의 지역별 수출액 추이를 보면 2017년 3억 2,000만 달러를 기록한 일본이 압도적 1위를 차지하고 있다. 2013년까지 동남아 시장이 2위를 차지했다. 그러나 2014년부터 중국 시장이 2위를 차지하며 2017년 기준 약 2억 달러를 기록했다. 그 뒤를 동남아 6,500만 달러, 유럽 855만 달러, 북미 547만 달러 순으로 이었다. 수

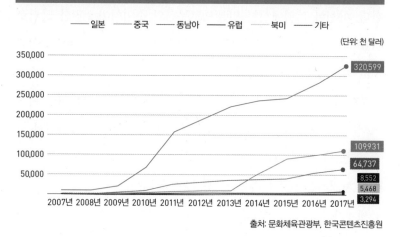

[그림 4-11] 음악 산업 지역별 수출액

—— 일본 —— 중국 —— 동남아 —— 유럽 —— 북미 —— 기타

(단위: 천 달러)

350,000
300,000
250,000
200,000
150,000
100,000
50,000

2007년 2008년 2009년 2010년 2011년 2012년 2013년 2014년 2015년 2016년 2017년

320,599
109,931
64,737
8,552
5,468
3,294

출처: 문화체육관광부, 한국콘텐츠진흥원

출 추이를 종합하면 일본·중국·동남아 시장이 전체 수출액의 96.6%
를 차지함으로써 K팝 시장은 2017년까지 아시아에 집중되었다.

이러한 아시아 편중 현상은 세계 대중음악 시장에서 지속 가능한
성장을 하기 위해 반드시 극복해야 할 과제로 지적받아왔다. 전 세
계 음악 시장의 약 3분의 1을 차지하며 음원과 음반뿐 아니라 다양
한 공연 콘텐츠에 대한 수요가 큰 미국과 독일·영국·프랑스·이탈
리아·스웨덴 등 전체 시장에서 30% 정도를 차지하는 유럽은 세계
화를 위한 마지막 관문인 셈이다. 따라서 최근 BTS를 비롯한 엑소,
슈퍼M, 블랙핑크, NCT127 등 3세대 아이돌의 서구권 시장에서의
성공은 의미가 크다.

한편 음악 수입을 보면 작곡가와 프로듀서 간 협력 관계가 가장
많은 유럽이 743만 달러로 전체 수입액의 53.7%를 차지한다(2017년

기준). 그다음은 북미 지역이 289만 달러로 20.9%의 비중을 차지한다. 아시아 지역에서는 일본으로부터의 수입액이 298만 달러로 21.6%의 비중을 차지했다. 따라서 음악 수입은 주로 유럽에서 이뤄지고 있는 것으로 나타났다.

종합적으로 살펴보면, K팝 세계화 전략은 일본 시장에서의 지속적 성장과 함께 2013년 이후 중국이 2위 시장으로 부상하면서 가속화되었다. 이에 따라 SM과 YG 등 선도 기업들의 매출액에서 수출이 차지하는 비중이 50%를 웃돌기 시작했다.

세계화Glocalization란 표준화Globalization와 현지화Localization의 합성어다. 표준화는 표준적인 제품과 마케팅 방법으로 글로벌 시장을 상대로 규모의 경제를 추구하는 글로벌 통합 전략Global integration strategy을 의미한다. 높은 수준의 상품 표준화를 토대로 글로벌 효율성을 추구하며 본사가 중앙 집권적으로 자원 배분을 한다. 이에 반해 현지화는 지역 간 차이와 특성에 중점을 두고 이를 적극 활용하는 다국적 적응 전략Multinational responsiveness strategy을 말한다. 수요 지역의 선호도와 특성, 정책과 제도 등 국가 간 차이에 대응해 상품과 서비스를 맞춤식으로 차별화한다.[40] K팝 기업들은 이러한 현지화와 표준화를 시의적절하게 병행함으로써 해외 시장 개척에 성공한 것이다.

현지화와 표준화 단계를 넘어서면, 이 두 전략을 동시에 추진하는 초국적 전략Transnational strategy에 의한 세계화를 추구하게 된다. 세계화가 더욱 진행되면서 글로벌한 수준의 경쟁력을 유지해야 하는 필요성이 커지기 때문이다. 즉 원가 우위와 제품 차별화, 효율성과 혁신이 모두 필요하게 된다. 따라서 글로벌 효율성과 다국적 유연성을 동시에 달성하는 전략을 추구하게 된다. 그 결과 해외 현지의 변화에 빠르게 반응하면서 글로벌 수준에서의 통합을 이룰 수 있다.[41]

예를 들면 SM엔터테인먼트의 경우 초국적 전략은 슈퍼주니어로 시작해(슈퍼주니어-K, 슈퍼주니어-M 등) 엑소까지 계속되었다고 할 수 있다. 데뷔 시 한국을 대표하는 엑소-K와 중국을 대표하는 엑소-M(만다린)을 구분했으며, 이 두 그룹의 활동은 지역에 특화되면서도 유기적으로 전 세계를 상대로 통합적으로 운영될 수 있게 추진했다. 안타깝게도 중국 멤버들의 이탈로 계획대로 실현되지는 못했다. 이후 NCT 데뷔를 통해 초국적 전략이 본격적으로 추진되었다. NCT는 기존 아이돌 그룹과 달리 수십 명이 넘는 다국적 멤버가 전 세계를 상대로 활동한다는 의미에서 혁신적이며, 지역별로 특화되어 있으면서도 슈퍼M의 사례와 같이 언제라도 글로벌 수준에서 통합할 수 있는 초국적 개념을 가지고 있다.

●

제도와 문화,
그리고 정부 정책

스튜디오 시스템과 에이전시

세계 각 나라는 법체계와 제도가 각각 다르다. 이에 따라 영화·방송·음악 등 문화 산업의 역사와 구조가 나라마다 다르다. 각 나라의 제도와 문화는 경제 주체들이 혁신을 일으키고 그것이 혁신 모멘텀으로 확산되는 과정에 중요한 영향을 끼친다. K팝도 한국의 독특한 제도와 문화에 기반해 오늘에 이르고 있다.

세계에서 음악 및 엔터테인먼트 시장이 가장 큰 미국은 오랜 역사를 통해 현재의 제도와 시스템을 갖추었다. 대표적으로 1920년대부터 1950년대까지 번성한 할리우드의 스튜디오 시스템을 살펴봐야 한다. 이 대규모 영화 제작 방식은 1912년 토마스 H. 인스Thomas H. Ince가 설립한 인스빌Inceville이라는 영화사로부터 시작되었다.

스튜디오 시스템은 배우의 선발과 육성, 이후 프로듀싱과 마케팅, 이미지 메이킹까지 대형 스튜디오에서 관리한다. '스타 시스템'이라고도 불리는 이 방식은 당시 미국 산업계에서 혁신을 불러일으킨 포드 자동차의 생산 방식, 즉 포디즘에 영향을 받은 것이다. 포디즘이란 대량 생산을 위해 업무를 분업하고 표준화된 체계에 의해 분업화된 업무를 다시 중앙에서 통제함으로써 일정한 품질의 제품을 효율적으로 생산해내는 시스템을 말한다.

1930년대 말에는 스튜디오 시스템에 의존해 매년 400~500편의 영화가 할리우드에서 제작되었으며, 최고조에 달한 1946년에는 미국 전체 인구의 75%인 9,000만 명이 일주일에 한 편씩 영화를 관람할 정도로 많은 수의 영화를 생산했다고 한다. 그러나 1948년 연방 대법원이 '패러마운트 판결'로 제작과 배급의 수직적 통합을 금지함으로써 영화사가 극장을 소유할 수 없게 되었다.[42] 여기에 TV가 급속히 보급되면서 할리우드 스튜디오 시스템은 결국 붕괴했다.

이후 스튜디오 시스템을 계승한 것은 음악 산업이었다. 최대 자동차 생산 도시인 미시간주 디트로이트에서 포디즘을 도입한 모타운 레코드라는 혁신 기업이 탄생한 것이다. 포드자동차 공장에서 직공으로 일하던 베리 고디는 1959년 1월 모타운 레코드를 설립해 다양한 스타를 많이 생산하기 위한 스튜디오를 열었다. 히츠빌Hitsville이라 이름 붙인 그의 스튜디오 시스템은 새로운 감성을 가진 흑인 음악을 다양하게 생산해냈다. 이를 통해 1960년대와 1970년대 백인 중심의 미국 팝 음악의 판도를 바꾸는 혁신을 이뤘다. 우리가 잘 알고 있는 다이애나 로스와 슈프림스, 마빈 게이, 스티비 원더, 포 탑스, 잭슨 파이브 등의 스타가 그 혁신의 산물이다.

그러나 스튜디오 시스템에 의한 미국의 토털 매니지먼트 전략은 1980년대 들어와 에이전시와 법적으로 분리되면서 대형 프로덕션이나 매니지먼트회사 중심이 아니라 가수와 연예인 중심의 에이전시 시스템으로 점차 바뀌었다. 이 기간에 현대적 의미의 세계적 아이돌 그룹인 뉴키즈온더블록이 활동했다. 이 그룹은 1984년 데뷔해 1994년 해체될 때까지 전 세계적으로 선풍적 인기를 끌었으며, 1992년 한국 공연에서는 몰려든 팬이 압사하는 사건까지 발생했다. 이 그룹을 키운 모리스 스타Maurice Starr는 1953년생으로 존슨 브라더스라는 그룹에서 가수 활동을 했으며, 이후 프로듀서로서 흑인 5인조 보이 밴드 뉴에디션에 이어 그 백인 버전인 뉴키즈온더블록을 데뷔시켰다. 그는 1981년 8월에 개국한 뮤직비디오 전문 채널 MTV에 발맞춰 K팝 같은 '보는 음악'을 생산했다. 그는 미국 전역에서 음악 인재를 모아 '보는 음악'의 시대에 적합한 콘텐츠를 제작해 데뷔시켰다. 새로운 미디어의 요구에 부응해 10대 여성 팬을 목표로 보이 밴드의 개념을 처음 확립하고 시장을 개척한 것으로 평가된다.[43]

하지만 미국에서 토털 매니지먼트 시스템은 법과 제도 측면에서 더는 유지하기 어려운 상황에 처했다. 이에 따라 뉴키즈온더블록 같은 아이돌 그룹이 생산되기 어려워졌다. K팝의 아이돌은 바로 이러한 공백을 파고들었다고 볼 수 있다. 이에 대해 이수만 프로듀서는 "만약 미국에서 스튜디오 시스템에 의한 매니지먼트가 계속 유지되었다면 K팝 아이돌이 오늘날같이 성공하기 어려웠을 것"이라고 평가한다.[44]

현재 미국은 가수와 연예인이 직접 매니저와 변호사, 에이전시회사와 계약을 함으로써 그들을 고용하는 방식이 일반적이다. 이러한 가수와 연예인 중심의 체계는 1980년대 이후 확립되었다. 따라서 가수와 연예인의 활동은 매니지먼트회사가 아니라 에이전시를 통해 이뤄진다. 에이전시회사는 가수와의 계약을 기반으로 공연·광고·TV 방송 등의 활동을 지원한다. 그러나 에이전시회사는 가수와 연예인의 음악 활동에 대한 권한이 없다. 미국에서 매니지먼트회사는 별도의 에이전시를 통해서만 활동할 수 있기 때문에, 가수를 키우고 난 후 투자 회수가 원천적으로 어렵다. 한마디로 미국은 한국이나 일본과 달리 가수와 연예인이 자신의 매니저를 중심으로 직접 조직을 꾸리고 기타 비즈니스 매니저와 변호사 등은 아웃소싱하거나 필요에 따라 내부에 고용하는 방식을 채택하고 있다.[45] 결과적으로 에이전시 시스템으로는 법으로 정해진 수수료만 수입으로 삼아야 하므로 가수를 위한 투자가 이뤄지지 않는 단점이 존재한다.

반면 일본은 철저하게 매니지먼트회사 중심의 시스템이다. 가수와 연예인들은 매니지먼트회사에 소속된다. 회사는 가수와 연예인의 총수입을 취합해 활동 실적에 따라 월급을 준다. 그러다 보니 많이 버는 가수와 연예인의 수입이 적게 버는 쪽으로 분배되어 하나의 공동체 형태로 운영되는 모습을 띤다. 미국과 달리 매니지먼트회사가 에이전시를 겸하고 있어 회사의 권한이 강하고 가수와 연예인들의 회사 간 이동이나 탈퇴가 많지 않다. 가수가 만약 보수를 문제삼아 회사를 옮기는 경우 연예 시장에서 외면당하기 십상이다.[46] 이러한 문화는 일본의 집단주의적 사회 특성과 관계가 있으며 음악 산업에도 중요한 영향을 끼치고 있다. 즉 일본의 음악인들은 월급제를 통해 평생 직업이라는 의식을 지니기 때문에, 상대적으로 모험적인 발상과 시도를 적게 한다. 세계 2위 규모의 안정적 시장으로 굳이 위험을 감수하며 해외 시장 개척 같은 모험적인 혁신을 감행할 동인이 작다.

문화와 정부 정책

한국은 미국과 법체계와 시스템이 다르며 일본과는 문화적으로 다르다. 가수와 연예인 중심의 에이전시 시스템에 의존하는 미국은 수익과 비용을 가수와 연예인이 직접 책임지고 담당한다. 반면 한국의 시스템은 매니지먼트회사가 비용을 전적으로 부담하고 수익이 발생하면 회사가 해당 가수와 계약에 따라 분배한다. 이때 가수와 연예인에게 분배하기 이전에 발생한 비용을 제외하기도 한다. 이러한 한국의 매니지먼트 시스템은 아이돌의 연습생 기간에 발생하는 모든 비용을 회사가 부담하는 한편, 데뷔 이후는 활동 실적을 기준으로 수익을 배분하는 방식이다. 그래서 매니지먼트회사의 위험 부담이 매우 높다.

한편 일본은 비용을 모두 회사에서 담당하지만, 수익도 회사가 주로 통제한다. 월급으로 지불하고 남은 수입은 회사가 전적으로 통제한다. 가수와 연예인들은 계약 기간이 끝나도 회사 간 이동이 자유롭지 못하다. 이에 비해 한국에서는 일본과 달리 계약 기간이 종료되면 회사를 옮기는 것이 자유롭다. 따라서 회사 입장에서는 많은 투자 끝에 스타로 성공시켜도 수익을 창출할 수 있는 기간이 제한적일 수 있다. 따라서 회사의 위험도가 다른 국가에 비해 상대적으로 더 높다.[47] 회사와 가수 간 계약 기간을 둘러싼 분쟁이나 '노예 계약'에 관한 사회적 이슈도 이러한 상황 때문에 주로 발생하고 있다.

한편 K팝의 성공을 바라보는 시각 속에는 한국의 전통문화와 정부의 지원 정책이 효과를 발휘했을 것이라는 견해가 적지 않다. 예를 들면 고대로부터 어려운 여건에서도 낙천적이고 '춤추고 노래하길 좋아했다'라는 한민족의 DNA에서 성공 요인을 찾기도 한다. 흥이 나면 죽기 살기로 일하고 도전하는 신바람 문화를 강조하기도 한다. 그러나 우리 사회 문화 속에는 흥과 예술을 좋아하고 존중하는 측면과 함께 예능인을 멸시하는 속성도 내재되어 있다. 조선 시대에 예술인은 사농공상의 서열에 끼지 못할 정도였고, 최근까지 '딴따라'라는 말로 대중예술인을 무시하는 풍토가 존재한다. 그러다 보니 K팝의 유행에 대해 정작 국내에서는 문화적 다양성과 고급화를 훼손한다는 비판이 적지 않다.[48] 오죽했으면 오늘날 BTS를 만든 방시혁 프로듀서가 자신의 성공을 이끈 에너지가 "음악인들이 제대로 인정과 처우를 받지 못한 현실에 대한 분노"라고 했겠는가.

나 역시 비슷한 경험을 했다. 2009년 무렵 교육부가 주관하는 '대한민국 청년 인재 100인'을 선발하는 위원으로 참여한 적이 있다. 최종 심사에 올라온 인재들은 90% 이상이 특허, 우수 논문, 창업 등의 분야로 주로 이공계 출신이었다. 여기에 10% 정도의 예술계 인재들은 모두 클래식 전공자들이었다. 끝자리로 추천된 인재가 당시 인기 절정의 소녀시대였다. 그러나 뜻하지 않게 참여 위원 절대다수의 반대로 거부되었다. 주된 이유는 "대중 가수가 상을 받으

면 면학 분위기를 해치고 대한민국 인재상이 오도된다"라는 논리였
다. 하지만 그 주장과 달리 그 '딴따라' 인재들이 대한민국을 대표
해 국빈 행사나 올림픽 개·폐회식 무대에 오르고 있으니 아이러니
일 수밖에 없다.

한편 정부의 정책적 지원이 한류와 K팝 성공에 중요한 영향을 끼
쳤을 것이라는 주장이 많다. 이러한 가설은 한국과 일본의 산업화
에 정부 주도의 정책 지원이 중요한 기여를 한 '신화' 때문인 것 같
다. 한국의 1960년대와 1970년대 산업화는 정부의 지원 정책이 매
우 중요한 역할을 했다. 그러나 1980년대 이후 시작된 혁신의 과정
에서는 정부 정책의 역할이 점점 줄어들었음이 정설이다.[49] 더욱이
2세대 혁신인 신지식 창조 단계에서 정부의 역할은 혁신가와 창작
자들에게 도전의 '자유'를 누리게 하는 것 외에는 이렇다 할 요인을
발견하기 어렵다.

특히 K팝 산업의 발전 과정에서 정부의 역할은 거의 관찰되지 않
았다. 국책 은행이나 대기업으로부터 체계적인 자금 지원을 받은 사
례도 거의 없다. 역설적으로 정부가 미적지근한 저작권 보호로 불
법 다운로드가 횡행하도록 방치한 결과, 생존을 위해 해외로 나갈
수밖에 없도록 위기를 조성한 것이 오히려 더 큰 영향을 끼쳤다고
할 수 있다. 이러한 정부의 역할에 대해 K팝 역사를 정리한 김성민
은 다음과 같이 평가했다. "2012년 K팝을 중심에 놓은 한류 발전
전략을 추진한 일을 비롯해 지금까지 한국 정부는 K팝을 포함한
한류와 관련된 정책 및 사업을 실시해왔다. 그러나 실제로 그 대부
분은 한국 정부가 K팝의 이미지를 국가 브랜드 구축과 정권 홍보,

사업 운영에 이용한 것에 지나지 않는다."[50]

한편 한류 드라마와 K팝 성장세에 자극을 받은 일본 정부는 이같은 '잘못된 가설'에 의존해 '쿨 재팬Cool Japan'이라는 정부 주도의 정책을 강화했다. '쿨 재팬'은 문화 대국으로서 일본의 국제적 지위에 대한 표현이다. 2010년 일본 정부는 한류가 한국 정부의 지원으로 발전했다고 판단해 그 대응책으로 경제산업성에 '쿨 재팬실'을 만들었고 2013년에는 375억 엔(약 3,765억 원) 규모의 출자금을 투입해 관민 펀드 '쿨 재팬 기구'를 발족시켰다. 여기에 더해 아베노믹스의 핵심 전략으로 '쿨 재팬 전략 담당상'이라는 '특임 대신'까지 임명했다. 그러나 출범 이후 주로 해외 시장 개척을 명분으로 투자된 620억 엔은 성과를 거두지 못하고 대부분 적자 사업으로 끝났다. 이러한 실패에 대해 언론은 "관이 주도하는 쿨 재팬 전략은 전혀 쿨하지 않다"라고 보도했다.[51]

나는 2000년대 초반 베이징에서 한국과 중국 양국의 경제개발연구원이 공동 개최한 정책 토론회에 참석한 적이 있다. 여기서 한국의 벤처 육성 정책과 한류의 발전에 관한 심도 있는 토론이 있었다. 당시 중국은 한창 벤처기업의 발전과 한류의 급속 성장에 관해 연구 중이었다. 중국 전문가들은 한류 성공 요인이 어디에 있는지 무척 궁금해했다. 나는 여기에 대해 1988년 올림픽 이후 달성한 민주화와 그로 인한 표현의 자유를 가장 근본적인 성장 원인으로 답변했다. 20년 가까이 흐른 지금도, 표현의 자유가 보장되지 않는 환경에서는 엄청난 자금을 쏟아붓는다 해도 세계인이 공감할 수 있는 문화 콘텐츠가 나오기 어렵다는 사실을 강조하고 싶다.

결론적으로 K팝의 성공은 '가장 한국적인' 전통문화로부터 탄생한 것이 아니며 정부의 계획된 지원 속에서 비롯된 것도 아니다. K팝은 마치 반도체와 휴대폰과 같이 하나의 상품으로서 세계 팝 시장을 상대로 창출해낸 혁신의 성과물이다. 그 혁신은 프로듀서 혁신가들이 모든 위험을 감수하면서 주도한 것이다. 그 당시 국내 음악 시장은 이렇다 할 정부 지원 없이 쇠락하고 있었으며 사회 분위기 역시 우호적이지만은 않았다. 다만 그들에게 주어진 혜택은 표현하고 도전할 수 있는 '자유'뿐이었다.

5장

K팝의 퍼스트 무버,
SM엔터테인먼트

01

창업과 성장

SM엔터테인먼트(이하 SM)는 1989년 이수만 프로듀서가 창업한 SM 기획이 1995년 주식회사로 전환함으로써 설립되었다. 신인 발굴과 음반 기획을 병행하는 연예 매니지먼트 사업으로 출발했다. 이후 SM은 H.O.T., S.E.S., 보아, 동방신기, 소녀시대, 샤이니, 슈퍼주니어, 엑소, 레드벨벳, NCT, 최근 빌보드 1위를 기록한 슈퍼M 등 수많은 아이돌 그룹과 스타를 배출하면서 K팝을 대표하는 종합 엔터테인먼트 기업이 되었다. 2000년 4월에는 국내 엔터테인먼트 기업 최초로 코스닥에 상장했다.

1998년 H.O.T.의 중국 진출로 시작된 SM의 해외 진출 사업은 지금까지 전 세계적인 K팝 열풍을 주도하고 있다. 현재 SM 소속 아이돌 가수들은 일본과 중국 등 아시아권뿐 아니라 영미권을 포함해 세계적으로 선풍적인 인기를 얻고 있다. 도쿄 돔이나 뉴욕과 로스

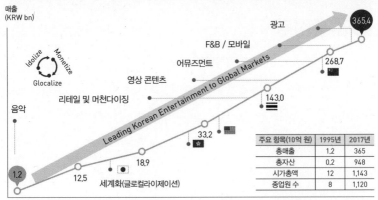

[그림 5-1] SM의 성장 과정

매출
(KRW bn)

광고

F&B / 모바일

어뮤즈먼트

영상 콘텐츠

리테일 및 머천다이징

음악

Idolize Monetize

Glocalize

365.4

268.7

143.0

33.2

18.9

12.5

1.2

세계화(글로컬라이제이션)

Leading Korean Entertainment to Global Markets

주요 항목(10억 원)	1995년	2017년
총매출	1.2	365
총자산	0.2	948
시가총액	12	1,143
종업원 수	8	1,120

1995년1996년1997년1998년1999년2000년2001년2002년2003년2004년2005년2006년2007년2008년2009년2010년2011년2012년2013년2014년2015년2016년2017년

출처: SM엔터테인먼트

앤젤레스에서의 대규모 공연은 물론, 유튜브와 페이스북 등 뉴미디어를 적극 활용해 남미와 중동 등 기존에는 생각지도 못했던 지역의 팬층을 확보했다. 이를 기반으로 글로벌 시장에서 다양한 사업 기회를 획득하며 창업 이래 성장을 지속하고 있다.

SM의 재무적 성과 추이는 [그림 5-1]에서 보는 바와 같이 1995년 창업 시 12억 원의 매출액으로 시작해 2017년에는 3,650억 원을 기록함으로써 300배의 매출 성장을 달성했다. 기업의 가치도 1995년 120억 원이었는데, 2017년에는 1조 원을 넘겼다. 이러한 성장세는 아이돌화, 수익원 다변화, 세계화라는 3대 전략에 의해 달성되었다. 이에 관해서는 앞 절에서 상세히 설명한 바 있다.

SM은 K팝 1호인 H.O.T. 이래로 특유의 아이돌 생산 시스템을 구축했다. K팝이라는 용어가 등장하기 전에 'SMP(SM Music Perfor mance의 줄임말)'라는 개념을 제시함으로써 독자적인 철학으로 음악적 차별화를 시도했다. SMP는 소속 가수들의 노래와 안무를 최적으로 혼합한 SM만의 스타일을 뜻한다. 뛰어난 가창력과 화려한 퍼포먼스가 혼합된 무대 음악으로서 SMP는 K팝의 표준으로 자리 잡았다.[1] 이에 관해 방시혁 프로듀서는 다음과 같이 평가했다. "SM이 자신들의 음악을 SMP라고 주장하는 게 의미가 있다. 자신들의 브랜드를 하나의 장르로 이야기하는 것이 의미가 있다는 말이다. 근본적으로 SM의 음악은 무대를 지향한 음악이다."[2]

SM은 수익원 다변화를 위해 앞에서 설명한 것처럼 광고·드라마·영화·TV·온라인 서비스 등 다양한 장르와 미디어를 크로스오버했다. 이와 함께 신규 회사 설립, 흡수 합병, 전략적 제휴 등을 통해 [그림 5-1]과 같이 리테일 및 머천다이징, 시각 콘텐츠, 어뮤즈먼트, F&B, 모바일, 광고 분야에 연차적으로 진출했다. 해외 시장 개척에서도 보아와 동방신기 등을 통해 가장 먼저 일본 시장 진입에 성공했다. 소녀시대 이후부터는 유튜브 등 뉴미디어를 적극적으로 활용함으로써 글로벌 수준에서 표준화 전략을 전개했다. 이러한 세계화 전략에 발맞춰 [그림 5-1]과 같이 일본·대만·미국·태국·중국 등에 순차적으로 현지법인을 설립했다.

한편 [그림 5-2]에서 보는 것과 같이 1995년 설립 이후 20년 동안의 매출과 영업이익의 추이를 보면 뛰어난 성장세가 관찰된다. 아이돌의 데뷔와 히트 시점 사이의 간격으로 인해 다소 안정적이지 못한 재무 추세가 관찰되기도 한다. 매출액 측면에서는 보아의 일본 성공 직후인 2003년에 급감했다가 5년 후인 2008년부터 회복되

[그림 5-2] SM엔터테인먼트 경영 실적(1995~2015)

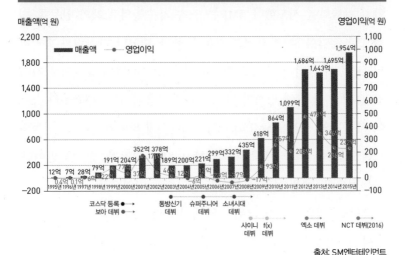

출처: SM엔터테인먼트

기 시작한다. 이 기간 영업이익은 적자를 기록하는 등 저조했다. 이러한 불안정성은 2010년 이후에야 비로소 해소되었다. 즉 창업 후 15년이 지나서야 사업적 안정성을 확보할 수 있었다는 것이다. 이러한 사실은 아이돌 그룹의 화려한 성공으로 인해 K팝 사업이 얼핏 보기에 '미다스의 손'이나 '황금알을 낳는 거위' 같은 인식을 주지만, 실상은 불확실성이 매우 높은 고위험 사업임을 의미한다. 따라서 K팝 기업은 고위험과 불안정성을 극복하기 위해서 일반 기업과는 다른 경영 전략과 리더십이 필요하다.

02

• •

'K팝 선구자'
이수만의 CT

《포브스》는 SM 창업자인 이수만 프로듀서를 'K팝의 선구자'라고
보도했다.[3] 어느 국내 행사에서는 그를 'K팝의 아버지'라고 소개하
기도 했다. H.O.T.를 K팝 1호 아이돌이라고 한다면 이러한 별칭도
틀린 말은 아닌 것 같다. 어쨌든 이수만 프로듀서가 K팝에 기여한
선구적 역할은 이론의 여지가 없다. 그가 K팝을 시작하면서 가장
강조한 것은 'CT(Culture Techno logy)'라는 개념이었다. 그는 "문화
를 만드는 것도 하나의 기술이다"라는 생각을 바탕으로 암묵적 지
식으로 활용되고 있는 다양한 문화 기술을 성문화해 형식지 형태
로 체계화하고자 했다. 음악 제작을 과학화해 전 세계로 수출한다
는 비전을 CT라는 개념을 통해 제시했다.[4]

그는 SM의 핵심 CT로서 독자적인 음악 프로듀싱 시스템을 제시
했다. 이 독창적인 프로듀싱 시스템은 이후 K팝 제작에서 표준이

되었다. SM엔터테인먼트 CT의 핵심인 아이돌 생산 시스템은 캐스팅, 트레이닝, 프로듀싱, 매니지먼트 등 4단계로 이뤄진다. 미국 스탠퍼드대학교 MBA 과정에 소개된 SM 케이스 스터디는 다음과 같이 설명한다.[5]

캐스팅

"가능성을 가진 인재, 인성이 훌륭한 인재를 발굴하는 데 초점을 맞춥니다. 아무리 음악성이 뛰어난 사람이라 할지라도 인성이 뒷받침되지 않으면 결국 오래 못 갑니다."(SM엔터테인먼트 프로듀서 이수만)

신인 캐스팅은 크게 공개 오디션과 캐스팅 팀에 의한 픽업으로 나뉜다. SM은 우수한 인재를 발굴하기 위해 한국·미국·일본 등지에서 주간Weekly, 월간Monthly 단위의 정기적 공개 오디션을 열고 있다. 이외에 중국·미국·캐나다·일본·태국 등의 주요 도시를 포함해 전 세계 약 15~20개 도시에서 매년 글로벌 오디션을 진행하고 있다. 숨은 원석을 찾기 위해 SM 캐스팅 디렉터들이 국내를 포함한 해외 주요 도시에 포진해 상시 캐스팅을 진행하고 있다. 엑소의 멤버 중 레이, 타오, 루한, 크리스 등이 이러한 캐스팅 시스템에 의해 픽업되었다. f(x)의 빅토리아와 NCT의 루카스와 텐 등도 같은 과정을 거쳤다.

어떤 경로든 선발 인원수에 대한 가이드라인은 정해져 있지 않다. 그래서 심사 기준에 부합하는 사람이 없어 선발하지 않는 경우가 적지 않다. 이때 캐스팅을 위해 투자된 인력·예산·시간은 모두 매몰 비용이 된다. 최선의 선택을 위해 많은 선택지를 검토하지만,

답이 없다고 생각하면 깨끗이 포기한다. 어설픈 제품으로 치열한 시장에서 사활을 거는 위험을 감수하기보다는 시간과 비용이 들어도 최고의 대안이 선택될 때까지 투자하고 기다린다는 것이다.

트레이닝

SM은 연습생들을 데뷔시키기 전까지 언어·연기·춤·노래 등 각 파트를 분업화해 가르친다. 획일화된 교육보다는 '맨투맨'의 맞춤형 교육을 지향한다. 댄스 수업의 경우 발레, 재즈댄스, 현대무용 등 기초적인 부분부터 힙합, 하우스, 락킹, 팝핀 등의 다양한 장르를 교육한다. 노래 수업의 경우 발성법부터 시작해 팝·재즈·뮤지컬 등을 분야별로 세분화해 가르친다. 외국어도 영어뿐 아니라 중국어·일본어 강의를 다양하게 번갈아 진행한다. 짧게는 1~2년, 길게는 6년여까지 이어지는 연습생 기간 내내 이러한 교육이 이뤄진다.

더 중요한 것은 이러한 트레이닝이 데뷔 이후에도 지속적으로 이어진다는 점이다. 가령 슈퍼주니어-M(중국 그룹) 소속의 한국인 멤버들이 중국어를 습득한다거나 소녀시대 멤버들이 일본어를 배우는 것 혹은 변하는 트렌드에 맞춰 노래와 춤을 꾸준히 익혀나가는 것들이 바로 '지속적인 트레이닝'의 예다.

수년간 거듭되는 혹독한 트레이닝 과정에서 여러 국적의 연습생들이 함께 지내다 보면 불협화음이 발생하기도 한다. 중국에서 온 연습생들끼리도 지역마다 사투리가 심해 의사소통이 안 되는 경우가 있으며 지역감정, 국가 감정 등 문화적 차이에 의한 문제가 나타나기도 한다. 인격적으로 미성숙한 18세 내외의 청소년들이 모여 있다 보니 음악과 기술적인 면만 가르칠 수는 없다. 그래서 트레이닝 팀에서는 부모와의 면담을 정기적으로 진행하는 한편, 연습생들을 대상으로 "세계인이 되어야 한다" "배타적인 자세를 버려야 한다"라고 강조하며 인성 교육과 예절 교육을 함께 진행한다.

프로듀싱과 매니지먼트

이수만 프로듀서는 SM의 경쟁력을 세 가지로 정의한다. 첫째는 트레이닝, 둘째는 시스템적으로 움직이는 것, 셋째는 곡을 중요시하는 것이다. 세계적인 K팝 스타를 탄생시킨다는 목표 아래 이 세 가지 핵심역량을 무기 삼아 SM의 각 팀은 유기적으로 협업한다.

시장 동향을 분석해 가수로서의 콘셉트를 만들어내는 프로듀싱 팀, 가수에 맞는 음악을 선별해 음반을 내기 위해 음악 작업을 총괄하는 A&R팀, 발매된 음반의 판매와 홍보를 담당하는 매니지먼트팀, 각종 매체에 가수의 홍보를 담당하는 PR팀, CF·콘서트·행사 등 부가가치를 창출을 위한 섭외와 제작·운영을 담당하는 에이전시팀 등 각 분야의 전문가 그룹이 체계적으로 힘을 합친다. 그 구심점에는 모든 과정을 총괄하는 '이수만 프로듀서'가 있다.

다시 말해 SM에는 본인의 프로듀싱 기술을 CT라고 명명하고 여기에 회사라는 시스템을 정착시켜, 각 부서가 마치 하나의 신체처럼 움직이며 일을 하는데 그 뇌에 해당하는 역할을 이수만 총괄 프로듀서가 한다는 것이다. 자체적으로 보유한 프로듀싱 시스템을 통

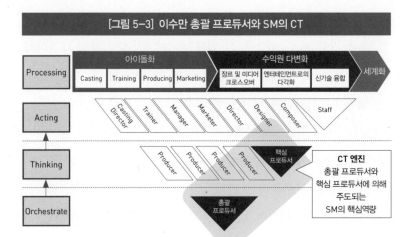

[그림 5-3] 이수만 총괄 프로듀서와 SM의 CT

해 차별화된 음악을 생산하고 이렇게 제작된 음반과 음원 등과 관련한 모든 권리를 보유함으로써 세계 음악 시장에서 더욱 경쟁력 있는 수익 모델을 창출하려 한다.

[그림 5-3]은 이수만 프로듀서의 CT가 회사 전체에 하나의 시스템으로 작동하는 모습을 나타낸다. 즉 이수만 총괄 프로듀서와 핵심 프로듀서 간 협업 체계가 하나의 동력(CT 엔진)으로 구동되면서 세부 기능을 담당하는 전문 스태프들이 아이돌화, 수익원 다변화, 세계화 등과 관련된 활동들을 실천해나간다는 것이다. 예를 들면 총괄 프로듀서는 최고 책임자로서 아이돌 그룹의 네이밍, 스타일 기획, 음악 장르 선정 등을 처음부터 끝까지 기획하고 관리하며 외국 비즈니스를 풀어나가는 업무에 집중한다.

이후 세부 추진 업무는 단계별 전문 프로듀서들에게 맡긴다. 이러한 프로듀싱 시스템은 각 단계로 나눠진 하위 전문 프로듀서들이 유기적으로 움직이면서 변하는 환경에 빠르게 대처할 수 있다.[6] 그 밖에 경영·재무·법률 등의 업무는 CEO인 경영 담당 대표이사가 총괄한다. 즉 경영과 프로듀싱이 분리되어 이수만 프로듀서는 CT 엔진으로서의 역할에 집중한다.

이러한 이수만 프로듀서의 CT 개념은 그의 한류 3단계 발전론과 함께 회사 전체의 비전과 방향이 되었다. 한류 3단계 발전론이란 (1) K팝 문화상품을 수출하는 단계, (2) 현지 회사 또는 연예인과의 합작으로 시장을 확대하는 단계, (3) 현지 기업에 한국의 엔터테인먼트 기술을 전수하는 단계로 구성된다. 이러한 3단계를 통해 궁극적으로 K팝 세계화를 이룸으로써 전 세계적으로 상생하는 문화 생태계를 형성한다는 내용이다.

이를 다시 해석하면 문화 산업 특유의 암묵지인 음악 기획·제작·유통 기술을 '형식지'로 전환하는 작업을 통해 성문화成文化·시스템화된 CT의 지적 재산권을 기반으로 다양한 비즈니스를 창출한다는 것이다. 이처럼 SM은 그들이 가지고 있는 CT 또는 스타 메이킹 기술을 체계화해 타국에 전수하고 각 나라에서 혁신적 성과를 지속적으로 만들어내는 것을 목표로 하고 있다.[7]

일반적으로 미국의 음악 업계는 음반의 유통을 담당하는 레코드회사Record company, 에이전트로서 가수의 각종 활동을 지원하는 에이전시회사Agency company, 가수와 연예인의 매니지먼트를 담당하는 매니지먼트회사Management company로 구성되어 있다. 앞에서도 설명했듯이 이러한 구조에서는 회사가 아이돌 생산 이후 창출할 수 있는 수익 모델에 한계가 있을 수밖에 없으므로 장기적 관점의 투자가 어렵다.

이수만 프로듀서는 이러한 문제점에 착안해 회사 설립 당시부터 유통·에이전트·매니지먼트 등의 업무를 모두 아우르는 토털 매니지먼트 전략을 채택했다. 지금은 SM뿐 아니라 YG, JYP 등 K팝 대표 기업들이 모두 이러한 전략을 따르고 있다. 특히 체계적인 프로듀싱 시스템과 세계적인 작곡가 및 안무가들로 이뤄진 글로벌 네트워크는 K팝 경쟁력의 핵심 원천이 되었다.[8]

03

●

뜻이 있는 곳에
길이 있다

SM의 혁신 활동과 해외 시장 개척은 오래전 이수만 프로듀서가 가수 시절에 품은 꿈으로부터 시작되었다. 그는 1970년대 초반인 대학생 시절부터 가수로 활동하면서 해외 음악이나 외국 가수들이 국내 음악과 가수와는 비교할 수 없을 정도로 인기가 많은 대중음악계 현실에 문제의식을 품었다. 그러다 1980년 6월 미국 가수 레이프 가렛Leif Garrett의 내한 공연 때 큰 충격을 받았다. 당시 전 세계 10대들의 우상이었던 레이프 가렛을 보려 무대로 몰려든 여성 팬들이 실신하는 사건까지 일어났다. 이 사건은 당시 인기 가수로 이름을 날리고 있었던 이수만 프로듀서에게도 충격으로 다가왔다고 한다.[9] 그는 이러한 심적 충격을 경험하면서 '해외에서 열광하는 한국 음악'을 만들고자 하는 꿈을 갖게 된다.

우리는 종종 "꿈을 키운다" 또는 "꿈이 자란다"라는 말을 한다.

6장에서 구체적으로 설명하겠지만, 신지식 창조의 혁신은 바로 '키워지고 커지는' 꿈에서 시작된다. 이 꿈이 비전과 전략으로 구체화하면서 어느 날 기회를 만나 혁신으로 실현될 수 있다. 따라서 신지식 창조를 위한 2세대 혁신을 위해 꿈과 비전에 기반한 '창발 경영Emergence management'이 필요하다.

예를 들면 이수만 프로듀서의 막연했던 꿈이 비전과 전략으로 구체화하면서, 어느 날 혁신 활동이 일어나고 드디어 그것이 실현되었다. 그 꿈은 다시 더 큰 꿈으로 자라면서 어느덧 회사는 단순한 매니지먼트 기업이 아닌 시스템 수출 기업으로 성장한다. 이후 중국을 포함한 아시아는 물론 영미권 시장으로의 진출이 실현되면서, 어느덧 가상 음악 세계를 뜻하는 '버추얼 네이션Virtual Nation'이라는 더 큰 비전을 제시한다. [그림 5-4]의 SM엔터테인먼트의 비전과 성장 과정은 이수만 프로듀서가 지난 25년 동안 자신의 꿈을 키우며 혁신을 실천한 과정을 나타낸다. 이를 단계별로 설명하면 아래와 같다.

1단계: 막연했던 해외 진출의 꿈

'SM 음악의 해외 진출'이라는 당시로서는 막연했던 꿈은 H.O.T.와 S.E.S.가 각각 중국과 일본에 첫발을 내딛는 것으로 구체화하기 시작했다. 2000년 2월 중국 베이징에서 열린 H.O.T. 공연은 중국 시장에 첫발을 내딛는 자리였다. 한류라는 단어가 이때 만들어졌을 만큼 큰 성공을 거두면서 중국 시장에서의 가능성을 확인한다. 하지만 당시 중국은 아직 수익을 줄 수 있는 시장 규모가 아니었다. 이

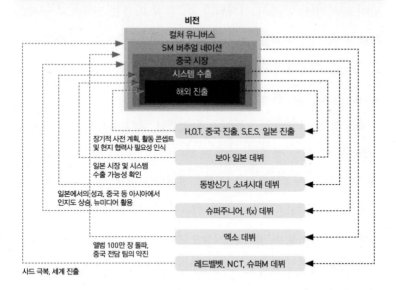

[그림 5-4] SM엔터테인먼트의 비전과 성장 과정

비전

컬처 유니버스
SM 버추얼 네이션
중국 시장
시스템 수출
해외 진출

장기적 사전 계획, 활동 콘셉트 및 현지 협력사 필요성 인식 — H.O.T. 중국 진출, S.E.S. 일본 진출

일본 시장 및 시스템 수출 가능성 확인 — 보아 일본 데뷔

일본에서의 성과, 중국 등 아시아에서 인지도 상승, 뉴미디어 활용 — 동방신기, 소녀시대 데뷔

— 슈퍼주니어, f(x) 데뷔

앨범 100만 장 돌파, 중국 전담 팀의 약진 — 엑소 데뷔

사드 극복, 세계 진출 — 레드벨벳, NCT, 슈퍼M 데뷔

에 대해 이수만 프로듀서는 미래 가장 큰 시장이 될 중국에서 성공하려면 궁극적으로 일본과의 경쟁에서 이겨야 한다고 생각했다. 그 경쟁에서 이기지 못한다면 아시아를 대표할 수 없을 뿐 아니라 중국에서도 성공하기 어렵다고 판단했다.[10]

이에 따라 그는 아시아 최대 음악 시장을 가지고 있는 일본 본토로의 진출을 먼저 시도했다. 일본 현지에서 시험해보고 자신의 경쟁력을 가늠해보겠다는 의도였다. 2000년 4월 S.E.S.가 본격적인 활동을 위해 일본으로 건너갔다. 하지만 당시 일본은 아직 한국을 후진국으로 생각하던 때로, 이수만 프로듀서의 의견을 존중하기보다는 자신들의 의도대로 S.E.S.를 프로듀싱하고자 했다. 그는 이 과정을 통해 장기 관점의 프로젝트와 치밀한 사전 계획이 필요함을 새로이 깨달았다.[11]

2단계: 시스템 수출의 비전

H.O.T.와 S.E.S.의 경험을 토대로 가수의 단순 진출이 아닌, 그의 의지대로 진행되는 프로듀싱 시스템 수출로 현지화를 해야겠다는 새로운 방향을 갖게 된다. 이를 위해 보아$_{BoA}$ 프로젝트를 치밀하게 계획했다. 그의 생각대로 선곡과 편곡, 의상과 안무가 진행될 수 있는 시스템과 조직을 만들고, 현지 협력 기업인 에이벡스와의 계약부터 이를 명시해서 실현해나갔다. 30억 원 규모의 프로젝트는 당시로서는 회사의 운명이 걸린 투자였다. 절박한 상황에서 감행한 투자는 결과적으로 큰 수익이 되어 돌아왔다. 보아는 2001년 5월 일본에서 첫 앨범 데뷔로 시작해 발매하는 앨범마다 차트 1위에 오르는 놀라운 성공을 거뒀다.[12]

3단계: 중국과 아시아 시장 진출의 꿈

일본 시장에서의 가능성을 확인하고 시스템 수출을 어느 정도 이룬 후, 중국을 포함한 아시아 시장 진출이라는 비전을 실현하는 단계로 들어간다. 이를 위해 당시로는 드물게 동방신기와 소녀시대라는 아시아에서 통하는 이름으로 그룹의 이름을 짓고 투자를 진행했다(2005년 데뷔한 걸그룹 천상지희도 같은 맥락의 팀이었다).

그 결과 2004년 1월 동방신기의 데뷔와 2007년 8월 소녀시대의 데뷔가 이어졌다. 동방신기는 일본 시장에서 기록적인 음반 판매를 했고 외국 가수 중 일본 오리콘 싱글 차트 1위에 가장 많이 오른 가수로서의 영예를 얻었다. 이들은 2018년 일본 내 모든 콘서트 중 관객 동원 1위라는 대기록을 세우게 된다. 그뿐 아니라 중국을 포함한 아시아 국가에서도 상당한 수준의 인기를 얻는 데 성공했다.

한편 국내에서 최정상의 여성 그룹 반열에 오른 소녀시대는 2009년 6월 개설된 SM의 유튜브 공식 채널을 통해 수많은 해외 팬이 자신들의 영상을 자발적으로 찾아보고 공유하게 했다. 소녀시대는 일본에서의 직접적인 활동 없이도 마치 할리우드 스타가 일본에 온 것과 같은 분위기를 연출하는 데 성공했다. 그 결과 2010년 9월에 발매한 소녀시대의 일본 첫 싱글 앨범은 수많은 사전 예약 판매를 기록했으며, 발매 이전부터 도쿄 시내 주요 음반 매장에 소녀시대 코너가 따로 마련되는 등 성공을 거뒀다.

4단계: 중국 시장 확대

일본에서 상업적 성공을 하고 뉴미디어를 활용해 중국 등 아시아 시장에서의 인지도를 확보함으로써 SM의 비전은 더욱 확대되었다. '가장 큰 시장에서 가장 큰 스타가 나온다'라는 철학을 가지고 있던 이수만 프로듀서는 더욱 확실하게 중국 시장을 겨냥한 아이돌 그룹을 등장시켰다. 남성 12인조 그룹 슈퍼주니어와 독특한 일렉트로닉 사운드를 특징으로 하는 f(x)가 그들이다.

이 두 그룹은 공통으로 중국인 멤버를 포함하고 있다. 이후 슈퍼주니어는 K팝 가수로서 중국 최고 인기 그룹이 되는 성공 신화를 만들었다. 이처럼 중국인 멤버를 앞세워 중국 시장을 적극적으로 공략하는 과정에서 중국 시장도 수익을 기대할 수 있는 규모로 변모했다. 중국 소비자들의 소득 수준이 향상되면서 영화와 음악 등 문화 콘텐츠에 대한 지출이 크게 증가했기 때문이다. 중국 시장에서의 반응이 커지자 회사의 지역별 매출액 구조도 달라졌다. 2010년 5.9%에 그쳤던 중국 시장의 매출액 점유율은 2014년 1분기를 기점으로 10%를 넘어서기 시작했다.[13]

5단계: 가상 국가(버추얼 네이션)의 비전

중국이라는 최대 잠재 시장으로의 진출이라는 목표가 점차 현실화하면서 다음 단계로 영미권을 포함한 전 세계 시장을 겨냥한 'SM 버츄얼 네이션'이라는 세계화 비전을 제시했다. 일환으로 2012년 8월 18일, SM은 'SM타운 라이브 월드투어 3'의 서울 공연 무대에 앞서 전 세계가 음악으로 하나 되는 가상 국가Virtual nation로서 '뮤직 네이션 SM타운' 선포식을 했다. 신청자들에게는 한정 수량으로 비자도 발급했다. 미국·캐나다·프랑스·영국·독일·이탈리아·오스트레일리아·스페인·일본·중국·태국·싱가포르·말레이시아·필리핀·베트남·인도네시아 등 30여 개국에서 모인 팬의 퍼레이드는 올림픽 개막식을 연상하게 했다. 이수만 프로듀서가 말하는 가상 국가란 물리적 영토를 초월해 SM 소속 가수들의 음악을 즐기는 각국 팬을 국민으로 삼는 문화적인 개념의 국가를 말한다.[14]

이 같은 가상 국가의 건설을 위해 SM은 그동안 일본 시장을 중심으로 한 현지화와 소녀시대 이후 진행된 글로벌 표준화 전략을 통합하는 세계화Glocalization 전략을 본격적으로 실천했다. 핵심 전략으로 2012년 12인조 남성 그룹을 데뷔시켰다. 루한, 레이, 타오 등 3명의 중국인 멤버를 포함한 엑소는 전략적으로 중국인 멤버를 영입했다는 점에서 슈퍼주니어나 f(x)와 유사하다. 하지만 한국에서의 활동에 집중하는 엑소-K와 중국에서의 활동을 전담하는 엑소-M을 구분해 현지화를 추진하면서 한국과 중국에서 거의 동시에 활동을 전개한다는 측면에서 글로벌 표준화와 현지화 전략을 동시에 수행하는 통합형 전략이었다.

그 결과 중국 최대 검색 포털 바이두의 팬 커뮤니티 서비스인 바이두 티에바Baidu Tieba의 가수별 채널에서 엑소가 한국인 가수 순위에서 방문자 수 1위에 올랐다. 중국·대만·홍콩 등 중화권 가수까지 모두 포함하는 종합 순위에서도 엑소-M의 멤버 타오가 1위를 기록했다. 결과적으로 엑소는 기존 K팝 스타는 물론 중국의 특급 스타들과도 어깨를 나란히 하는 수준이 되었다. 2013년 6월에 발표한 첫 정규 앨범 〈XOXO〉와 리패키지 앨범은 합산 판매량 100만 장을 돌파하며 음반 시장의 불황에도 불구하고 기록적인 족적을 남겼다.[15] 그러나 이후 슈퍼주니어-M의 사례와 마찬가지로 중국인 멤버들의 이탈로 중국 전담 그룹 엑소-M의 활동은 중단되었다.

6단계: 컬처 유니버스

전 세계적으로 SM 가수에 대한 팬덤이 확대되고 SM 중심의 가상 국가의 비전이 점차 현실화함에 따라 세계 음악 시장을 향한 비전도 더 확장되었다. 확장된 비전을 달성하기 위해 2016년 1월 혁신 프로

젝트를 발표했다. 신개념 보이그룹인 NCT를 데뷔시킨 것이다. NCT
는 'Neo Culture Technology(신문화 기술)'의 약자로 개방성과 확
장성을 특징으로 한다. 멤버 영입이 자유롭고 멤버 수도 제한이 없
다. NCT라는 그룹명 아래 전 세계 각 도시를 기반으로 각 팀이 순
차적으로 데뷔할 예정이다. 현재는 경도 127도인 서울을 의미하는
NCT127, 어린 소년으로 구성된 NCT Dream, 중국 팀인 WayV 등
이 구성되어 있다. NCT는 기존 아이돌 그룹과 달리 수십 명이 넘는
다국적 멤버가 전 세계를 상대로 활동하면서 현지화와 글로벌 표준
화를 동시에 추구한다는 의미에서 통합형 전략 개념의 아이돌이다.

이러한 신개념을 한 단계 더 발전시킨 것이 그룹 슈퍼M이다. 이
그룹은 샤이니, 엑소, NCT127, WayV에서 선발한 7인조 보이 멤버
들로 구성되었다. 이 그룹은 2019년 10월 발매한 앨범을 열흘 만에
빌보드 1위로 올려놓았다. SM의 '어벤져스' 그룹으로도 불리는 슈
퍼M은 '콘텐츠 간 무한대의 융합과 협력'을 추구함으로써 'SM 음악
의 세계 시장 확장'이라는 비전을 추구하고 있다.

이에 관해 이수만 프로듀서는 '컬처 유니버스'라는 새로운 개념
을 제시했다. 이 개념은 다양한 콘텐츠의 융합을 통해 동양과 서양
이 만나 컬처 유니버스라는 새로운 세상을 만든다는 의미를 담고
있다. 슈퍼M은 바로 이 비전의 핵심 가치를 반영하고 있다.[16] 결론적
으로 SM의 새로운 비전은 지금까지 개발한 문화 기술Culture technology
을 기반으로 전 세계 음악 시장을 상대로 컬처 유니버스를 구축함
으로써 미래 엔터테인먼트 산업을 바꾸겠다는 것이다.

●

세계화를 위한
리더십

이수만 프로듀서는 앞에서 설명했듯이 지난 25년 동안 모두 6단계에 걸쳐 자신의 꿈을 키우고 비전을 확장했다. 그 결과 [그림 5-5] 같은 세계화를 이뤄냈다. 예를 들면 2019년 기준 유튜브 공식 가입자 1,400만 명에 260억 누적 뷰를 기록했으며 일본·미국·동남아 등 7개국에 현지법인을 개설했다. 유럽·아시아·북미·오스트레일리아 등에서 1,000명이 넘는 작곡가와 프로듀서들이 협력하는 글로벌 네트워크를 구축했다. 이러한 세계화Glocalization 성과는 미래 지향적인 문화 소비 욕구와 트렌드를 반영한 글로벌 표준화Culture demand-based globalization와 지역별 특성과 소비 욕구를 반영한 프로듀싱과 마케팅에 의한 현지화Market needs-based localization에 의해 달성되었다.

그런데 여기서 주목해야 할 점은 이러한 해외 개척 전략을 실현하기 위해서 그에 적합한 조직 역량을 어떻게 구축했는지다. 예를

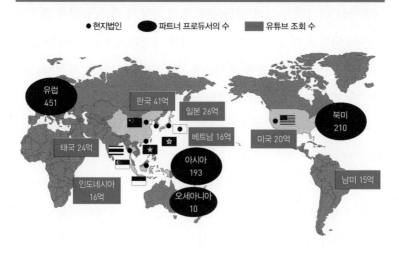

[그림 5-5] SM 세계화의 성과

● 현지법인   ● 파트너 프로듀서의 수   ■ 유튜브 조회 수

유럽
451

한국 41억

일본 26억

베트남 16억

태국 24억

미국 20억

북미
210

아시아
193

인도네시아
16억

오세아니아
10

남미 15억

들면 현지화 전략을 위해서는 현지 시장을 면밀하게 조사하고 현지 수요에 맞게 캐스팅과 트레이닝을 해야 한다. 짧은 시간 내에 성과를 낼 수 있도록 현지 파트너십과 유통망을 확보도 해야 한다. 또한 글로벌 표준화 전략을 성공시키려면 소셜미디어를 적극적으로 활용하는 마케팅 능력이 필요하며, 국내에서 축적된 기획과 제작 능력을 활용해 세계 눈높이에 맞는 글로벌 콘텐츠를 만들어내야 한다. 한 걸음 더 나가 현지화와 표준화를 동시에 이뤄내는 통합화 전략을 위해서, 아이돌 그룹이 만들어내는 콘텐츠를 기반으로 현지 시장마다 OSMU를 적극 활용해 수익성을 극대화해야 한다. 글로벌 네트워크 기반의 실시간 마케팅을 통해 SM 브랜드를 세계적 수준에서 확보해야 한다.[17]

이 같은 조직 역량이 구축되는 과정을 이해하려면 궁극적으로

리더가 어떤 역할을 했는지 알아야 한다. 조직 역량의 구축은 최고 경영자인 리더의 몫이기 때문이다. 특히 규모가 작고 업력이 짧으며 생존의 위협을 받는 중소기업은 리더의 자질과 능력에 의해 운명이 좌우되기 마련이다. 특히 존재하지 않는 해외 시장을 개척하려는 결단은 최고경영자인 리더의 의지에 의해서만이 가능하다.

이장우와 허재원의 연구(2013)는 SM의 해외 시장 개척은 이수만 프로듀서의 리더십이 효과를 발휘했기 때문으로 분석했다. 그의 리더십을 '카리스마 리더십'으로 규정했다.[18] 카리스마 리더십이란 사전적 정의에 의하면 "리더가 구성원에게 깊고 비범한 영향력을 미치기 위해 개인적 능력과 재능을 활용하는 리더십"을 의미한다. 특히 구성원들에게 성공이나 성취에 대한 비전을 자신감과 열정으로 제시해 그들로 하여금 그 비전을 지지하도록 이끌어나가는 속성을 말한다.[19] 대표적인 사례가 애플의 스티브 잡스다. 스티브 잡스는 실패를 두려워하지 않는 도전, 다르게 생각하는 창조적 사고, 팀원들을 이끄는 열정, 능력 있는 인재 발굴, 고난에도 흔들림 없는 집중력 등으로 애플을 세계 최고의 혁신 기업으로 이끌었다는 평가를 받는다.[20]

이장우와 허재원의 연구는 불확실성이 높고 위기에 봉착한 한국의 대중음악 산업에서, 역설적으로 이수만 프로듀서의 카리스마적 리더십이 해외 시장 개척의 기회를 한 발 앞서 포착할 수 있도록 했다고 주장한다. 신속한 의사결정으로 제때 적절한 양의 자원을 올바른 곳에 투자하게 함으로써 SM이 시장의 리더가 될 수 있도록 기여했다고 평가한다.[21] [그림 5-6]은 한국 음악 산업에서 카리스마적 리더의 대응을 나타낸 것이다.

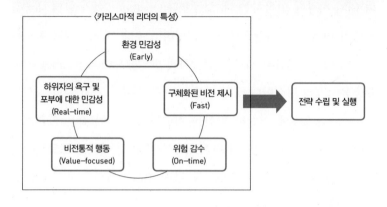

[그림 5-6] K팝 산업에서 환경 변화에 대한 카리스마적 리더의 대응[24]

〈카리스마적 리더의 특성〉

- 환경 민감성 (Early)
- 하위자의 욕구 및 포부에 대한 민감성 (Real-time)
- 구체화된 비전 제시 (Fast)
- 비전통적 행동 (Value-focused)
- 위험 감수 (On-time)

→ 전략 수립 및 실행

카리스마 리더십이 갖는 행동 특성은 학술적으로 밝혀진 바가 있다.[22] 예를 들면 (1) 주변 환경이 부여하는 제약 조건과 기회를 현실적으로 평가할 수 있는 환경 민감성, (2) 하위자가 수용할 만한 전략적 비전을 제시하고 이를 구체화하는 비전 제시, (3) 자신이 주창하는 비전을 달성하기 위해 위험을 감수하며 값비싼 대가를 치르는 것을 마다하지 않는 위험 감수, (4) 과거의 관행을 타파하고 새로운 방식을 추구하는 비전통적 행동, (5) 하위자의 욕구와 포부에 대한 민감성 등이 그것이다. 이러한 다섯 가지 행동 특성은 이수만 프로듀서의 리더십에도 긍정적으로 반영이 되어 전반적으로 뛰어난 성과를 내었다고 평가할 수 있다.

예를 들면 이수만 프로듀서는 리더로서 자신의 통찰력으로 남들보다 먼저 해외 시장의 기회를 포착하는 민감성을 발휘했다(Early). 앞에서 설명한 6단계의 구체적 비전 제시로 신속하게 전략을 실천했으며(Fast), 보아 프로젝트 같은 고위험 프로젝트를 과감하게 추진해 해외 시장에 안착하는 데 성공했다(On-time). 이와 함께 대중과 언론의 반응을 실시간으로 모니터링하고 후속 조치가 이뤄지도록 유도함으로써 시장의 니즈를 민감하게 반영했으며(Real-time), 기존 대중음악계의 방식이나 경영 관행을 따르지 않는 가치 지향적 사고 Value-focused thinking에 기반해 혁신을 이뤄나갔다.[23] 이 같은 카리스마 리더십은 국내 음악 산업의 위기 상황과 맞물려 박진영 프로듀서의 JYP나 양현석 프로듀서의 YG 등 관련 기업들에서도 유사하게 발휘되었다고 할 수 있다.

그러나 모든 상황에서 효과를 발휘하는 절대적인 리더십 스타일은 존재하지 않는다. 한때 리더십의 귀감이었던 GE의 잭 웰치 회장의 리더십도 지금은 영향력을 잃어가고 있다. 카리스마 리더십도 적지 않은 약점을 내포하고 있다. 예를 들면 카리스마적 리더들은 자신의 감感을 믿고 지나치게 과감한 결정을 하는 약점이 있다.[25] 따라서 이러한 카리스마 리더십 스타일이 엔터테인먼트 기업의 성장 과정에서 계속 긍정적으로 기여할지는 의문이다. 특히 짐 콜린스Jim Collins는 혼돈과 불확실성이 가득 찬 경영 환경에서 장기적으로 성공한 기업의 리더들은 탁월한 비전 제시와 모험Risk taking에 능한 카리스마 리더십을 갖기보다는 오히려 실증적이고 어떤 환경에서도 자기 길을 묵묵히 가는 절제된 리더십을 가지고 있는 경우가 더 많다고 주장한다.[26]

6장

한국 경제의 2세대 혁신:
K-이노베이션

01

●

창의적 모방에서
신지식 창조로

창의적 모방의 시대와 국내 음악 산업

한국 경제가 본격적으로 혁신에 나선 것은 1980년대부터라고 했
다. 그 이전인 1960년대와 1970년대는 선진국에서 전략적 가치를
잃은 노동 집약적 산업을 모방한 초기 산업화의 시대였다. 그러나
1980년대 들어와 어느 정도 지식과 산업화 경험이 쌓이면서 선진국
에서도 아직 전략적 가치가 남아 있는 과도기 기술에 도전하기 시
작했다. 이에 해외 선진 기업들은 기술을 제공하기를 거부했다. 미
국 등 선진국 정부는 단순 모방을 막기 위해 지적 재산권 보호와
시장 개방을 위한 압력을 가했다. 스스로 혁신할 수밖에 없는 상황
에 처한 것이다.

　하지만 아직 국제적 수준에 이르지 못한 기술 능력 때문에 국내
기업들은 초기 단계의 혁신인 '창의적 모방'에 나서게 된다. '창의적

모방'이란 "선진 제품을 단순 모방하는 데서 벗어나 새로운 기능을 창의적으로 추가하거나 생산 비용이 훨씬 낮은 제품을 개발하는 것"을 말한다.[1] 따라서 지식의 학습과 축적을 위해 연구개발 활동을 획기적으로 진행해야 했다. 결과적으로 창의적 모방을 기반으로 한 1세대 혁신 덕분에 1980년대 중반 개인용 컴퓨터와 자동차 같은 기술 집약적 제품들을 수출할 수 있게 되었다. 1990년대 중반에는 HDTV와 이동통신 시스템 같은 미래 지향적 제품을 개발할 수 있게 되었다. 그 결과 1995년 1인당 국민소득이 1만 달러를 돌파했다.

한국 경제는 이처럼 1980년대부터 1990년대 중반에 이르는 기간 동안 창의적 모방을 통한 혁신으로 비약적 성장을 했다. 이와 아울러 1988년 서울올림픽과 민주화 운동을 계기로 중산층이 증대하고 사회적 활력이 넘쳤다. 이러한 정치·경제·사회적 변화는 문화 산업에도 큰 영향을 끼쳤다. 특히 문화 산업 중에서도 음악 산업은 창의적 모방에 의한 혁신 활동으로 비약적 성장을 하게 된다. 즉 1세대 혁신 활동이 제조업 같은 특정 산업에만 국한된 것이 아니라 문화 산업 같은 여타 산업에서도 전개되어 부가가치를 창출한 것이다. 이는 경제 환경과 기술 능력이 어느 수준에 도달했을 때 서로 다른 산업에서 유사한 형태의 혁신이 일어나는 현상을 의미한다. 이러한 사례는 미국의 산업화 과정에서 대량 생산의 기술 혁신(포디즘 시스템)이 할리우드 영화 산업뿐 아니라 음악 산업에서도 적용된 것에서 찾아볼 수 있다.

한국 음악 산업의 경우 창의적 모방의 시대는 '신세대 댄스 음악의 시대'로 불리는 1980년대 말에서 IMF 전인 1990년대 중반까지라고 할 수 있다.[2] 이 기간 한국의 경제·사회는 급속한 소득 증대와 민주화의 영향으로 대중음악에 대한 수요를 폭발적으로 증대시켰다. 따라서 짧은 기간 수많은 가수와 음악이 등장했다. 1980년대 후반에 소방차, 박남정, 김완선, 나미 등을 비롯해 1990년대 초반에 서태지와 아이들, 듀스, 클론, 룰라, 노이즈, R.ef 등이 활동했다.

대중음악 연구자인 이규탁은 이 기간 대중음악 산업이 놀라운 성장을 한 이유로 "글로벌 저작권 체계로의 편입, 문화상품에 대한 수요 증대, 음악 생산의 디지털화, 주요 수용자로서 10대들의 부상"이라는 네 가지 요소를 제시했다.[3] 이 중 주목해야 할 첫 번째 요인은 음악 수요의 증대와 10대 소비자들의 등장이다. [표 6-1]에서 보는 바와 같이 국민의 소득 수준이 1987년 1인당 3,000달러대에서 10년도 채 안 되어 1만 달러로 3배가 증가했다. 이에 따라 여가 시간이 늘고 문화 소비 욕구가 커졌다.

자연스럽게 TV와 프로 야구 같은 스포츠 산업이 발전하고 대중음악 산업이 높은 성장률을 보였다. 예를 들면 국내 음반 시장의 매출이 IMF 직전인 1997년 1,960억 원으로 대폭 증대했다. 이 수치는 10년 전인 1987년의 284억 원에 비교해 7배 가까운 증가 폭이다. 이 기간 영화 시장에서는 관객 수가 거의 제자리걸음을 했다는 사실과 비교했을 때 매우 주목할 만한 현상이다.[4] 중산층의 급속 확산으로 10대들의 소비가 늘어났다. 특히 이들은 대중음악 소비에 집중하는 경향이 있었다. 그 규모는 전체 음악 시장에 영향을 줄 정도로 컸으며 음악 시장의 흐름도 이들의 취향으로 바뀌었다. 바로 이당시 10대들이 선택한 것이 댄스 음악이었다. 이 때문에 '댄스 가

[표 6-1] 국내 음반 생산과 매출 현황(1987~1997)			
연도	생산량(천 개)	매출액(백만 원)	GNP(USD)
1987년	47,939	28,493	3,321
1988년	68,066	50,504	4,435
1989년	94,118	61,958	5,418
1990년	96,374	84,948	6,147
1991년	92,295	105,476	7,105
1992년	108,936	116,091	7,527
1993년	140,776	114,364	8,188
1994년	149,508	119,597	9,459
1995년	184,086	137,890	11,432
1996년	187,883	150,361	12,197
1997년	236,262	196,362	11,176

출처: 『케이팝의 시대』

수'가 대중음악을 대표하는 스타가 되었다고 한다.[5]

두 번째는 국내 저작권에 대한 법적 보호다. 앞에서도 언급했듯 이 미국은 지적 재산권에 대한 압력을 행사함으로써 한국 기업들이 역행적 엔지니어링에 의해 단순 모방하는 것을 막고자 했다. 그 압력으로 한국 정부는 1986년 지적 재산권 보호를 위한 새로운 법률을 도입해야 했다. 이 법률은 모든 산업에 적용되지만, 특히 의약과 화학 산업에서 강력하게 적용되었다.[6] 문화 산업에도 강력히 적용되어 1988년에는 한미영화협상이 진행되고 이때부터 할리우드 영화 직배가 시작되었다. 음악 산업도 세계저작권협약에 가입했으며, 1987년부터는 국제 저작권법 표준에 따라 개정된 법률이 국내

에서도 본격적으로 시행되었다.[7]

　이러한 국제 저작권 체계로의 편입은 저작권에 관한 법적 보호를 강화하는 효과를 낳았다. 그 결과 음악 산업의 관계자들이 저작권 개념의 중요성을 이해하고 저작권을 통해 수익을 창출할 수 있음을 깨닫게 되었다.[8] 한국에서 저작권법은 1957년 제정되었지만 이러한 국제적 체계가 작동하기 이전에는 제대로 된 징수 체계가 없는 실정이었다.[9] 그러나 국제적인 저작권 보호 체계의 작동으로 세계 음악 산업의 동향에 더욱 민감하게 움직이게 되면서 이 흐름은 미국과 일본의 앞선 음악을 신속하게 학습하고 '창의적 모방'을 하는 데 촉진제 역할을 했다.

　세 번째는 음악 제작의 디지털화다. 이 요인은 대규모 시설 투자나 장기적인 연구개발을 요구하는 다른 산업과 달리, 재능 있는 전문가들이 비교적 쉽게 진입할 수 있는 음악 산업의 특성을 더욱 강화시켰다. 이로써 더욱 다양하고 양적으로 많은 음악을 제작할 수 있는 요인이 되었다. 예를 들면 음악 제작자들은 컴퓨터 기술의 발달로 실제 악기 없이도 손쉽게 작곡과 녹음을 할 수 있게 되었고, 고성능 전자 기기들의 가격도 대폭 낮아졌다. 그 결과 음악의 양적 생산이 확대되고 생산 비용이 절감되었다.[10] 한마디로 음악 녹음 스튜디오에서 컴퓨터만으로도 손쉽게 음악을 만들어낼 수 있게 된 것이다. 이러한 음악의 디지털화로 인해 음악 제작자들은 과거와는 비교할 수 없을 만큼 저렴한 비용으로 빠르게 음악을 생산할 수 있게 되었다.[11]

　음악 산업은 기술적 특성상 기술의 학습과 축적을 주로 비공식적 메커니즘에 의존한다. 즉 기술을 제공하고자 하는 해외 기업이 드물며 기술 도입을 위한 공식적인 중개 시장도 없기 때문에 역행적 엔지니어링, 견학, 전문 잡지 등을 이용해 기술을 학습한다. 음악 산업에서의 초기 혁신 활동인 창의적 모방도 이러한 수단들이 적극적으로 활용되었다고 볼 수 있다.

특히 수입 CD는 물론 불법 CD와 위성방송이 비공식적 메커니즘의 도구가 되었다. 1990년대 초반부터 보급된 위성 안테나를 통해 일본과 홍콩의 위성방송을 시청하며 해외 최신 음악 트렌드를 학습할 수 있었다. 예를 들면 음악 전문 방송 채널 V를 통해 영미 대중음악은 물론 1990년대 아시아에서 인기를 누리던 일본의 J팝을 접할 수 있었다. 1990년대 초반부터 PC 통신이 발달하면서 오늘날 유튜브나 페이스북과 같이 최신 음악에 대한 소통의 공간과 기회도 주어졌다. 이를 통해 음악 관계자들이 J팝은 물론 영미권의 힙합, 록, 댄스 음악 등에 관한 정보를 획득할 수 있었다고 한다.[12]

안타깝게도 1990년대 중반 대중음악계에서 표절 문제가 심각하게 대두되면서 '창의적 모방'으로서 1세대 혁신 활동은 한계를 노출했다. 1990년대 초부터 다양한 표절 시비가 있었으며, 일본과 미국의 지적 재산권을 노골적으로 침해하는 비윤리적 행위가 미디어로부터 비판을 받았다. 결국 '신세대 댄스 음악'의 시대는 표절 스캔들과 함께 마감했다.[13]

이러한 현상은 모방과 혁신의 경계가 모호한 상황에서 시장의 과당 경쟁과 음악 생산자의 비윤리적 태도 등이 상호작용하면서 불법적 모방으로 치우치게 되었기 때문으로 풀이된다. 어쩌면 글로벌 시장으로 편입된 한국의 음악 산업이 국내 시장에서만 머무를 수 없는 시대적 요구가 함께 반영되었는지 모른다. 즉 국내 시장에 안주해 미국과 일본 음악을 모방하는 것으로는 국내 소비자의 욕구 수준을 더는 맞출 수 없을 뿐 아니라, IMF 이후 음반 시장의 붕괴라는 위기로부터 생존할 수도 없게 된 것이다. 다행히 이 기간을 통해 축적한 기술 능력과 경험을 통해 K팝 시대라는 새로운 혁신의 단계로 나갈 수 있었던 것은 한국 음악 산업의 '운명적 행운'이라 할 수 있다. 이에 관해 대중음악 연구자 이규탁은 다음과 같이 평가한다.

"1990년대 초반 '신세대 댄스 가요'라고 불리며 한국 대중음악계를 강타했던 대중음악은 현재 K팝의 모습에 가장 직접적으로 영향을 끼친 장르라고 할 수 있다. 신세대 댄스 음악의 음악적 특성은 1990년대 후반 이후 등장한 '1세대 아이돌' 음악의 토대가 되었으며, 1세대 아이돌 음악이 직접적으로 2000년대 후반 이후의 '2세대 아이돌' 음악으로 이어지게 되었으니 신세대 댄스 음악이 현재 K팝에 차지하는 비중은 자못 크다고 할 수 있겠다."[14]

신지식 창조의 시대와 K팝 산업

1세대 혁신의 단계를 거치면서 한국 경제는 1990년대에 들어와 선진국과 거의 대등한 경쟁을 하는 산업들이 증가하기 시작했다. 반도체·자동차·IT 등이 대표적이다. 이러한 유동기 기술 단계에 있는 산업은 선진국에게 전략적 가치가 매우 높기 때문에 그들과 경쟁하려면 더 높은 수준의 혁신이 필요했다. 이 단계에서는 선진국을 모방하기보다는 새로운 지식을 창출해야 경쟁력을 유지하고 획득할 수 있으므로 자체 연구개발 역량을 대폭 강화하면서 선진 기업들이 따라 할 수 없는 기술과 신지식을 창조해내야 한다.

1993년 이건희 삼성 회장의 '신경영 선언'은 이러한 '신지식 창조'를 향한 의지를 대변하는 하나의 사건이었다. 결과적으로 삼성전자는 2세대 혁신의 성공적 달성으로 TV 산업에서 세계 1위 소니를 추월했고 휴대폰 산업에서 노키아를 따돌렸다. 2017년 드디어 반도체 산업에서 인텔을 추월해 선두 자리를 차지했다. 기존의 추격형 경제에 선도형, 즉 퍼스트 무버 혁신의 모범 사례를 만들어낸 것이다. 이러한 2세대 혁신의 성공 스토리는 한국 경제를 대표하는 대기업들에 공유되면서 신지식 창조의 혁신 활동들이 정보통신·자동차·바이오 등 제조업으로 확산했다. K-이노베이션이 작동한 것이다.

이와 함께 주목할 것은 기술 집약적 중소 벤처기업들의 혁신 활동이다. 이들은 1990년대 중반 벤처기업협회와 코스닥 시장의 설립을 계기로 그 숫자가 급증했다. 기술 집약적 벤처기업들은 1980년대 중반부터 등장해 창의적 모방 단계의 혁신으로 주로 기술 국산화에 기여했다. 그러다가 1990년대 중·후반 이후 신지식 창조 단계의 혁신 활동을 시작했다. 이를 통해 한국 경제에서 IT와 인터넷 산업을 발전시켰다. 그런데 여기서 한 가지 더 주목해야 할 점은 문화 콘텐츠 기업들의 혁신 활동이다. 상대적으로 덜 알려졌지만, 2세대 혁신의 또 다른 주체로서 문화 콘텐츠 기업들을 포함해야 한다. 이들은 세계적 경쟁력을 갖춘 온라인 게임을 만들었고 1990년대 후반부터 동아시아의 한류 열풍을 주도한 드라마를 제작했다.

이와 함께 몰락한 음반 업체를 대신해 K팝 혁신 기업들이 등장했다. 앞에서도 살펴보았듯이 1995년 SM엔터테인먼트 설립에 이어 DSP미디어, JYP, YG 등 K팝 산업을 대표하는 기업들이 등장한 것이다. 이들의 혁신 활동으로 H.O.T.와 보아 등 1세대 아이돌, 이어서 동방신기, 슈퍼주니어, 빅뱅, 원더걸스, 소녀시대 등 2세대 아이돌이 생산되었다. 이러한 2세대 아이돌은 1세대 생산 시스템을 정교하게 보완함으로써 더욱 세련되고 경쟁력이 높아졌다. 이후 2012년 싸이 〈강남스타일〉의 세계적 히트와 함께 등장한 엑소, BTS, NCT, 블랙핑크, 슈퍼M 등 3세대 아이돌은 BTS의 빌보드 1위가 상징하듯이 기대 이상의 놀라운 성과를 거두고 있다.

이 책은 K팝의 세계적 성공을 혁신 활동의 결과라고 강조한다. 특히 주목해야 할 점은 한국 경제의 기술 발전 흐름에 맞춰 신지식 창조라는 2세대 혁신이 적용되었다는 것이다. K팝이란 용어 자체가 해외에서 사용된 후 5~6년이 지나서야 국내 미디어에 본격적으로 사용되었다는 사실이 상징하듯이, K팝은 새로운 가치 창출의 성과를 해외에서 입증한 결과물이라고 할 수 있다. 다시 말해 창의적 모방으로 국내에만 머무는 대중음악이 아니라, 새로운 가치로 세계 시장을 개척한 혁신적 문화상품이 K팝인 것이다. 혁신적 문화상품으로서 K팝은 한국 고유의 전통 음악이나 가요가 아니라, 영미권 중심의 보편적인 팝 음악을 기초로 한 새로운 제품이다. 서구의 팝 음악을 받아들이면서도 새로운 가치를 더해 차별화함으로써 세계에 역수출하는 데 성공할 수 있었다.

이에 관해 이규탁은 다음과 같이 평가한다. "K팝은 글로벌 대중음악의 보편성보다는 지역성이 강한 삼바, 탱고, 레게와 다르고 주변 국가뿐 아니라 더 넓은 지역에서 사랑받고 있기에 일본·홍콩의 대중음악과도 다르다고 할 수 있다."[15] 한마디로 K팝은 전통적 문화와 특성이 반영된 산물이 아니라, 마치 스마트폰과 반도체가 그러하듯이 전 세계적으로 음악 재료와 지식을 총동원해 차별적으로 만들어낸 상품에 가깝다고 할 수 있다.

K팝은 갈수록 국가 색깔을 초월하는 초국적Transnational 음악이라는 평가를 받고 있다. 이런 의미에서 K팝은 민족적 DNA나 우수한 전통문화가 반영된 문화 예술적 성과라는 측면보다는 반도체와 자동차와 같이 글로벌 시장에서 보편적으로 통하는 혁신적 문화상품에 더 가깝다. 이러한 혁신 상품의 세계적 성공에는 때마침 정보통신 기술의 발달로 글로벌 시장, 특히 2010년 이후 영미권 시장의 진입 장벽이 다소 낮아진 상황 요인이 기여한 바도 있다.[16]

아무리 우수한 품질의 음악이라도 비영어권 음악이 본토 시장에 진입하는 것은 매우 어려운 일일 수밖에 없다. 그러나 2000년대 이후 음악 시장의 디지털화로 소비자들의 취향이 다양화되고 새로운 음악을 찾는 계층이 늘어나는 상황에서, K팝이 때마침 신선한 자극제가 될 수 있었다는 것이다. 이에 관해 이규탁은 "음악적으로는 강렬하고 세련되었으면서도 음악 외적으로는 건강한 이중적인 특성을 어필하며 K팝은 그 나름대로 틈새시장을 확보할 수 있었다"라고 평가한다.[17] 해외 학자들은 이 같은 한류 산업의 성공에 대해 싸고도 우수한 품질의 문화상품을 찾고 있던 동아시아의 미디어 산업과 국내 음반 산업의 위기로 인해 해외 진출이 불가피했던 한국의 문화 산업 사이의 '절묘한 타이밍'으로 설명하기도 한다.[18]

[표 6-2] 한국 경제의 1세대 혁신과 2세대 혁신

구분	1세대 혁신 (추격형)	2세대 혁신: K-이노베이션 (선도형)
특징	• 창의적 모방	• 신지식 창조
성공 요인	• Spirit(하면 된다) • Speed(빨리빨리)	• Paranoid(꿈에 집착) • Persistence(끈기)
시기	• 1980~1990년대 중반	• 1990년대 중반 ~
성과	• 1인당 GDP 1만 달러 • 개인용 컴퓨터, 반도체 메모리 칩, 자동차, 산업 플랜트	• 1인당 GDP 2~3만 달러 • 차세대 반도체, 모바일 플랫폼, 게임, K팝
주요 혁신가	• 이병철, 정주영, 박태준, 최종현, 구자경, 김우중	• 이건희, 이해진, 이수만, 김정주, 김택진, 방시혁

한국 경제는 1980년부터 단순 모방에 의한 산업화로부터 탈피해, 혁신에 의한 산업 구조 고도화를 시작했다. 이러한 혁신 과정은 [표 6-2]에서 보는 바와 같이 1980년대부터 시작한 1세대와 1990년대 중반 이후부터 지금까지 진행된 2세대로 구분할 수 있다. 이 세대별 혁신은 서로 다른 특징을 갖는다.

먼저 1세대 혁신은 핵심 특성에 있어 선진 기술의 창의적 모방을 통해 기술 능력을 학습하고 축적하며 점진적으로 기술 개선을 도모하려 한다. 이에 따라 근본적으로 선진 기술과 선진 기업을 뒤에서 재빠르게 쫓아가려 하는 추격자 전략을 추구한다. 한국 경제를 발전시킨 빠른 추격자Fast follower 전략이 여기에 해당한다. 한국 경제는 이러한 추격자 전략으로 개인용 컴퓨터, 자동차, 반도체 메모리 칩, 산업 플랜트 등을 새로운 수출 품목에 포함시켰다. 그리고 경제 성장을 지속함으로써 국민 1인당 GDP 1만 달러 시대를 열었다.

이 같은 1세대 혁신은 이병철, 정주영, 박태준, 구자경, 최종현, 김우중, 신격호 등 대기업 오너 기업가들이 주도했다. 이들은 맨손으로 산업화를 일궈낸 1세대 기업가들로 '하면 된다Spirit'의 정신과 '빨리빨리Speed'의 경영 기법으로 혁신 활동을 했다. 처음에는 '행동에 의한 학습Learning by doing'에 의해 선진국 기술을 점진적으로 모방했으나, 1980년대 들어와 시장 개방화로 인한 위기 상황을 이용해 급진적인 학습을 시도해 과도기 단계의 기술을 개발하는 데 성공했다.

한편 2세대 혁신은 선진국과 대등한 위치까지 올라선 한국 경제의 불가피한 선택이었다. 즉 세계 시장에서 앞선 기술을 개발하거나 기존에 없는 새로운 가치를 창출하지 않으면 생존하기 어려운 국면으로 들어선 것이다. 이에 따라 시장의 변화를 주도하는 게임 체인저가 되고자 하는 퍼스트 무버(선도형) 전략이 필요했다. 이것이 K-이노베이션의 출발 배경이다.

한국 경제는 신지식 창조에 의한 퍼스트 무버 전략을 통해 차세대 메모리 반도체, 휴대폰, 디스플레이 등에서 세계 1위에 올라섰다. 인터넷 및 모바일 플랫폼, 온라인 게임, 문화 콘텐츠 등 '승자 독식'의 첨단 분야에서 세계적 경쟁력도 갖게 되었다. 그 결과 2010년대 후반 국민 1인당 GDP 3만 달러 시대에 도달할 수 있었다.

그런데 2세대 혁신은 1세대 기업가로부터 바통을 물려받은 새로운 혁신가들이 주도했다. 가장 먼저 이건희 삼성전자 회장과 같이 선대 창업자를 이은 2세대 대기업 오너가 있다. 이해진 네이버 이사회 의장 같은 IT 벤처기업인이 있고, 게임 산업과 K팝 산업을 일으킨 김택진, 김정주, 이수만, 방시혁 등의 혁신가들이 여기에 속한다.

이들은 미래 예측이 매우 어려운 극한적 불확실성에 도전한 기업가들로서 사전 계획과 목표 설정을 전제로 하는 기존 방식과는 다른 경영 방식을 선택했다. 즉 자신의 꿈과 비전에 집착하는 '편집성 Paranoid'과 될 때까지 하는 '끈기 Persistence'로 무장한 경영 방식을 추구했다. 이러한 경영 방식은 '하면 된다' 정신으로 무장하고 '빨리빨리' 선진 기업을 따라잡는 기존 경영과는 근본적으로 다르다.

이러한 2세대 혁신, 즉 K-이노베이션은 대부분 1990년대 중후반에 시작되었으며, IMF 외환위기라는 국내 위협 요인을 극복하고 디지털 전환이라는 새로운 기회를 획득하는 데 기여했다. 그 결과 한국 경제는 유동기 단계의 기술을 개발해 새로운 글로벌 시장을 개척하는 데 성공했다. 1·2세대의 경영 방식 차이는 다음 절에서 자세히 설명하기로 한다.

02

•

반도체와 K팝

혁신의 공통점

반도체와 음악은 달라도 너무 다른 산업이다. 가장 먼저 규모 측면에서 엄청나게 다르다. 잘 알려진 바와 같이 반도체 산업은 대규모 투자가 투입되는 중후 장대형 산업으로, 2018년 이후 단일 수출 품목으로는 처음 1,000억 달러를 넘으면서 한국 경제 전체 수출액에서 무려 20% 이상을 차지할 정도다. 이에 비해 K팝 음악 산업은 비교도 안 될 정도로 작다. 음악 산업이 본질적으로 규모가 작기 때문이다. 세계 음악 시장의 3분의 1을 차지하며 산업으로서 가장 발달한 미국도, 음악에 대한 소비액은 GDP의 0.1% 수준에 불과하며 고용역시 전체의 0.2%가 안 되는 정도다.[19] 한국을 비롯한 전 세계 평균음악 소비액은 이보다 작아서 세계 GDP 대비 0.06% 수준이다. 즉 1만 원을 소비하면 6원 정도 음악에 소비하고 있다.

또 다른 점은 음악이 소비자의 감정과 정서를 기반으로 사람 간 정서적 유대를 일으키는 것에 비해, 반도체는 실리콘이라는 물질과 그 위에서 작동하는 전자 정보를 기반으로 가치를 만들어낸다는 것이다. 음악은 사람의 감정적인 힘과 행복의 원천이 되면서 개인이나 지역 사회에 큰 파급 효과를 불러일으킨다.[20] 이에 비해 반도체는 정보를 기억하고 가공함으로써 기계를 지능화하고 인간의 논리적 작업을 지원한다. 특히 반도체는 디지털화의 첨병으로 산업과 사회를 디지털 기반으로 바꾸는 데 가장 핵심이 되는 요소다. 그러나 음악은 오히려 디지털화에 가장 크게 영향을 받는 대상이다. 예를 들면 스포티파이나 유튜브 등의 디지털 미디어의 발달로 스트리밍에 의한 음악 소비가 대폭 증가함으로써 음반 판매의 시대가 이미 저물었고 이제는 서비스 또는 임대 사업으로 성격이 바뀌고 있다.

이같이 서로 다른 두 산업에서 공통점을 찾기가 쉽지 않을 것 같다. 그럼에도 불구하고 혁신이라는 개념을 중심으로 보았을 때 적지 않은 공통점을 발견할 수 있다. 하나는 디지털화의 핵심 부품으로 제조업을 대표하고 다른 하나는 인간 감성에 영향을 끼치는 대표 문화 산업이지만, 두 산업에서의 혁신 과정에는 다음과 같은 공통점이 존재한다.

생산 시스템의 혁신

반도체와 K팝 산업은 모두 생산 공정의 기술을 혁신해 경쟁력을 획득했다고 할 수 있다. 예를 들면 한국의 메모리 반도체 산업은 미국과 일본에 이어 저렴한 원가 구조를 기반으로 국제적 가치 사슬의 분업 체계를 비집고 들어갔다. 그리고는 생산 시스템을 지속적으로 혁신시킴으로써 일본을 추월하고 세계 1위의 경쟁력을 획득했다. 반도체는 그 설계가 매우 복잡하고 고도의 창의력을 요구한다. 하지만 그 구조 자체는 규소 위에 미세한 소자와 금속을 겹겹이 쌓아 놓은 물질이다 보니 생산 공정은 간단하다. 노광Lithography, 식각Etch, 이온 주입, 산화, 세척, 증착 등의 과정을 조합하며 계속 반복하는 것에서 크게 벗어나지 않는다.[21] K팝 산업도 이와 유사하게 음악과 뮤직비디오가 담고 있는 콘텐츠는 매우 복잡하고 창의적이어야 하지만 캐스팅, 트레이닝, 프로듀싱, 매니지먼트, 마케팅 등의 활동으로 구성된 아이돌 생산 시스템의 구조는 상대적으로 간단하다. 반도체와 K팝은 상대적으로 단순한 과정의 생산 시스템을 지속적으로 혁신하는 데 초점을 맞추었다는 공통점이 있다.

수직적 통합 전략

두 산업은 핵심 기능들을 통합하는 '수직적 통합' 전략을 사용했다. 이는 시장의 흐름을 읽고 새로운 가치를 담아 소비자가 원하는 제품과 서비스를 가장 빠르고 효율적으로 제공하려는 방편이었다. 삼성전자의 경우 신제품을 개발하고 시장에 출시하는 전 과정, 즉 개발 → 검증 → 유통을 완벽하게 수직 계열화하고 주요 개발 기능을 내재화함으로써 효율성을 극대화했다.[22]

이는 K팝 기업들이 토털 매니지먼트 전략으로 아이돌의 캐스팅, 트레이닝, 프로듀싱, 마케팅 등으로 이어지는 전 생산 과정을 한 기업 조직 안에 통합한 것과 같은 맥락이다.

비즈니스 모델의 재정의

혁신의 산출물에 대한 정의를 기존과 다르게 했다. 반도체의 경우 막대한 연구개발 투자를 통해 첨단 기술의 제품을 값싸게 제공함으로써 경쟁력을 획득할 수 있다. 그런데 삼성전자는 첨단 기술의 기준을 고성능과 고신뢰성에 두지 않았다. 대신 사용자가 원하는 수준의 품질을 가장 빠르고 저렴하게 제공하는 것을 기준으로 함으로써 첨단 기술의 정의를 바꿔버렸다.[23]

이와 유사하게 K팝 혁신가들도 앞에서 언급했듯이 음악이라는 문화상품의 정의를 바꾸었다. 기존에는 음반으로 구현된 '음악'이 핵심 상품이었다면, K팝에서는 음악을 실연하는 아이돌을 수익 창출의 핵심으로 재정의했다. 그리고는 다양한 아이돌을 안정적이고 지속적으로 생산해낼 수 있는 시스템을 구축했다.

승자 독식의 시장 구조

승자 독식 시장 구조에서 치열한 경쟁을 하는 고위험·고수익의 사업 특성을 갖는다. 반도체 산업에서 경쟁은 그 심한 정도가 매우 살벌한 수준이라고 정평이 나 있다. 한국이 1위를 점한 메모리 반도체의 경우 20개가 넘던 제조사들이 지난 20년 사이에 전부 문을 닫고 2019년 기준으로 전 세계 단 3개만이 남았다. 이들이 벌인 경쟁 상황은 1메가비트 메모리의 예로 보면 잘 알 수 있다. 메모리 칩 하나 가격이 1980년 약 6.5달러였으나 2015년에는 무려 1,500배가 하락해 0.0042달러가 되었다. 이렇듯 최고의 기술력을 가진 기업만이 최고의 성능과 가장 싼 원가를 가질 수 있는 경쟁 구조를 나타내며

살벌한 경쟁 상황을 연출해왔다.[24]

음악 산업도 승자 독식의 양극화 현상이 점점 심해지고 있다. 예를 들면 상위 1%의 아티스트들이 가져간 공연 수익은 1982년 26%에서 현재는 60% 정도로서 지난 30년 동안 크게 늘었다. 현재는 상위 5% 아티스트들이 전체 공연 수입의 85%를 차지할 정도로 심해지고 있다. 특히 상위 0.1%의 슈퍼스타가 앨범 판매와 디지털 스트리밍에서 차지하는 비중이 절반 이상을 차지하고 있다(2017년 기준).[25] 이러한 현상은 디지털 스트리밍의 보급으로 국가 간 장벽이 무너지고 세계 음악 시장이 동질적으로 변화함에 따라 더욱 확대될 것으로 전망된다.

기술 학습의 조건

산업의 발전은 궁극적으로 기업에 달려 있다. 기업이 기술 능력을 축적해 혁신을 시도해야 기술 변화가 일어나고 부가가치가 창출되기 때문이다. 그런데 비록 이 두 산업의 기술은 전혀 다르지만, 기술을 학습하고 축적하는 과정은 패턴이 유사하다.

기술 능력이란 기업이 기존의 지식을 소화하는 능력뿐 아니라 새로운 지식을 창조하는 능력 모두를 포함한다.[26] 이때 기업은 글자나 문서로 정리한 명시적 지식뿐 아니라 암묵적 지식을 축적해야 한다. 그래야 핵심적 기술 능력을 축적할 수 있기 때문이다. 그런데 기술을 효율적으로 학습하려면 2장에서 설명한 [그림 2-2]와 같이 기존 지식의 수준과 기술 학습을 위한 노력의 강도라는 두 가지 요소가 필요하다.[27] 반도체와 K팝은 이 두 가지 요소가 상대적으로 높다.

두 산업의 경우 기존 지식의 수준이 1980년대 창의적 모방의 시대를 거치면서 일정 수준에 도달했으며 혁신가들의 주도로 노력의 강도가 매우 높았다. 따라서 혁신 활동이 급증할 수 있었다. 예를 들면 1980년대 중반 반도체 산업에 처음 진출한 이래로 창의적 모방의 혁신 활동을 통해 한국 경제는 어느 정도 기술적 기반을 쌓고 있었으며, 미국 대학에서 교육받고 세계적인 반도체 기업에서 경력을 쌓은 과학자와 엔지니어가 상당수 존재했다.[28] 이와 유사하게 한국 음악 산업도 앞에서 설명했듯이 1980년대 후반부터 1990년 초반까지 신세대 댄스 음악의 황금기를 보내면서 기술적 기반과 음악인들의 열정이 매우 높았다.

이 같은 다섯 가지 공통점으로 인해 반도체와 K팝 산업은 서로 다른 특성에도 불구하고 1990년대 중반 이후의 혁신 과정에서 유사한 패턴을 나타냈다. 즉 반도체와 K팝은 '신지식 창조'라는 2세대 혁신을 주도함으로써 한국 경제가 퍼스트 무버로 성장하는 데 중요한 기여를 했다. 그 결과 이 두 산업은 2018년 한국 경제에서 다음과 같이 새로운 역사를 썼다고 평가할 수 있다.

"2018년 대한민국의 단일 수출 품목으로서는 최초로 1,000억 달러의 기록을 세웠으며, 수출액에서 차지하는 비율로도 20%가 넘어 명실공히 한국의 대표 수출품이 되었습니다. 한때 잿더미에서 어떠한 산업 기반도 없이 시작했던 나라를 첨단 공업국으로 바꿔놓은 대표 제품이 반도체라고 할 수 있습니다."[29]

이와 유사하게 K팝 산업도 다음과 같이 평가할 수 있을 것이다.

"2018년과 2019년 BTS와 슈퍼M이 각각 발표한 3장의 앨범과 1장의 앨범이 빌보드 차트에서 1위를 차지하는 기록을 세웠으며, 다른 K팝 아이돌 음악들이 영미권을 포함해 전 세계로 확장하고 있습니다. 국가 브랜드를 이렇게 드높인 것은 정부 수립 이래 처음이라고 할 수 있습니다. 이러한 성과에 힘입어 한국의 문화 콘텐츠 산업이 가전 산업을 제치고 드디어 13위의 대표 수출품이 되었습니다. 항상 미국과 일본의 문화상품과 그들의 저력을 부러워했던 나라를 문화 강대국으로 바꿔놓은 대표 상품이 K팝이라고 할 수 있습니다."

반도체 혁신의 역사

1983년 삼성전자 이병철 회장의 '도쿄 선언'으로 촉발된 반도체 진출은 10년 만에 D램 칩의 단순 조립 국가에서 주요 생산 국가로 도약하는 혁신 성과를 낳았다. 이러한 1단계 혁신의 성과로 1994년까지 반도체 산업은 한국 경제에서 가장 중요한 산업으로 성장했다. 반도체는 1994년 기준 국가 총수출액의 13.3%를 기록했고 단일 제품으로는 우리나라 최대 수출 상품이 되었다.[30]

한편 이병철 회장에 이어 경영을 승계한 이건희 회장은 1993년 프랑크푸르트에서 '신경영'을 선언함으로써 2단계 혁신에 매진할 것을 천명했다. 한국 반도체 산업은 이러한 2단계 혁신에서도 성공함으로써 2018년 단일 수출 품목 사상 최초로 1,000억 달러 수출을 달성하면서 한국 경제의 총수출액 중 20%를 차지하는 기록을 세웠다. 메모리 반도체의 선두 주자가 된 삼성전자는 2017년 반도체

[표 6-3] 반도체 산업의 혁신(1983~2012)[31]

	연도	항목	내용	비고
창의적 모방 (추격형 혁신)	1983년	·	메모리 사업 진출 선언	·
		D램	마이크론 라이선스 기반으로 64킬로비트 D램 개발 완료	최초의 D램
	1985년	D램	256킬로비트 D램 개발 완료	캘리포니아팀 개발
	1986년	D램	1메가비트 D램 개발 완료	한국팀 개발
	1989년	D램	4메가비트 D램 개발 완료	위로 쌓이는 방식의 D램 세계 최고 수준 기술력 획득
	1992년	낸드	도시바, 삼성전자에 낸드 제조 라이선스 제공	낸드 제조 역량 취득
신지식 창조 (선도형 혁신)	1993년	D램	세계 1위 D램 제조사로 등극	·
	1997년	낸드	64메가비트 낸드 개발 완료	·
	2001년	D램	512메가비트 D램 개발 완료	300mm 웨이퍼 기반 양산
	2002년	낸드	세계 1위 낸드 제조사로 등극	낸드의 메모리 시장 비율: 10%
	2004년	낸드	애플 아이팟 나노 공급 계약 체결	
	2005년	낸드	삼성전자 SSD 사업 진출 선언	낸드/노어 시장 크기 역전
	2006년	D램	80나도 DDR2 D램 개발 완료	6F2 셀 구조 적용
	2012년	D램	일본 엘피다 부도	메모리 시장의 과점화

원조 강자인 미국의 인텔을 누르고 세계 매출액 1위의 종합 반도체 기업이 되었다. 이렇듯 반도체 산업의 혁신 역사는 앞에서 K팝 산업의 사례와 같이 1세대와 2세대로 나눠 설명할 수 있다.

창의적 모방의 시대(1세대)

앞에서 설명했듯이 한국 경제는 1980년대 이후부터 혁신의 길에 들어서 실질적인 연구개발 활동을 시작했다. 이러한 혁신 활동은 주로 선진 기술의 창의적 모방을 특징으로 하며 1990년대 중반까지 이어갔다. 이 기간의 혁신은 1세대로 구분되며 선진 기술을 재빨리 학습해 따라잡는 추격자 전략을 추구했다.

1983년 이병철 회장의 '도쿄 선언'은 '삼성의 반도체 진출'을 알리는 선언이었지만 국가 수준에서 독자적인 기술 능력을 축적해 선진 기술을 추격하겠다는 1세대 혁신의 선언이기도 했다. 1970년대 중·후반에 들어와 한국 정부는 중화학공업 추진의 일환으로 반도체 육성을 위한 6개년 계획을 세웠다. 그러나 해외로부터 기술 도입이 어려웠고 막대한 투자 규모에 비해 제품 수명 주기가 짧아 어떤 대기업도 선뜻 반도체 진출에 나서지 못했다.[32] 이러한 분위기를 깨고 혁신의 길을 선포한 것이 바로 삼성의 반도체 진입 선언이었다.

당시 이 선언은 국제적으로 비웃음거리가 되었다. 일본 언론은 「한국이 반도체를 할 수 없는 다섯 가지 이유」라는 기사를 게재하며 당연히 실패할 것으로 내다봤다. 한국 정부조차 투자 위험이 너무 커서 긍정적이지 않은 시선이 지배적이었다고 한다.[33]

당시 삼성전자는 미국의 마이크론 테크놀러지로부터 3,000개의 64K D램 칩을 수입해 조립하는 것으로 출발했다. 조립 공정처럼 쉬운 것부터 점점 복잡한 기술인 회로판 제작과 검사 등에 관한 기술을 학습해나갔다. 추격자 전략으로 조립 공정에서 일본 수준인 92%의 수율에 도달했고, 이어서 설계와 공정 관련 기술을 흡수하기 시작했다. 이 당시 혁신을 위한 경영 방법을 보면 '6개월 안에 64K D램 생산 시스템을 개발하라'는 목표를 정해놓고 모든 인력과 자원을 목표 달성을 위해 투입하는 '목표 경영'의 방법을 사용했다 (이에 관해서는 뒤에서 자세히 논의하겠다). 이에 따라 모든 반도체 개발팀 구성원들은 임시 숙소에서 함께 기거하며 선진 기술을 학습하고 적용하는 데 매달렸다. 이에 관해서 다음과 같은 회고가 있다.

"도입 기술의 흡수와 공정 개발을 위해 온종일 연구에 매달렸다. '64K D램 연구에 너무 깊이 몰두하다 보니 담배와 술을 끊게 되었습니다. 여섯 달 동안 하루 3~4시간 이상은 거의 잠을 자지 않았지요.' 한국계 미국인으로 팀장이었던 이상준 박사의 말이다. 이러한 위기 속에서 팀의 목표는 팀 구성원 전체에 확실히 각인되었다. 헌신적인 장시간 근무는 개인 수준에서의 지식 전환을 촉진시켰으며, 조직적으로는 빠른 지식 전환과 높은 기술 습득률을 이끌어냈다."[34]

결국 64K D램 개발에 성공해 미국과 일본에 이은 세계 3번째라는 성과를 거뒀다. 삼성전자는 바로 이어서 256K D램에 같은 방법으로 도전해 선진국과의 차이를 2년으로 단축한다. 그러나 대량 생산을 위한 목표 제품을 바꿔 1985년 1M D램 개발에 돌입했다. 256K D램과 달리 1M D램은 선진 기업들의 노골적인 견제로 기술 명세서나 생산 공정 관련 연구 보고서는 물론 견본 칩조차 확보하기 어려웠다. 이제는 모방 자체가 어려워진 것이다. 이러한 난관을 극복하기 위해 실리콘밸리팀과 국내 개발팀으로 나눠 경쟁적으로 연구개발에 매진했다.

1986년 7월 국내 팀이 개발한 회로 설계를 기반으로 기판을 생산하는 데 성공했다. 이는 일본과의 격차를 1년으로 줄인 것이었다. 1M D램은 때마침 급증하는 수요에 부응해 수익 창출에도 큰 성공을 거뒀다. 삼성전자 입장에서는 혁신 활동의 중심이 미국 실리콘밸리에서 국내로 이동했음을 의미했다.[35]

창의적 모방의 혁신으로 표현되는 삼성전자 반도체의 1세대 혁신은 거창하고 획기적인 기술을 개발해 고성능·고신뢰성의 제품을 생산한 것이 아니었다. 오히려 생산 현장에서 장비를 다루는 사소한 방법, 공정 구성을 위해 장비를 효율적으로 조합하는 노하우, 투자의 타이밍 등에서 경쟁력을 쌓아간 것이 성공 요인이었다.[36] 한마디로 "후발 주자로서 기술 개발력을 극한으로 끌어올리는 한편, 공장의 공간 활용 및 장비의 효율성을 증대시키고, 시장 요구 사항에 맞기만 하면 필요 없는 부분은 적극적으로 덜어내는 전략"이 주효했다.[37]

신지식 창조의 시대(2세대)

반도체 혁신의 과정은 4M D램부터 새로운 국면으로 돌입했다. 일본과 미국 기업들 모두에게 차세대 칩인 4M D램의 개발이 생사를 건 전쟁과 같았기 때문이다. 다시 말해 세계 최초의 신기술을 독자적으로 개발해야만 하는 '신지식 창조' 수준의 혁신에 성공해야 생존할 수 있게 된 것이다. 결과적으로 삼성전자는 일본 기업들과 거의 같은 시기에 4M D램을 대량 생산함으로써 메모리 반도체에서 일본을 따라잡았다. 1994년 상반기에 세계 최초로 휴렛팩커드와 IBM 등 대규모 수요자에게 64M D램을 공급하는 데 성공했다.[38] 이러한 2세대 혁신에서 가장 주목할 내용은 다음 두 가지 사례다.

(1) 4M D램의 저장소를 혁신했다. 1998년 D램의 크기가 4메가비트를 넘어가자 저장소 형태가 문제가 되었다. 더 많은 저장 용량을 확보하는 방법으로 소자와 금속을 참호 형태로 파묻는 트렌치형과 위로 쌓아 올리는 스택형을 선택해야 했다. 두 형태 모두 지금까지 실험해보지 못한 기술이기 때문에 누구도 성공을 장담할 수 없었다.

이에 관해 정인성은 다음과 같이 기록하고 있다. "삼성전자 내부에서 큰 논쟁이 벌어졌고, 이건희 회장은 이 문제를 해결하기 위해 진대제, 권오현 박사에게 직접 보고를 받은 후 결정을 내리게 된다. 두 사람은 무언가 잘못되었을 경우 그 구조물을 바로 확인할 수 있는 스택 방식이 더 좋다고 보고했으며, 이를 이건희 회장이 받아들이게 된다. 당시 후발 업체였던 삼성전자는 IBM, 도시바, NEC 등의 주요 기업이 트렌치를 택하는 와중에도 소신대로 밀어붙였다. 이 결정은 옳았으며, 삼성전자는 4메가비트 D램 개발을 대성공하게 된다."[39]

(2) 300mm 웨이퍼의 적용을 위한 혁신이다. 선발 주자가 먼저 큰 면적의 웨이퍼를 적용해 양산하면 후발 주자는 작은 면적의 웨이퍼로 대응할 수 없는 것은 당연하다. 예를 들면 300mm 웨이퍼는 200mm보다 2.25배, 150mm보다 생산량이 4배 향상되는 것으로 평가된다. 따라서 2001년 메모리 반도체 회사들은 중대한 기로에 서게 된다. 웨이퍼 업체들이 300mm 웨이퍼 양산 기술을 확보했기 때문이다. 2001년은 메모리 칩 가격이 80%가 넘는 대폭락을 한 데 이어 9·11 테러라는 사상 초유의 사태까지 벌어진 해다. 이때 가장 강력한 경쟁자인 일본의 엘피다가 300mm로의 전환을 9개월 늦추겠다고 발표한 반면, 삼성전자는 300mm 웨이퍼를 기반으로 120나

노 기반 D램 양산을 시작한다고 발표했다. 이 칩은 512메가비트 용량으로서 경쟁 기업들은 아직 개발조차 완료하지 못한 상황이었다. 삼성전자의 기술 우위와 합쳐진 신형 공장은 그야말로 파괴적인 위력을 보여주었다. 이러한 혁신의 성공으로 최악의 불황이었던 2001년에 삼성전자만 흑자를 기록했으며 2002년에는 삼성전자만이 30%대 영업이익률로 승자 독식의 성과를 누렸다.[40] 이 충격으로 일본의 엘피다는 10년 후인 2011년 결국 문을 닫게 된다.

  이 같은 삼성전자의 혁신은 반도체 메모리 시장의 본질을 꿰뚫는 전략에 의해 성공할 수 있었다. 즉 컴퓨터가 연구소에서나 사용하는 대규모 장비에서 개인이 사용하는 소규모 장비로 변화함에 따라 고품질·고성능보다는 가격이 훨씬 중요하게 되었다. 전자 기기의 수명도 짧아지면서 이런 경향은 더욱 가속화되었다. 따라서 삼성전자는 메모리 반도체의 수명과 품질을 사용자가 필요로 하는 정도로 맞추고 원가를 최대한으로 낮추는 원가 우위 전략에 집중했던 것이다.[41] 이러한 전략은 후발 주자였던 삼성전자를 퍼스트 무버의 위치로 끌어올리는 데 결정적으로 기여했다.

혁신 패턴의 반복과 운명적 행운

혁신의 과정은 일단 한 번 실현에 성공하면 그 패턴이 학습되어 차세대 제품이나 다른 기업은 물론 다른 산업에까지 적용되는 경향이 있다. 포디즘 혁신이 자동차 산업으로부터 영화와 음악 산업으로 확산되듯이 말이다. 물론 그 혁신 활동들이 시장에서 성공하려면 기업 차원에서 모험을 건 투자와 전략이 있어야 한다. 우연한 기

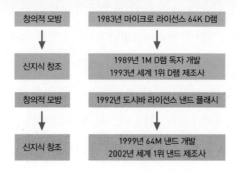

[그림 6-1] 반도체 혁신의 패턴

창의적 모방	1983년 마이크로 라이선스 64K D램
신지식 창조	1989년 1M D램 독자 개발 1993년 세계 1위 D램 제조사
창의적 모방	1992년 도시바 라이선스 낸드 플래시
신지식 창조	1999년 64M 낸드 개발 2002년 세계 1위 낸드 제조사

회 같은 '운명적 행운Serendipity'도 따라야 한다.

앞에서 설명한 창의적 모방에서 신지식 창조로 이어지는 혁신의 업그레이드 과정은 삼성전자 안에서 반복되어 다른 제품과 사업에서도 관찰할 수 있다. 예를 들면 휴대폰과 디지털카메라 등에 보조 기억 장치로 엄청난 수요를 창출한 낸드 플래시 메모리에서 [그림 6-1]에서와 같은 유사한 혁신 패턴을 관찰할 수 있다.

삼성전자는 아직 시장이 제대로 형성되지 않았던 조건에도 불구하고, D램 반도체에 이어 낸드 플래시 메모리를 차세대 제품으로 키우기로 한다. 첫 행보로 1992년 도시바로부터 낸드 플래시 기술을 라이선싱했다. 전 세계적으로 엄청난 수요를 만들어낸 스마트폰의 저장소가 전부 낸드 플래시 메모리라는 사실에 비춰볼 때 의미심장한 사건일 수밖에 없다.[42] 비록 그 당시에는 누구도 정확히 예측하지 못했지만 휴대폰과 디지털카메라 등 낸드 플래시의 수요처가 다양해지면서 낸드 플래시의 공급이 늘어나기 시작했고, 규모의 경제를 통해 가격 역시 하락하면서 수요가 폭증했다.

삼성전자는 초기 단계에서 D램의 경우와 같이 도시바 같은 선진 기업으로부터 기술을 들여와 창의적으로 모방하는 단계로 시작했다. 지속적 연구개발을 통해 1999년 64M 낸드의 독자 개발로 신지식 창조의 단계로 들어섰다. 때마침 애플의 아이팟이 핵심 저장소로 삼성의 낸드를 선택하면서 폭발적으로 매출이 증대했고 삼성전자는 2006년 세계 1위의 낸드 제조사가 된다. 이후 저전력을 강점으로 한 낸드 메모리가 2007년 아이팟 터치에 이어, 2010년부터 시작된 스마트폰 수요의 폭발로 엄청난 성공을 거뒀다. 그 결과 삼성전자는 플래시 메모리의 원조이고 초기 기술 제공자였던 도시바를 능가하고, 세계 시장에서 38%를 점유함으로써 1위 자리를 굳혔다.

1993년 이건희 회장의 신경영 선언으로 촉발된 2세대 혁신은 반도체 분야뿐 아니라 다른 사업 영역에도 확대되었다. 예를 들면 휴대폰 산업에서 아직 창의적 모방 단계에서 벗어나지 못했던 혁신 수준을 '애니콜 화형식'이라는 이벤트를 계기로 세계 시장에서 갤럭시 성공 신화를 만들어냈다. 1995년 1월 피처폰 애니콜에 대한 소비자들의 불만이 커지자 불량으로 수거한 15만 대 모두를 구미 공장에서 임직원들이 보는 가운데 소각하는 이벤트를 연출했다. 이를 통해 혁신에 대한 의지를 전사적으로 강화시킴으로써 국내 시장에서 최강자 모토로라를 누르고 1위에 올라서는 계기를 마련했다.

이와 함께 소형 OLED 시장에서 80%가 넘는 시장 점유율을 기록하며 세계 1위 디스플레이 패널 기업이 되었으며, 2006년에는 세계 대형 TV 시장에서 일본의 소니를 앞섰다. 2019년 말 기준으로 삼성전자가 12개 제품에서 세계 1위를 차지한 경영 성과는 반도체 혁신을 중심으로 작동한 1·2세대에 걸친 혁신 패턴이 지속적으로 반복·확산했기 때문이라고 해석할 수 있다. 그러나 이러한 혁신의 과정 중 때로 갑작스러운 위기 상황에 봉착하기도 했다. 예를 들면 1997년 IMF 외환위기나 2001년 9·11 테러, 2007년 리먼브라더스 파산 등이 그것이다.

다른 한편으로는 우연한 행운이 따르면서 상상하지 못했던 성과를 거두기도 한다. 예를 들면 반도체 혁신의 1단계에서 일본 기업들이 한국 기업의 기술 학습 능력을 제대로 평가하지 못하고 중요한 순간에 견제하지 못한 실수는 한국 기업으로서 행운일 수밖에 없다. 여기에 1986년 미·일반도체협정은 일본 반도체 기술의 발전에 제동을 걸었다. 이 협정으로 일본은 당시 10% 수준의 일본 내 미국 반도체 점유율을 1992년까지 20%로 높여줘야 했으며 미국에 저가 수출을 중단해야 했다. 이러한 미국의 압력으로 일본은 반도체 종주국으로서 위치를 양보해야 하는 상황에 처하게 된다. 그 결과 D램 메모리 반도체의 세계 시장 점유율이 한때 70%를 넘었지만 이후 시장 경쟁에서 실패하면서 그 자리를 한국에 내주었다.

애플의 스티브 잡스와의 만남은 반도체 혁신 2단계에서 큰 행운이었다. 낸드 플래시 메모리에서 애플의 아이팟이 삼성전자의 제품을 선택하면서 대규모 수요를 창출하고 낸드 기술의 표준을 주도할 수 있는 계기를 마련했다. 이와 함께 2009년 애플이 아이폰 3을 개발하면서 삼성전자의 반도체 수요를 끌어올리는 한편 스마트폰이라는 시장도 아울러 열었다. 덕분에 삼성전자는 반도체와 스마트폰이라는 2개의 폭발적인 성장 기회를 동시에 잡을 수 있었다.

M-ies 모델로 분석한 반도체 혁신

반도체 산업에서 삼성전자는 1·2세대에 걸친 혁신으로 D램과 낸드 플래시 메모리 시장에서 세계 1위에 올라서는 성공을 거뒀다. 이러한 두 세대에 걸친 혁신의 과정은 비록 규모나 성격은 다르나 K팝 산업과 공통점이 적지 않다. 이러한 공통점을 자세히 살펴보기 위해 K팝 혁신을 분석한 것과 같이 M-ies 모델에 기반해 반도체 혁신을 분석해보았다. 이 모델을 통해 한국 메모리 반도체 산업을 세계 1위로 성장시킨 혁신의 모멘텀을 좀 더 자세히 들여다보자.

먼저 혁신 모멘텀의 발생 과정을 보려면 슘페터가 강조했듯이 혁신가가 그 실현의 주체이기 때문에, 혁신가와 그를 둘러싼 환경 변화를 중심으로 봐야 한다. 결국 사람의 열정과 창의로부터 만들어지는 것이 혁신이다. 복잡한 경제 논리와 막대한 자금 투자가 필요한 것이 산업 현장이지만, 궁극적으로 세상을 바꾸는 일은 인간의 의지와 노력에 달려 있다. 이러한 의미에서 "가장 인간적인 것이 가장 혁신적"이라는 주장을 할 수 있다. 이는 봉준호 영화감독이 인용한 "가장 개인적인 것이 가장 창의적"이라는 말과도 일맥상통한다. 창의성 역시 본질적으로 개인 차원에서 벗어날 수 없기 때문이다.

반도체 혁신도 이병철 선대 회장의 도쿄 선언과 이건희 회장의 신경영 선언으로 대변되는 혁신 기업가들의 비전 제시와 리더십이 한국 반도체 산업의 중흥을 이끌었다는 데 이론의 여지가 없을 것이다. 그러나 이러한 개인 기업가 요인 외에 그들이 마주친 환경 변화와 그로부터의 위기와 기회, 그에 대처한 기업 차원의 전략이 상호작용하면서 혁신이 시장에서 구현되고 경제적 성공을 이뤄내는

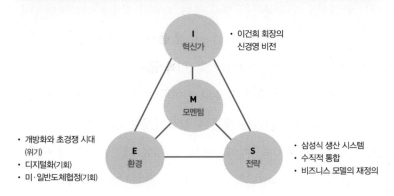

[그림 6-2] 삼성전자의 반도체 혁신 모멘텀

I
혁신가

• 이건희 회장의
  신경영 비전

M
모멘텀

• 개방화와 초경쟁 시대
  (위기)
• 디지털화(기회)
• 미·일반도체협정(기회)

E
환경

S
전략

• 삼성식 생산 시스템
• 수직적 통합
• 비즈니스 모델의 재정의

과정을 이해할 필요가 있다. 물론 이 혁신의 과정은 K팝 산업과 그
기본 틀에서 유사하다고 할 수 있다.

　[그림 6-2]는 M-ies 모델에 입각해 삼성전자의 2세대 혁신을 분
석한 것이다. 우리는 삼성전자의 사례를 통해 한국 메모리 반도체
산업의 혁신 과정을 더욱 면밀하게 살펴볼 수 있다.[43] 앞에서 언급
했듯이 삼성전자의 2세대 혁신은 1993년 신경영 선언으로부터 출
발했다. 삼성의 신경영은 1세대 혁신으로 이뤄낸 양적 성장이 한계
에 도달하면서 경쟁력 쇠퇴에 대한 위기의식과 1세대 혁신에 안주
하는 기업의 관성을 극복하기 위해 시작되었다.[44] 1993년 6월 이건
희 회장은 프랑크푸르트 선언을 통해 개인 및 부서 간 이기주의 극복,
타율 및 획일주의 탈피, 유연한 조직으로의 전환을 주창했다. 이러한
최고경영자의 비전과 경영 이념은 삼성전자의 혁신 모멘텀 형성에 결
정적 동인으로 작용했다.

　초기에는 최고경영자가 직접 경영 이념을 제시하고 카리스마 리

더십을 통해 내부 혁신 동력을 발생시키고자 했다. 특히 1995년 1월에는 앞에서도 언급했듯이 당시 주력 제품인 휴대폰 애니콜의 불량품 15만 대(500억 원 상당)를 임직원 2,000명이 지켜보는 데서 태워버리는 이벤트로 최고경영자의 혁신 의지를 각인시켰다. 이러한 기업가의 혁신 의지는 위기 극복의 동인이 되었다. 1997년에 들어와 IMF 외환위기라는 위기를 맞는다. 설상가상으로 애플의 아이폰 등 해외로부터 강력한 경쟁자의 진입으로 전에 없었던 초경쟁 시대를 맞이했다. 여기에 2001년 9·11 테러와 2007년 리먼브라더스 파산 등 국제적 위기 요인에 봉착했다.

삼성은 이 같은 환경으로부터의 위협 요인을 극복하기 위해 다양한 혁신 활동을 전개했다. 특히 선진 기술의 개발을 위한 대규모 연구개발 투자를 감행했으며, 공장의 선진화에 투자해 삼성식 생산 시스템을 구축했다. SPS(Samsung Production System)로 불리는 새로운 방식의 생산 시스템은 다품종 소량 방식의 유연성과 글로벌 시장의 대량 수요를 상대하기 위한 대량 생산 방식을 결합한 특유의 생산 방식으로 평가된다.[45] 이 SPS는 빠르고 유연하면서 안정적 품질을 확보하는 데 초점이 맞춰졌다.

한편 여러 위협 요인과 함께 기회도 찾아왔다. 정보통신 기술과 디지털화로 개인용 전자 기기의 수요가 폭발적으로 확대되고 애플이라는 세계적 혁신 기업이 등장해 개인용 디지털 기기의 거대 시장을 창출한 것이다. 이러한 위기와 기회 요인에 대응해 삼성전자는 몇 가지 중요한 전략을 실천했다. 가장 중요하게는 사업의 전략적 초점을 D램, 낸드 플래시 메모리, 휴대폰에 집중했다. 원가 우위의 경쟁력을 극대화하기 위해 개발 → 생산 → 유통에 이르는 가치 사슬의 전 과정을 수직적으로 통합했다. 이와 함께 대량 시스템을 유지하면서 다양한 품종과 시장 상황에 신속히 대처할 수 있는 유연 생산 시스템, 즉 SPS를 구축했다. 이같이 사업 범위, 경쟁 우위 획득, 생산 시스템 등과 관련한 명확한 전략을 통해, 삼성전자는 환경 변화로부터의 위협을 회피하면서 기회를 획득해나갈 수 있었다.

결과적으로 삼성전자는 신경영 선언 이후 빠른 시간 안에 혁신 모멘텀을 형성함으로써, 기업 스스로 혁신 에너지를 축적해 성장을 가속시킬 수 있었다.[46] 이렇게 D램 메모리 반도체에서 먼저 형성된 혁신 모멘텀은 하나의 패턴으로 고착화되어 낸드와 SSD 등 관련 메모리 반도체 분야로 확산되었다. 휴대폰·TV·디스플레이 등 다른 분야에서도 유사하게 작동함으로써 삼성전자를 세계 최대 IT 기업으로 성장시키는 데 결정적 기여를 했다.

지금까지 살펴본 삼성전자의 혁신 모멘텀은 앞에서 설명한 K팝의 혁신 모멘텀과 전체 틀에서 매우 유사하다고 할 수 있다. 예를 들면 SM엔터테인먼트의 경우 이수만 프로듀서의 '해외 시장 진출'이라는 꿈과 비전으로 출발해 음반 시장의 쇠퇴라는 위기와 디지털에 기반한 음악 시장의 세계화라는 기회에 대응해 새로운 비즈니스 모델과 전략을 제시함으로써 혁신에 성공했다.

이러한 혁신 성과는 SM엔터테인먼트뿐 아니라 K팝 산업 전체에서 혁신 모멘텀을 형성시켰다. 즉 DSP, JYP, YG 등 후속 K팝 기업들에 의해 혁신이 확산됨으로써 혁신 모멘텀이 더욱 강화되었고 빅히트엔터테인먼트 같은 혁신 기업이 또다시 등장해 더욱 업그레이

드된 혁신 모멘텀을 형성했다.

결론적으로 반도체와 K팝의 혁신 사례를 종합하면, 혁신가에 의해 촉발되는 혁신 모멘텀은 기업과 산업을 일으키는 매우 중요한 요소라고 할 수 있다. 특정 기업이나 산업의 성공 과정은 이러한 혁신 모멘텀에 의해 상당 부분 설명될 수 있다. 특히 4차 산업혁명의 과정에서 신산업 창출을 원하는 국가는 반드시 혁신 모멘텀을 전략적으로 관리할 필요가 있다.

03

●

추격자에서
퍼스트 무버로

혁신적 아이디어와 혁신적 기술은 기업의 전략을 통해 시장에서 구현된다. 뛰어난 기술이라도 시장에서 실패하면 소용없다. 따라서 혁신 활동은 그에 적합한 전략과 만나야 가치를 창출할 수 있다. 앞에서 설명한 1세대 혁신은 창의적 모방을 위한 활동이 주도하니 추격자 전략에 의해 가치를 창출할 수 있었다. 선진 기업과 선진 기술을 재빨리 뒤쫓으면서 흡수하고 소화한 기술 능력을 토대로, 좀 더 개선된 성능과 저렴한 제품을 소비자에게 제공해 부가가치를 창출한다. 반면 2세대 혁신은 신지식 창출을 위한 활동이 주도하므로 퍼스트 무버 전략에 의해 세상에 없는 새로운 가치를 창출해야 한다. 이 전략은 위험을 감수하고 아무도 가보지 않는 길에 도전함으로써 시장을 선점하는 것이 핵심이다. 추격자와 퍼스트 무버의 차이는 베스트Best와 퍼스트First라는 지향점 차이로도 설명할 수 있다.

베스트와 퍼스트의 차이[47]

한국 경제에서 혁신 역사는 1세대 창의적 모방의 단계와 2세대 신지식 창조의 단계로 나눌 수 있다. 각 단계 혁신을 시장에서 구현하려면 추격자 전략과 퍼스트 무버 전략이 각각 필요했다. 이 두 전략의 특징과 차이를 좀 더 상세하게 비교하면 다음과 같다.

먼저 퍼스트 무버 전략이란 아무도 가보지 않은 길에 가장 먼저 진입해 시장을 선점하는 전략이다. 퍼스트 무버 전략의 행동 양식은 종종 '퍼스트 펭귄First penguin'으로 비유된다. '퍼스트 펭귄'은 수많은 동료 펭귄이 망설일 때 먹이를 찾아 천적들이 우글대는 바닷속으로 가장 먼저 뛰어든다. 이러한 위험을 두려워하지 않는 행동 때문에 다른 펭귄들도 바다에 연이어 뛰어들게 된다. 사람들은 가장 먼저 뛰어든 퍼스트 펭귄을 높이 평가하지만, 누가 더 큰 먹이를 차지했는지 잘 모른다. 물론 그 퍼스트 펭귄을 노리고 있던 물범의 밥이 되었을지 모른다. 그럼에도 불구하고 퍼스트 무버 전략을 선택하는 것은 다음과 같은 이점이 있다.

(1) 연구개발 성과와 특허를 무기로 기술적 리더십을 발휘할 수 있다. (2) 누구보다도 먼저 희소한 자산을 선취함으로써 이점을 얻을 수 있다. (3) 고객과 먼저 친숙해지고 브랜드라는 진입 장벽을 쌓을 수 있다.

그러나 비즈니스 세계에서 퍼스트 무버가 추격자보다 더 유리하다고만은 할 수 없다. 여러 경쟁자 속에서 '최고Best'가 되는 것이 '최초First'로 나서는 것보다 나을 수 있기 때문이다. 경영학계 연구에서 밝혀진 바로는 퍼스트 무버와 대비해서 추격자가 누릴 수 있는 이

점Advantage들도 다음과 같이 적지 않다.[48]

(1) 무임승차 효과가 크다. 추격자는 퍼스트 무버가 어렵게 개발한 기술을 모방하거나 퍼스트 무버가 교육·훈련시킨 숙련 노동력을 데려옴으로써 비용과 위험을 크게 줄일 수 있다. (2) 상품화에 필요한 보완 자산을 활용해 더 큰 이점을 얻을 수 있다. 퍼스트 무버가 아무리 뛰어난 기술을 보유하고 있더라도 해당 분야에 대한 기초 지식, 유통망, 마케팅 경험 등이 없으면 그 보완 자산을 소유한 후발 주자에게 주도권을 빼앗기기 쉽다. (3) 개선된 기술이나 고객 불만 사항을 이용함으로써 이점을 얻을 수 있다. 기술과 소비자 욕구는 계속 변하며, 이러한 변화에 신속하게 반응함으로써 경쟁 우위를 뒤집을 수 있다. (4) 퍼스트 무버의 타성과 허점을 이용할 수 있다. 이미 규모가 커진 퍼스트 무버는 상대적으로 고정자산 투자가 많고 조직도 대개 유연하지 못하다.

따라서 퍼스트 무버가 시장을 선점했더라도 최고Best를 지향하는 후발 추격자에게 한순간에 따라잡힐 수 있다. 그래서 "최고가 최초를 꺾는다Best beats first"는 말이 생겼다.[49] 이 말을 가장 잘 실천한 것이 바로 삼성전자를 비롯한 한국 기업들이다.

앞에서 보았듯이 반도체 산업과 음악 산업이 비약적 성장할 수 있었던 이유도 1세대의 창의적 모방에 의한 추격자 전략이 기여한 바가 크다. 한국 경제는 여러 산업에서 추격자 전략으로 1세대 혁신을 성공으로 이끌었다. 즉 한국 기업들은 후발 추격자로서 주어진 과제를 가능한 빠른 속도로 해결해낼 수 있는 창의적 모방을 효과적으로 추진했던 것이다. 이 전략은 과제 해결을 위해 새로운 것을 고안하기보다는 이미 주어졌거나 남이 가지고 있는 기술과 정보를 결합하고 활용함으로써 그때그때 닥친 문제를 신속히 해결해나가는 융합적 접근을 한다. 그리고 사전에 명확한 목표를 설정해 투자를 집중할 수 있다.

이같이 후발 추격자가 누릴 수 있는 이점이 적지 않음에도 불구하고, 퍼스트 무버가 되어야 하는 이유는 무엇일까. 1세대 혁신인 창의적 모방이 효과적으로 적용될 수 있는 영역이 점점 더 줄어들기 때문이다. 즉 기존 성공 방식인 창의적 모방에 의한 혁신과 추격자 전략만으로는 경쟁력을 유지할 수 없다는 것이다. 이에 따라 한국 경제에서 신지식 창조와 퍼스트 무버라는 개념은 생존을 위한 핵심 과제가 되었다.

후발 추격자 단계에서는 앞서 있는 선진 기업을 쫓아서 미래 목표를 정하고 계획도 세울 수 있었다. 그러나 아무도 가보지 않은 길을 가야 하는 퍼스트 무버는 치밀한 계획보다 꿈과 비전에 대한 집착Paranoid이 중요하고, 기회를 기다릴 줄 아는 끈기Persistence가 더 필요하다. 결론적으로 퍼스트 무버는 과거와 다른 혁신 활동을 해야 하며 새로운 경영 방식을 사용해야 한다.

퍼스트 무버의 특징[50]

퍼스트 무버는 신지식 창조의 혁신으로 가장 먼저 시장에 진입함으로써 기회를 획득한다. 이들은 추격자와 다르게 기존 질서와 전통을 잘 따르지 않으며, 남의 길을 따라가려 하기보다 대부분 '하고 싶은 일'을 하려 한다. 그리고 그 일을 '될 때까지' 함으로써 드디어는 새로운 가치를 창출해낸다. 이들은 계획과 예측이 어려운 극한적 불확실성 속에서 남보다 훨씬 많은 실패와 시행착오를 겪는다.

하지만 그 도전의 과정 자체가 중요하기 때문에 그들의 삶은 기대와 희망이 함께할 수 있다. 드디어는 기회의 때를 맞아 성공을 이뤄낼 수 있다. 이렇게 만들어진 성과와 경험은 경쟁자에게 공유되고 다른 분야에까지 확산되면서 세상을 변화시킨다. 이 같은 퍼스트 무버들의 공통 특징에 관해 이장우(2017)의 연구는 SM엔터테인먼트와 네이버 등 국내 사례와 바스프, 레고, 소프트뱅크, 도레이 등 해외 사례를 분석해 다음과 같은 공통점을 제시했다.[51]

(1) 극한적 불확실성에 대한 도전: 퍼스트 무버의 도전은 치밀한 사전 계획보다 꿈과 비전으로 출발한다. 이 꿈과 비전은 주로 창업자나 최고경영자인 혁신가에 의해 주도된다.

(2) 과감한 혁신 활동과 독특한 경영 방식: 남들이 선진 사례를 모방하는 안정적인 길을 갈 때, 퍼스트 무버는 신지식 창조를 위한 혁신에 집중한다. 기존 기술을 개선할 수 있는 재빠른 개발 능력이 있어도 기회가 올 때까지 오랜 기간 연구개발에 매진할 수 있는 전략적 인내심과 끈기가 있다. 사활을 건 의사결정을 할 때는 과학적이고 세심한 관리를 중시하며, 내부 역량에만 의존하지 않고 M&A나 외부 인재 유입을 적극 활용한다.

(3) 확대 재생산: 퍼스트 무버의 성공 경험은 다른 기업, 다른 산업에까지 확산되며 지역 사회와 국가 전체로 확대 재생산될 수 있다. 이에 따라 퍼스트 무버들이 자연 발생적으로 밀집한 지역은 실리콘

밸리 같은 명소가 되고 국가 경쟁력을 업그레이드하는 데 기여한다.

(4) 해외 시장 개척: 특히 한국 경제에서 성공한 퍼스트 무버들은 처음부터 해외 진출을 목표로 하는 경향이 있다. 한국의 퍼스트 무버들은 K팝과 반도체는 물론 IT, 바이오, 모바일 플랫폼 등 다양한 분야에서 세계 시장에 진출하고 있다.

퍼스트 무버의 경영: 창발경영[52]

퍼스트 무버 전략은 누구도 가보지 않은 길, 존재하지 않은 새로운 시장을 향해 처음 도전하는 것을 본질로 한다. 그래서 환경 여건이 극한적인 불확실성에 의해 지배되고 승자 독식의 초경쟁 상황이기에 주도면밀하게 사전 계획을 세워도 잘 통하지 않는다. 이때 극한적 불확실성이란 사전 예측이 매우 어려워서 미래에 대한 정보가 거의 없는 상태를 의미한다. 이러한 상황에서는 어느 순간 불현듯 위기와 기회 요인이 등장해 갑자기 세상을 바꿔놓는 창발성Emergence 이 지배하기 쉽다.[53]

따라서 퍼스트 무버 전략의 실행을 위해서는 불확실성과 창발성을 관리하는 특별한 경영 방법이 필요하다. 창발경영은 바로 이러한 환경의 불확실성과 창발성을 관리하기 위한 경영 방식을 말한다. 창발경영이란 "뜻과 비전을 세워 이를 실천할 확고한 의지를 가지고 반복적 활동으로 때를 기다리다가, 불현듯 떠오르는 기회를 획득해 새로운 가치를 구현하는 과정"으로 정의할 수 있다.[54]

퍼스트 무버는 예측할 수 없는 경로에서 불가피하게 발생하는 창

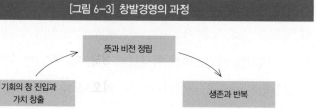

[그림 6-3] 창발경영의 과정

뜻과 비전 정립

기회의 창 진입과
가치 창출

생존과 반복

절실함과 기회 인지

발성을 관리하기 위한 경영이 필수적이다. 한마디로 퍼스트 무버는 기존 제품을 차별화하거나 원가 경쟁력을 높이는 것과 같은 방식이 아니라 새롭게 떠오르는 즉, 창발하는 기회를 획득하는 데 초점을 맞추는 경영 방식을 선택해야 한다. 나는 [그림 6-3]과 같은 4단계의 관리 과정을 창발경영의 요체로 제시한 바 있다.[55]

1단계: 뜻과 비전 세우기

창발경영의 원동력은 혁신적 리더의 뜻과 비전으로부터 출발한다. 이것으로부터 퍼스트 무버 전략의 숙명인 극한적 불확실성을 이겨 낼 수 있는 믿음과 용기가 나오기 때문이다. 신념과 비전은 미래에 대한 불확실성에도 불구하고 목적을 향해 끊임없이 달리게 하는 원동력이 된다.

짐 콜린스의 연구에 의하면 뚜렷한 비전을 가진 기업들은 그렇지 못한 기업보다 월등히 높은 수익을 거둔다고 한다. 즉 비전 기업들은 64년간 1달러를 투자했을 때 6,000달러 이상을 번 것에 비해 동종 산업의 일반 기업들은 같은 기간 동안 1달러를 투자했을 때 955달러만 벌었다고 한다.[56] 뜻과 비전은 개인 차원에서도 중요한 영향을 끼친다. 하버드대학교에 재학 중인 학생 중 명확한 인생 목표와 비전을 가진 3%의 학생들이 몇십 년 후 나머지 학생들보다 10배나 많은 소득을 얻었다는 연구 결과는 잘 알려졌다.

2단계: 생존하면서 될 때까지 반복하기

퍼스트 무버는 불확실성과 혼돈 속에서 기회를 포착해내야 성공할 수 있다. 따라서 일상의 프로세스를 반복하며 기회와 마주칠 수 있는 확률을 높이는 데 중점을 둬야 한다. 이를 위해 먼저 계속 생존할 방안을 찾아서 그 생존 기반 위에서, 시장 흐름에 적합한 규칙을 만들어 반복적이고 지속적으로 일상 업무를 실천하는 것이 중요하다. 이러한 2단계의 반복 과정은 창발경영의 전체 과정 중 시간이 가장 오래 걸린다. 마치 강태공이 매일 낚시질을 수십 년간 반복하듯 그 끝을 알 수 없는 시간이 드는 경우도 적지 않다. 미래란 통제할 수 없고 천천히 무르익는 경우가 많기 때문이다.[57]

퍼스트 무버의 성공은 종종 천재성으로 한 번에 성공을 이뤄내는 것같이 보인다. 그러나 실상을 보면 '될 때까지' 오랜 세월, 남보다 더 지독하게, 자신의 일을 수없이 반복해온 까닭에 기회를 잡는 경우가 훨씬 더 많다.

3단계: 절실함으로 기회를 인지하기

앞의 단계가 지루할 정도로 오랜 시간이 걸릴 수 있는 것에 비해 3단계의 기회 인지 과정은 아주 짧은 기간에 이뤄지는 경우가 많다.

그러나 그 중요성은 전 과정을 통틀어 가장 크고 드라마틱하다. 재빠른 반응은 마음만 먹으면 할 수 있다. 하지만 때가 올 때까지 선불리 나서지 않는 것이 오히려 더 어렵다. 이 단계에서 중요한 행동 지침은 '기다림'이다.

훌륭한 프로 선수는 누구보다 빨리 움직일 수 있는 스피드를 가지고 있기 때문에 오히려 여유 있고 느리게 행동할 수 있다. 타격에 필요한 최소 시간만 남겨두고 누구보다 길게 마지막 순간까지 결정을 늦출 수 있는 능력이 있기 때문이다.[58] 이때 스피드란 역설적으로 빨리 움직이기 위해 필요하기보다는 늦추기 위해, 신중하게 결정하기 위해 필요한 것이다. 그 짧은 시간에서의 대응이 전체 창발경영의 성패를 좌우한다고 해도 과언이 아니다.

4단계: 기회의 창으로 재빨리 들어가서 가치 창출하기

3단계에서 기회를 정확히 인지하고 투자에 대한 합리적 판단을 했다면, 이를 재빨리 행동에 옮겨야 한다. 즉 열린 기회의 창으로 재빨리 들어가 그 기회를 실현해야 한다. 한 유명 정치인은 다음과 같이 이야기했다. "기회라는 괴물은 예고 없이 온다. 그때 괴물의 목덜미를 대담하게 잡아라. 야망은 실현된다." 아무리 기회의 창이 열렸다고 해도 들어가지 못하면 성공의 몫은 경쟁자의 것이 된다. 따라서 제대로 된 대응을 적기에 하지 않으면, 주어진 기회도 한순간에 날아가기 십상이다. 기회의 창은 기대보다 항상 빨리 닫히기 마련이므로 전력을 다해서 빠르게 가치 창출을 구현시켜야 한다.

하지만 기회의 창으로 들어가 가치 창출에 성공했다고 게임이 끝나는 것이 아니다. 시장에서 가치 창출과 이익의 회수 과정은 경쟁을 통해 이뤄지는 것이기 때문에, 끊임없이 변하는 시장 니즈에 대응해야 한다. 물론 기존 경쟁자는 새로운 진입자와도 싸워야 한다. 따라서 이 같은 4단계의 창발경영의 과정은 완결형으로 끝나는 것이 아니다. SM엔터테인먼트와 삼성전자 사례에서도 나타나 있듯이, 다시 1단계로 돌아가 뜻과 비전을 더욱 확대하고 구체화함으로써 계속 선순환을 일으켜야 한다.

네이버 사례

창업과 성장

창업 혁신가 이해진은 1996년 삼성SDS의 사내 벤처 1호인 '웹글라이더팀'을 통해 검색엔진 개발을 시작했다. 1999년 회사에서 독립해 네이버라는 벤처기업을 창업했다. 그러나 야후, 다음, 라이코스, 엠파스, 네띠앙 등 당시 쟁쟁한 경쟁 포털 업체들에 비해 사용자 기반이 약했기 때문에 검색 서비스만으로 생존하기 어려운 상황에 직면했다. 이에 네이버는 사용자와 콘텐츠 확보를 위해 2000년 한게임과 합병을 단행했으며, 2001년에는 회사 이름을 NHN(Next Human Network)으로 변경했다. 한게임과의 합병을 통해 확보한 회원 수가 1,500만 명을 넘어서면서 포털 업계에서 3~4위권으로 올라섰다. 게임의 부가 서비스를 유료화하고 광고, 전자상거래, 콘텐츠, 솔루션 영업 등 다양한 수익 모델을 개발함으로써 종합 인터넷 기업으로 성장했다.

2002년 코스닥 상장과 동시에 검색과 커뮤니티를 결합한 서비스 '지식iN'을 출시해 사용자 간 질문과 답변을 공유하는 획기적인 서비스를 제공했다. 이를 통해 수동적이던 검색 사용자들을 능동적으로 참여하게 만듦으로써 인터넷 검색 시장에서 새로운 비즈니스 모델을 창출했다. 그 결과 '지식iN' 서비스 이용자 수는 출시 당시 110만 명 정도에서 출발해 6개월 만에 850만 명에 육박했다.

네이버는 지식검색에서의 혁신을 바탕으로 웹 문서·블로그·카페·뉴스 등 분야별로 정리되는 통합 검색 방식을 완성했다. 야후의 디렉터리 검색 방식을 따라 하던 국내의 검색 표준을 바꿔버린 것이다. 이로 인해 네이버는 2004년부터 국내 검색 광고 시장에서 50% 이상의 점유율을 차지하며 검색 포털 시장에서 정상에 등극했다. 2016년 기준 국내 인터넷 인구의 95% 이상을 이용자로 확보했다. 이 같은 신지식 창조의 혁신은 모바일 메신저 사업에서도 반복되었다. 2011년 일본에서 시작한 모바일 메신저 사업 '라인LINE'은 2016년 3월 기준 전 세계로부터 누적 고객 10억 명을 확보함으로써, 한국 기업으로는 유일하게 페이스북·구글·텐센트 등 글로벌 플랫폼 기업들과 경쟁하고 있다. 2016년 7월에는 라인을 뉴욕과 도쿄에 동시에 상장함으로써 세계 시장에서 그 가치를 인정받았다.

네이버의 혁신 활동을 보면 K팝이나 반도체 사례에서 보듯이 혁신가의 이니셔티브가 결정적인 역할을 했다. 창업 혁신가 이해진은 네이버의 혁신 활동에 대해 다음과 같이 회고한다. "인터넷 검색 서비스를 너무 하고 싶어서 네이버를 창업했고 … 창업 이래 성공과 실패를 수없이 반복했다. 늘 새로운 과제에 봉착했고 새로운 고민거리가 생겼다. … 우리는 검색 시장에서 야후를 이기기 위해 100가지도 넘는 아이디어를 내고 수많은 실험과 투자를 했다. 그중 하나가 바로 지식iN이다."[59]

2000년 일본에 네이버 재팬을 설립한 이후 메신저 사업에서도 이 같은 혁신의 패턴을 반복했다. 2011년 일본에서 '라인'이라는 스마트폰 메신저 서비스에 대한 기회 포착이 이뤄질 때까지 10년이 넘는 기간 동안 꿈과 비전에 대한 집착Paranoid과 기다림Persistence으로 드디어 성공을 일궈낸 것이다.

퍼스트 무버 전략[60]

네이버의 혁신 활동은 인류가 처음 경험해보는 인터넷과 모바일 기술의 변화 속에서 이뤄진 것이다. 특히 이 혁신 활동은 과거 경험치가 없는, 한마디로 불확실성의 정도가 극한적으로 높은, 시장 환경에서 새로운 가치를 만들어내야 했다. 따라서 신지식 창조의 혁신을 시장에서 성공시키기 위해 퍼스트 무버 전략을 선택해야만 했다. 이 전략은 과거 경험치나 표준을 사용할 수 없기 때문에 접근 방식부터 기존과 달랐다.

예를 들면 네이버에는 공식적인 전략 기획 부서가 없다. 전략을 수립하는 것은 개별 사업부에서 현장 경험을 기반으로 각기 스스로 알아서 진행한다. 즉 전략 수립을 위해 전담 부서에서 예측하고 계획하지 않는다는 것이다. 사전적인 분석과 계획보다 커다란 방향을 정하면 다소 치밀하지 못하더라도 일단 행동을 시작한다. 그러한 행동에 대한 시장의 반응을 기반으로 대응해나가는 일련의 '진화적 대응 방식'으로 전략을 수립한다.

이러한 진화적 대응 방식을 위해서는 조직의 의사결정 과정이 간결하고 유연해야 함이 필수적이다. 그러나 네이버도 국내 최고의 검색 서비스와 포털 사이트의 위상에 올라서면서 조직이 거대화됨에 따라 업무 프로세스가 정형화되고 계층화된 의사결정 구조를 가지게 되었다. 예를 들어 네이버는 2007년 프로젝트 관리의 표준화를 통한 관리 효율성을 높이기 위해 PMO(Project Management Office)를 도입했는데 이로 인해 주어진 업무 수행의 효율성은 높아졌으나 신속하고 다양한 혁신적 시도를 할 수 있는 능력은 떨어졌다. 의사결정 구조가 계층화되면서 의사결정 과정이 복잡해져 다양한 혁신적 시도를 하기가 어려워졌다.

이에 따라 네이버는 2014년 조직 개편을 단행해 웹툰·웹소설, 동영상, 사전, 클라우드 등 모바일을 바탕으로 글로벌 시장 진출 가능성이 있는 분야 6개를 선별해 '셀'로 분할했다. 셀 조직은 소규모 조직으로 기획·개발·디자인 등 해당 서비스를 개발하고 운영하는 데 필요한 인력과 자원을 자체 보유하고 독자적인 의사결정을 하는 자기 완결형 조직 형태다. 네이버는 셀 조직을 통해 초기 벤처기업의 절박함과 기업가정신을 구현하고자 했다.[61]

2016년 9월, 창업 혁신가 이해진은 프랑스에 기반을 둔 코렐리아 캐피탈에 1억 유로를 출자하면서 다음과 같이 선언했다. "계속 변화해야 한다. … 이다음에 도전해야 할 곳이 어디인가 많은 고민을 하다가 유럽을 생각하게 됐다"라고 밝혔다. 이를 실현하기 위해 CEO를 맡고 있는 김상헌 대표와 함께 국내 경영 일선에서 사퇴했다. 일본에 이어 또 다른 해외 시장에서 퍼스트 무버로 성공하기 위해 새로운 도전에 나선 것이다.

'라인'에서의 창발경영[62]

네이버의 퍼스트 무버 전략은 인터넷 검색 시장에서 '지식iN' 서비스의 출시를 통해 결정적인 기회를 포착하고 시장을 선점하게 만들었다. 이 과정에서 네이버가 활용한 창발경영의 방식은 새로운 기회를 포착하고 가치를 구현하는 데 중요한 기여를 했다. 이러한 네이버의 창발경영은 모바일 메신저 시장의 진입 시에도 유사한 패턴으로 적용되었다. IT 산업의 중심이 인터넷에서 모바일로 옮겨감에 따라 새로운 변화에 직면하게 되고 이에 대응하기 위해 네이버는 혁신적인 글로벌 메신저 서비스인 '라인'을 일본 시장에서 처음 출시했다. 그 과정에서 '창발경영'의 패턴이 반복 적용됨으로써 기회 획득에 성공했다. 그 결과 2016년 3월 기준 전 세계로부터 누적 이용자 수 10억 명을 확보했다.

라인 사업은 하루아침에 운 좋게 성공한 것처럼 보이지만, 창발경영의 기본 가정이 그러하듯이 그 끝을 예측할 수 없었던 긴 인고의 단계가 있었다. 혁신가 이해진은 창업 때부터 '인터넷 세상에서 해외 진출'이라는 꿈과 비전을 세웠다. 창업 이듬해인 2000년부터 일본 시장에 진출한 것도 이 때문이다. 그러나 일본에서의 사업은 실

[표 6-4] 네이버 라인 사업에서의 창발경영[63]	
1단계	• 인터넷 산업에서 해외 진출의 비전과 일본 시장 진출의 의지 → 2000년 네이버 재팬의 설립과 2007년 재도전
2단계	• 일본 검색 시장에서의 서비스 지속과 반복적 투자 → 마토매 검색 서비스 등 실패에도 불구하고 지속적 운영과 투자
3단계	• 절박함 속에서 기회의 인지 → 2011년 대지진과 후쿠시마 원전 사고 직후 스마트폰 메시지 서비스 시장 기회의 발견
4단계	• 기회의 창으로 재빠른 진입과 가치 창출 → 1.5개월 만에 라인 서비스 출시 및 전 세계로 시장 확대

패의 연속이었다. 일본 진출 후 11년간 끝을 알 수 없는 기다림 끝에 찾아온 것이 모바일 메신저 사업의 기회였다.

그 과정을 보면 2006년 '첫눈'이라는 회사를 인수하고, 이 회사의 기술과 인력을 중심으로 2007년 일본 검색 시장에 다시 도전을 이어갔다. 그러나 냉담한 시장 반응으로 모두 지쳐가면서 위기의식이 팽배했다. 그 절박한 순간 2011년 일본 대지진에 의한 후쿠시마 원전 사고가 일어났고, 이 사고로부터 라인이라는 새로운 사업 기회를 포착하게 된다. 투자 금액은 2000년 이후 네이버 재팬 설립과 운영으로 인한 투자 및 관리 비용 약 2,000억 원, 마토매 등 일본 검색 서비스 운영 비용 약 2,000억 원, 첫눈 검색엔진 인수 비용 450억 원 등이 투여된 것으로 추산된다. 어림잡아 11년 동안 4,450억 원의 자본이 투입되었다. [표 6-4]는 네이버가 라인 사업에서 적용한 창발경영의 내용을 요약한 것이다.

7장

K팝의 미래

K팝은 이제 세계 팝 시장에서 하나의 장르로 인정받으며 초국적 음악으로 성장했다. K팝은 더는 한국인만의 음악이 아니다. K팝은 전 세계로 확장된 시장을 토대로 산업 생태계를 구축하고 한국 경제의 수출 전략 품목으로 발전했다. 이러한 K팝의 성공에 대해 사람들이 가장 궁금해하는 것은 이 같은 성공이 언제까지 지속될 수 있는지인 것 같다.

그러나 분석 보고서들을 종합하면, K팝의 미래에 대해 지속 발전하기를 원하는 바람은 많지만 정확한 전망은 부족하다. 그래서인지 기대하지 못했던 빌보드 1위의 성공이라는 정점을 찍고 내리막길을 걸을 것인지, 아니면 한 단계 더 높은 성공을 이뤄낼 수 있을 것인지가 더욱 궁금해진다.

미래를 어렴풋하나마 전망하려면 과거와 현재에 대한 논리적 분석과 냉철한 평가가 있어야 한다. 그런데 현재를 알기 위해서는 과거의 역사를 분석해 일정한 패턴을 찾아내고, 그 속에서 현재와 미래를 관통하는 흐름을 찾아내야 한다. 그래야 그 흐름을 분석하고 평가함으로써 K팝의 경쟁력이 어디로 나가고 있는지를 짐작할 수 있다.

1996년 1호 아이돌 H.O.T.의 생산으로 시작한 K팝은 정작 국내에서는 그 실체를 제대로 파악하지 못한 채 해외에서 들려오는 아이돌들의 국위 선양 소식으로 실제 모습을 알게 되는 기이한 성장 역사를 가지고 있다.

K팝이라는 용어 자체도 해외에서는 2000년 초부터 일본을 중심으로 사용되었지만, 정작 국내 미디어들은 2000년 중후반이나 되어서야 사용했을 정도로 어찌 보면 수입해 쓴 용어에 가깝다. 이에 따라 K팝이 무엇인지에 대한 정의가 분명하지 않을 정도로 그 현상 자체에 대한 이해(What)가 부족한 실정이다.

그것의 성공 이유(Why)에 대해서도 깊이 있는 분석이 부족하다 보니, 아시아의 작은 변방에서 세계 팝 시장의 판도를 바꿔놓은 혁신과 전략이 나올 수 있었던 배경과 과정에 대한 이해도 부족하다. 따라서 어떻게 K팝이 미래를 열어갈 것인가(How)에 대한 예측과 전망이 어려운 실정이다.

이 책은 K팝에 대한 명확한 정의를 토대로, 그 성공 요인을 혁신 이론 관점에서 설명함으로써 K팝의 과거와 현재를 논리적으로 이해하고자 했다. 이러한 논리적 이해를 기초로 미래에 대한 전망을 조심스럽게 시도할 수 있었다. 물론 K팝 현상의 여러 차원 중에서 산업과 경제에 초점을 맞췄기 때문에 그 전망 또한 산업 경쟁력 차원에서 주로 다뤄졌다. 하지만 하나의 문화 산업으로서 K팝은 예술과 사회 변인으로서의 K팝과 한 몸이기 때문에 산업 경쟁력이라는 변인 안에는 예술적·사회적 특성도 상당 부분 반영되었다고 할 수 있다. 즉 대중예술로서의 매력과 가치가 취약하고 사회적으로 선한 영향을 끼치지 않으면 당연히 산업 경쟁력도 발생할 수 없다는 논리다.

●

K팝 혁신 모멘텀의
평가

M—ies 모델로 본 K팝의 미래

지난 25년 동안 K팝은 '신지식 창조'의 2세대 혁신을 통해 세계 팝 시장에서 지속 가능한 경쟁력을 확보하는 데 성공함으로써, 반도체와 IT 산업 등과 함께 한국 경제에서 혁신 역사를 함께 썼다. 이 책은 이러한 K팝의 성공적 혁신 과정을 혁신 모멘텀의 개념을 통해 설명하고자 했다.

앞에서 설명했듯이 혁신 모멘텀은 혁신가가 비전 리더십을 발휘하고 환경으로부터의 위기를 기회로 바꾸기 위해 전략을 감행함으로써, 혁신 에너지가 지속적으로 유지·확대되는 과정을 설명하기 위한 개념이다. [그림 7-1]은 K팝 산업에서 혁신 모멘텀이 작동함으로써, 혁신 활동이 가속적으로 실행되고 해외에서 새로운 시장을 창출해 높은 부가가치를 달성하는 과정을 설명한다.

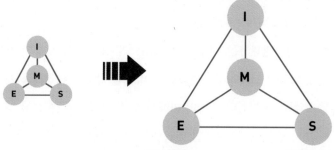

[그림 7-1] K팝 혁신 모멘텀의 지속성

• 기성 혁신가 업그레이드
• 신세대 혁신가 등장

• 문화 충돌 확대
• 음악 시장의 디지털화
• 4차 산업혁명 신기술 등장
• COVID-19 팬데믹

• 신개념 아이돌 그룹
• 글로벌 유통 기업과의 협력
• 현지 팝 개발
• 유료 온라인 공연

K팝 성장의 초기 단계에서 이수만 프로듀서를 비롯한 소수 혁신
가가 등장해 각자의 비전을 실현하기 위한 혁신 활동을 전개했다.
그 혁신 활동의 실행 과정에서 국내 음반 시장의 쇠퇴라는 위기 요
인에 직면했지만, 아이돌화·수익원 다변화·세계화의 3대 전략으로
음악 시장의 디지털화라는 환경 요인을 기회로 전환시킴으로써 성
공을 일궈냈다. 그 과정에서 형성된 혁신 모멘텀은 어느 순간 티핑
포인트를 넘어서면서 강력한 성장 동력으로 작동함으로써 세계 음
악 시장에서 K팝의 경쟁력을 지속 가능하게 만들었다고 할 수 있다.

그렇다면 과연 미래에도 K팝 경쟁력이 유지되어 확대될 수 있을
까. 이 질문에 대한 답변을 위해서는 현재 수준에서 K팝의 혁신 모
멘텀을 정확하게 평가해야 한다. 현재의 혁신 모멘텀 수준을 알기
위해서 가장 먼저 파악해야 하는 요인은 역시 혁신가의 행태다. 과

연 25년이 흐른 현시점에서도 기존 혁신가들이 계속 창의력과 도전 정신을 이어가고 있는지, 또한 미래의 새로운 추세에 대응해나갈 수 있는 새로운 혁신가들이 등장해 산업 전체에 활력과 긴장감을 불어넣고 있는지 진단해봐야 한다.

기성 혁신가를 대표하는 이수만 프로듀서의 경우 K팝 시장의 세계적 확대에 힘입어 전략적 시장인 중국·미국을 중심으로 활발하게 혁신 활동을 이어가고 있다. K팝의 미래를 위해 잠재력이 큰 중국 시장에서 NCT의 중국 전담 그룹인 WayV를 데뷔시켰다. 미국 시장을 겨냥해 기존 그룹의 멤버들이 모여 결성한 어벤저스 그룹 슈퍼M을 데뷔시켜 빌보드 1위를 기록했다. 아시아 출신 가수의 데뷔 앨범이 1위를 한 것은 빌보드 역사상 신기록이다. 최근 그는 비전을 더욱 확대해 전 세계 시장을 상대로 새로운 엔터테인먼트 세상을 구축하는 것을 목적으로 하는 컬처 유니버스라는 비전을 제시했다.

JYP와 YG 역시 세계적 엔터테인먼트 기업으로의 도약을 꿈꾸며 아시아와 북미 시장에서 활발한 활동을 전개하고 있다. 이와 함께 1세대를 잇는 신세대 혁신가들도 등장했다. 대표적으로 방시혁 프로듀서는 2005년 빅히트엔터테인먼트를 창업하고 BTS를 세계적 아티스트로 키움으로써 K팝을 정점에 올려놓았다. 이러한 성공은 또 다른 혁신가들의 참여를 촉진하고 있다. 유럽과 남미에서 인기를 끌고 있는 혼성그룹 KARD, 첫 영어 정규 앨범을 출시해 미국에서 좋은 반응을 얻고 있는 몬스타엑스 등 다양한 형태의 아이돌 그룹이 나오고 있는 것도 이 때문이다.

주목할 것은 기성세대와 신세대 프로듀서 간 협업이 이뤄지고 있다는 사실이다. 신생 기업 블록베리엔터테인먼트의 이종명 프로듀서는 2016년부터 매달 한 명의 멤버를 데뷔시켜, 2018년 12명으로 완전체가 된 '이달의 소녀'라는 새로운 형태의 걸그룹을 만들었다. 최근 이수만 프로듀서는 이 그룹의 2번째 앨범 프로듀싱에 함께 참여해, 이 앨범이 56개국 아이튠즈 차트에 1위, 빌보드 월드 앨범 4위 등을 기록하는 데 기여했다. 이러한 기성과 신세대 프로듀서 혁신가들의 리더십과 협업은 K팝의 미래 경쟁력 획득을 위한 원동력이 될 것으로 평가할 수 있다.

두 번째 평가 요인은 환경의 변화다. 외부 환경의 변화는 혁신 활동에 직접 영향을 끼친다. 이 환경 요인은 성장 초기에 국내 음반 산업의 쇠퇴라는 위기에도 불구하고 해외 시장에서 전화위복의 기회를 마련했듯이 불리하다고 모두 부정적인 것만은 아니다. 반대로 환경 변화가 우호적이더라도 모두 긍정적인 것은 아니다. 환경 변화에 대한 전략적 대응에 따라 성과가 달라질 수 있기 때문이다. 어쨌든 국내외 음악 시장은 정보통신 기술의 발달과 세계 경제 구조의 변화로 다음과 같이 새로운 환경에 직면하게 될 것으로 예측된다.

(1) 국경을 초월해 전 세계로 진출해온 K팝은 서로 다른 정치·경제·문화 조건을 가진 국가들의 제도와 사회 여건에 더 큰 영향을 받게 될 것이다. 예를 들면 중국 → 일본 → 동남아 → 유럽 → 남미 → 북미 등으로 시장을 확장함에 따라 자본주의와 사회주의, 기독교와 이슬람, 개도국과 선진국 등 많은 갈등적 요인에 노출되어 있다. 특히 2016년 미국의 고고도 미사일 방어 체계THAAD 도입을 둘러싼 중국과의 갈등, 심화되고 있는 한·일 간 외교 갈등 등은 K팝 산

업에 부정적 요인으로 작용하고 있다.

(2) 음악 시장의 디지털화는 K팝의 초기 성장 단계부터 중요한 영향 요인으로 작용했지만, 지금은 그 정도가 심해져 세계 음악 시장의 판도를 바꿀 수 있는 외부 요인으로 작용하고 있다. 특히 음반에서 디지털 음원으로 소비 행태가 바뀜에 따라 소비자가 좋아하는 음악만 듣거나 곡 단위로 소비하는 경향이 커지고 있다. 통신 기술의 발달로 다운로드하지 않고 온라인 사이트에서 스트리밍 방식으로 전송받아 소비하는 행태가 늘어나고 있다. 이에 따라 소비자들은 더 싼 가격으로 더 많은 곡을 감상할 수 있게 된다. 이 같은 음원과 스트리밍 중심의 환경 변화는 소비자들이 더욱 다양한 음악을 접할 수 있게 함으로써 음악 자체에 대한 충성도를 떨어뜨리는 효과가 있다.[1] 음원의 단위당 가격도 낮아짐에 따라 창작자들의 수익이 더 줄어드는 추세다.

(3) 4차 산업혁명의 기술 변화로 인해 음악 시장의 구조를 바꿀 수 있는 새로운 비즈니스 모델들이 창출될 가능성이 커지고 있다. K팝의 성장도 음악 유통의 디지털화에 힘입은 바가 컸다. 그런데 AI, 로봇, 빅데이터, 증강현실 등의 새로운 기술은 음악 시장에 또 다른 변화를 가져올 것이 분명하다. 이와 함께 코로나19 팬데믹은 가장 큰 수익원인 공연 시장을 위축시킴으로써 전 세계적으로 음악 산업에 심각한 영향을 끼치고 있다. 온라인에서 새로운 수익원을 확보하기 위한 기술과 전략이 중요해지고 있는 것이다.

세 번째 평가 요인은 전략이다. 환경으로부터의 영향 요인에 대응해 위기를 기회로 바꿀 수 있는 전략이 중요하다. 따라서 과연 K팝 산업이 이러한 전화위복의 전략을 지속적으로 실천할 수 있는지 살펴볼 필요가 있다.

우선 기존 K팝의 3대 전략을 보면, 아이돌화는 빌보드 1위의 연속 달성 같은 성과를 통해 그 효과를 확인했고, K팝의 브랜드를 세계적으로 확보했다. 앞에서 언급했듯이 아이돌의 형태도 지역 특화형, 혼성형, 어벤저스형 등 다양화되고 있다. 주목할 것은 기존의 아이돌화와는 차원이 다른 전략이 등장하고 있다는 사실이다. 예를 들면 SM엔터테인먼트의 NCT는 멤버와 이미지가 고정된 기존의 아이돌 개념의 틀에서 벗어나, 융합과 협업이 가능한 형태의 새로운 전략 개념을 제시하고 있다. 현재까지 6개국 출신으로 5개국 언어를 할 수 있는 21명의 멤버로 구성된 NCT는 유연성 있는 멤버 및 유닛 구성으로 성공적으로 작동을 시작했다는 평가를 받고 있다.[2]

한편 세계화에 있어 그동안 아시아권에서 벗어나지 못한 K팝의 한계를 돌파함으로써 그 전략적 효과성을 입증했다. 2018년과 2019년 빌보드 1위의 성과는 영미권 시장 진입을 공식화한 사건이었다. SM엔터테인먼트의 슈퍼M은 CMG와의 협업으로 데뷔 앨범 출시 10일 만에 빌보드 1위를 하는 전략적 성공을 거뒀다. 이러한 성과는 글로벌 음악 미디어 회사와 현지 전문가 등과의 네트워크 구축을 더욱 촉진할 것으로 전망된다.

K팝의 일방적 수출에서 벗어나 중국의 C-pop, 인도네시아의 I-pop, 베트남의 V-pop 등 현지 팝을 발전시키는 데 기여하는 전략들을 시도하고 있다. WayV는 C-pop의 발전을 겨냥한 그룹으로 이를 매개로 현지 중국 회사들과의 전략적 제휴와 협력 등이 시도

되고 있다. 동남아의 경우, SM엔터테인먼트는 태국에 이어 인도네시아와 베트남에 현지 팝 개발을 목적으로 합작회사 설립을 추진하고 있다. 이 같은 전략이 과연 환경 변화 요인에 대응해 위협 요인을 잘 회피하고 새로운 기회를 획득하는 데 기여할 수 있을지는 더 두고 봐야 하겠으나, 그 방향이나 노력의 정도에 있어 긍정적이라는 평가를 내릴 수 있다.

혁신 모멘텀을 구성하는 세 가지 요인에 대한 평가를 종합할 때, K팝 미래에 대해 긍정적인 평가를 할 수 있다. 다소 낙관적 견해인지 모르겠으나, K팝은 당분간 정점이 지속될 것이며 그 전성기는 이제 시작이라고 볼 수 있다. 혁신 모멘텀을 구성하는 혁신가 요인에 있어 기성과 신세대가 모두 왕성하게 리더십을 발휘하고 있으며, 기존 아이돌 형태의 확장을 넘어서 새로운 차원의 아이돌 콘셉트로 세계 팝 시장에서 다양한 틈새시장을 개척하고 있기 때문이다.

만약 4차 산업혁명의 신기술과 K팝 콘텐츠의 융합으로 새로운 비즈니스 모델의 개발에 성공한다면, 세계 엔터테인먼트 산업을 주도할 새로운 기회를 잡을 수 있을 것이다. 그러나 이 같은 긍정적 전망은 혁신 모멘텀의 구성 요소 외에도 제도와 운이 잘 따라줘야 가능하다. 앞에서도 언급했듯이 국가 간 제도와 문화의 차이가 문화 산업의 발전에 중요한 영향을 끼치고 있다. 특히 K팝의 경우 한국 기업들이 체계화된 시스템으로 다양한 아이돌을 생산하고 세계화를 이룩할 수 있었던 데는, 미국이나 일본과 다른 제도와 문화가 기여한 바가 적지 않다. 이 제도와 문화를 통해 결국 혁신 모멘텀을 작동시키는 주체들, 즉 창작자, 아티스트, 프로듀서, 기업, 유통 미디어회사, 투자자, 소비자 등 모두가 상생하는 생태계를 형성해야 한다. 지금까지 K팝의 성공도 정부의 재정적 지원보다는 창작자와 혁신가들이 자유롭게 도전할 수 있었기 때문이다.

따라서 상업적 성공과 투자 회수, 창작자의 자유와 실연자의 인권, 사회적 활력과 건전성 등이 균형 있게 발전하도록 하는 것이 무엇보다도 중요하다. 지나친 표현의 자유가 사회에 악영향을 끼치는 것도 문제지만, 사회적 건전성을 앞세워 표현의 자유를 속박해서는 미래가 없다. 상업적 성공을 앞세워 창작자나 실연자의 권리와 인권이 침해되어서는 창의력이 살아날 수 없듯이, 인권만을 강조하면 모험 투자와 혁신 성과를 기대하기 어려워진다. K팝의 긍정적 미래를 위해서는 원심력과 구심력으로 원운동이 유지되듯이 균형 잡힌 제도 운영과 사회 분위기가 뒷받침되어야 한다.

끝으로 강조할 수밖에 없는 것이 운Luck이다. 예측 불허의 상황에서 기회를 획득해 성공한 많은 사례를 보면, 운명적 행운을 뜻하는 세런디피티Serendipity가 늘 존재한다. 하지만 '좋은 운'을 기대하려면 미래에 대해 겸손한 자세가 필요하다. 뜻이 좋고 사회적으로 선한 영향력을 발휘하면 행운을 만날 확률도 높아질 것이라는 믿음도 필요하다. K팝의 미래도 겸손과 선한 영향력을 유지해야 행운을 만날 수 있을 것이다.

드라마 산업과의 비교

K팝 산업의 비약적 성공에 비해, 한류의 원조 격인 드라마 산업은

상대적으로 성장세를 이어가지 못하고 있다. 드라마 산업은 1990년대 말 한류 확산을 처음 만들어냈고, 2005년까지 급성장했지만, 그 이후 정체 상태에 있다. 우리는 이러한 드라마 산업의 경쟁력 추이를 K팝 산업과 비교해봄으로써 K팝의 미래 경쟁력에 대한 시사점을 얻을 수 있을 것이다.

한국의 방송국들은 1990년대 후반 드라마를 자체 제작해 아시아 시장에 킬러 콘텐츠로서 수출하는 데 성공했다. 이 당시 한국 드라마는 탄탄한 스토리, 우수한 연기자, 감각 있는 연출자 등이 복합적으로 작용해 차별화된 콘텐츠를 창출했다.[3] 예를 들면 MBC의 〈사랑이 뭐길래〉와 〈별은 내 가슴에〉라는 두 편의 드라마가 중국에서 열풍을 일으킴으로써 한류의 시발점이 되었다. KBS의 〈겨울연가〉는 2003년 초 일본 NHK에 처음 방영된 이후 재방영에 들어가면서 일본에서 한류 열풍을 일으킨 주역이 되었다. MBC의 〈대장금〉은 동남아에서 큰 인기를 끌었으며 홍콩에서 석 달 동안 방영되면서 홍콩 드라마 사상 유례가 없는 관심을 받았다. 그 밖에 SBS의 〈불꽃〉, 〈올인〉 등 많은 후속 드라마 콘텐츠들이 아시아에 수출되어 큰 성공을 거뒀다.

그 결과 2002년 드라마 산업은 지금까지의 무역 역조 구조를 깨고 수출액이 수입액을 넘어섰다. 이후 수출이 연평균 40~70%에 이르는 급성장을 보임으로써 2005년에는 드라마 수출 1억 달러 시대를 열었다. 그러나 한국 드라마의 큰 성공과 함께 각 나라의 정치·문화적 반감도 증가했다. 특히 아시아 각국에서 일어난 '반한류' '혐한류'의 영향으로 전체 수출 규모가 2006년에는 오히려 전년 대비

16.3% 감소했다. 이후 드라마 산업은 국제 경쟁력에 있어 K팝 같은 폭발력을 나타내지 못하고 정체해 있는 상태다.

한 국가에서 특정 산업의 국제 경쟁력은 혁신 기업들이 높은 수준의 창의성과 생산성을 달성하고 이에 관한 지속적인 개선 노력을 기울일 때 가능하다.[4] 이러한 주장은 앞에서도 살펴보았듯이 K팝이나 반도체 산업에서도 적용된다. 하버드대학교의 마이클 포터 교수는 국가 수준에서 혁신 기업들이 지속적으로 혁신 노력을 하게 만드는 조건으로서 요소 조건, 연관 산업, 수요 조건, 기업 전략 및 경쟁 구조 등 네 가지 요인을 제시했다. 이장우·이강복(2007)의 연구는 [그림 7-2]에 나타난 바와 같이 네 가지 요인을 기준으로 드라마 산업을 평가했다.

(1) 요소 조건으로서 인력, 토지, 천연자원, 자본, 사회간접자본 등 생산 요소들을 빨리, 그리고 효율적으로 만들어내고 개선함으로써 이를 산업에 활용하는 것이 중요하다. 한국 드라마 산업에서는 좋은 스토리를 만들어내는 작가 인력이 특히 우수하다. 각 대학의 국문학과나 문예창작과에서 작가 인력을 길러왔으며, 거의 모든 신문사가 신춘문예 공모를 통해 창작자들을 동기부여하고 있다. 연기자와 연출자도 중요한 생산 요소다. 그동안 한국 대학에서는 영상문화, 영화예술, 연기, 연극영화, 방송연예 등의 학과를 개설해 관련 이론과 실무를 가르쳐왔으며, 전공 영역들도 세분화되고 증가하는 추세다. 이와 함께 비정규 교육 과정을 운영하는 사설 기관들도 증가했다. 인력과 함께 자본도 중요한 요소다. 드라마 제작을 위한 자본은 초기에 방송 3사의 투자에 전적으로 의존했다. 이들은 독

[그림 7-2] 드라마 산업의 국제 경쟁력 결정 요인(마이클 포터의 다이아몬드 모형)[5]

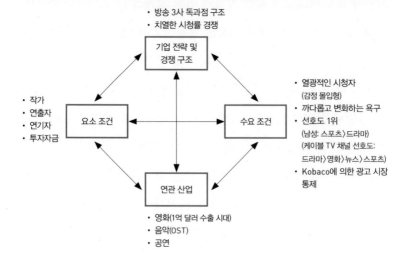

- 방송 3사 독과점 구조
- 치열한 시청률 경쟁

기업 전략 및
경쟁 구조

- 작가
- 연출자
- 연기자
- 투자자금

요소 조건

수요 조건

- 열광적인 시청자
  (감정 몰입형)
- 까다롭고 변화하는 욕구
- 선호도 1위
  (남성: 스포츠〉드라마)
  (케이블 TV 채널 선호도:
  드라마〉영화〉뉴스〉스포츠)
- Kobaco에 의한 광고 시장
  통제

연관 산업

- 영화(1억 달러 수출 시대)
- 음악(OST)
- 공연

과점 구조의 방송 시장을 기반으로 자체 자금과 광고 수입을 투여해 드라마 제작을 주도했다. 이후 영화 산업에 투자하던 벤처캐피털이 참여해 투자 재원이 다양화되었다.

(2) 연관 산업과의 시너지다. 특히 국내 영화 산업은 같은 영상 분야에 속함으로써 관련 산업으로서 드라마 산업의 경쟁력에 중요한 영향을 끼쳤다. 음악 산업도 연관 산업으로서 중요한 역할을 했다. 특히 K팝은 드라마와 함께 한류 흐름의 선봉에 섬으로써 우수한 OST의 제공뿐 아니라 브랜드 이미지 제고에 기여했다.

(3) 수요 조건으로서 까다롭고 열성적인 국내 소비자들은 기업들에 새로운 시장 변화를 재빨리 감지하고 혁신하도록 압력을 가한다. 특히 한국의 시청자들은 드라마에 대해 강력한 몰입과 감정 이

입을 하는 경향이 있다. 한국의 시청자들에게 드라마는 단순한 오락거리 이상이다. 즉 드라마는 오락과 휴식이라는 단편적인 기능을 하는 것이 아니라, 삶과 현실에 대한 감각과 이해를 제공하는 하나의 중요한 사회적 소통 채널로 기능하고 있다. 이러한 한국 시청자들의 적극적 특성은 양질의 드라마를 만들어내는 중요한 동인이 되었다. 한편 수요의 양적인 측면에서 인터넷 보급의 급증에도 불구하고 한국인의 TV 시청량은 상대적으로 높다. 남성도 스포츠를 제외하고 드라마를 가장 많이 보는 경향이 있다.

(4) 기업 전략과 경쟁 구조로서, 국가마다 독특한 산업 구조와 경영 방식이 존재하며 이것이 특정 산업의 국제 경쟁력을 좌우할 수 있다. 드라마는 방송국을 통해 유통되며 한국의 방송 산업은 KBS, MBC, SBS 등 방송 3사에 의한 독과점 구조를 유지하면서 서서히 종편 방송국과 케이블TV들이 참여하는 과정을 거쳤다. 이러한 독과점 구조는 초기 성장 단계에서는 자체 방송 시간을 안정적으로 확보해 꾸준히 드라마 제작에 투자하고 역량을 쌓아올 수 있는 기반이 되었고, 방송 3사 간 치열한 시청률 경쟁으로 우수한 드라마 생산에 기여했다. 그러나 장기적인 측면에서 역량 있는 드라마 전문 제작 업체를 양성하지 못하게 하는, 즉 혁신의 동력을 저해하는 데 결정적인 요인으로 작용했다. 이와 함께 한국방송광고진흥공사(Kobaco)를 통한 광고 가격 제한 제도는 드라마 시장의 규모 자체를 축소시킴으로써 혁신에 부정적 영향을 끼쳤다. 천문학적 숫자의 미국 슈퍼볼 광고 가격이나 중국의 거대한 광고 시장에서 보듯이 자유 시장 경쟁 체제의 광고 제도는 대규모 드라마 제작의 원동력

으로 작용한다.

종합적으로 평가할 때, 위의 네 가지 결정 요인은 초기에는 한류 드라마 창출에 중요한 기여를 한 것이 사실이다. 특히 아시아 최고 수준의 요소 조건을 구축하고 우수한 창작 인력을 지속적으로 공급하며, 영화 및 음악 같은 연관 산업과 동반 성장을 도모할 수 있었던 것은 드라마 산업의 국제 경쟁력 제고에 긍정적 효과를 미쳤다. 그러나 두 번째와 세 번째 결정 요인인 수요 조건과 경쟁 구조에 있어 한계가 있는 것으로 평가된다.[6]

즉 지금까지 드라마 산업의 경쟁 우위에 기여한 열광적이고 민감한 국내 시청자 기반의 수요 조건은 해외 시장에서 더는 강점으로 작용하기 어렵고 방송국에 의존하는 독과점 구조로는 혁신을 촉진하는 경쟁 구도가 만들어지기 어렵다는 것이다. 드라마에 관한 관심과 열망은 아시아 국가의 공통된 현상이 되고 있으며, 경제적 소득이 올라가고 문화적 차이가 점차 축소됨에 따라 국내 시청자의 높은 관심과 수준은 더는 차별화 요인으로 작용하기 어렵다. 특히 유통과 제작이 분리되지 않고 방송국 주도로 자체 드라마를 제작함에 따라 세계적인 드라마 제작 기업이 나오기 어려운 환경이 되었다. 디지털화에 따라 신규 매체들이 출현하고 있고 채널의 확대 추세로 방송 채널의 희소가치가 점차 떨어짐에 따라, 우수한 콘텐츠를 만들어내는 프로덕션들이 유리해짐에도 불구하고 방송국에 의존한 제작 시스템과 제도는 드라마 산업의 국제 경쟁력에 부정적 영향을 끼치고 있다. 한마디로 혁신가들이 등장하기 어려운 시장 구조가 지배하고 있다.

이 같은 드라마 산업의 경쟁력 평가를 K팝과 비교해보면, 먼저 수요 조건에서 크게 다르다. 즉 K팝은 음악의 디지털화에 편승해 해외 소비자들을 적극 공략해 독자적인 팬덤 시장을 형성함으로써 국내 수요에 대한 의존도를 절대적으로 줄였다. 오히려 국가를 초월해 전 세계 수요층을 산업의 수요 조건으로 끌어들이고 적극적으로 소통했다. 기업 전략과 경쟁 구조에 있어 혁신에 제약을 받지 않았다. 즉 방송국 같은 독과점 유통 채널에 의존하지 않고 해외 시장에서 무한 경쟁을 했다. K팝 기업들이 드라마와 달리 세계적 음악 전문 기업으로 급성장할 수 있었던 이유는 바로 제약 없이 혁신 활동을 할 수 있었기 때문이다. 이와 함께 영화와 게임 등 주요 연관 산업과의 우호적 협력 관계도 지속될 것으로 예측된다.

결론적으로 K팝 산업의 국제 경쟁력을 결정하는 요인들은 앞으로도 긍정적으로 작용할 것으로 평가된다. 다만 해외 수요에 비해 매우 취약한 국내 시장의 수요 기반을 강화할 필요가 있다. 프로듀서·창작자·실연자 등 우수한 인재의 공급과 다양한 투자 재원의 확보라는 요소 조건이 국가적 차원에서 개선될 필요가 있다.

•

5대 극복 과제

앞 절에서 살펴보았듯이 K팝 산업은 국제 경쟁력 결정 요인 중 가장 중요한 수요 조건(해외 수요층)과 경쟁 구조(정부 통제나 유통 독과점에서 비교적 자유로운 완전 경쟁 체제)에서 드라마 산업에 비해 뛰어난 평가를 받는다. 그러나 그것이 K팝의 성공 요인이 결코 아님에 유의해야 한다. 즉 두 결정 요인은 오늘날 K팝 성공을 직접 만들지 않았다는 것이다. 오히려 K팝의 초기 성장 단계에서 방해 요인 Inhibitor으로 작용했다.

1990년대 말에서 2000년대 초의 상황을 보면, 드라마 산업의 수요 조건과 기업 전략은 K팝에 비해 상대적으로 훨씬 우호적이고 더 높은 수익성을 창출할 수 있는 구조였다. 이를 기반으로 우수한 드라마가 해외로 진출해 한류를 형성시켰을 정도로 기여도가 컸다. 이에 반해 K팝 산업을 둘러싼 수요 조건과 경쟁 구조는 음악 시장을 위기 상황에 빠뜨릴 정도로 나빴다. 음반 수요의 격감과 불법 다운로드의 소비 행태로 기업들은 도산 위기에 처했다.

아이러니하게도 K팝 산업은 이러한 악조건을 스스로 극복함으로써 경쟁력을 획득할 수 있었다. 다시 말해 부정적인 결정 요인을 혁신으로 극복했기 때문에 국제 경쟁력을 획득할 수 있었다. 국내의 조건과 경쟁 구도에서 벗어나 해외로부터 새로운 수요 조건과 경쟁 구조를 끌어들임으로써 스스로 우호적인 환경을 창조한 것이다.

우리는 이 책을 통해 K팝이 오로지 혁신을 통해 새로운 환경을 창조하고, 지속 가능한 국제 경쟁력을 획득한 사실을 이해할 수 있다. 마이클 포터 교수의 국제 경쟁력 모델이 제시하고 있는 결정 요인에 의해 성공한 것이 결코 아니다. 오히려 취약한 결정 요인들을 혁신으로 극복함으로써 스스로 우호적인 환경을 창조했다고 할 수 있다.

K팝 이노베이션이란 말도 이 혁신의 과정을 상징적으로 나타내기 위한 개념이다. K팝 이노베이션은 해외로 우리 대중음악을 가지고 나갈 생각을 한 혁신가가 자신의 비전과 리더십을 토대로 위기를 기회로 바꿔내는 전략을 감행함으로써 우호적인 수요 조건과 생산적인 경쟁 구조를 형성시킨 과정을 표현하는 개념이다.

K팝이 국제 경쟁력을 갖춘 산업으로 그리고 한국을 대표하는 이미지로 성공하기까지는 극복해야 할 과제와 조건이 매우 많았다. K팝은 결코 정부의 전폭적 지원 정책이나 국민의 열화와 같은 성원으로 그 자리에 오른 것이 아니다. 오히려 무관심과 비난을 극복하면서 성공을 일궈낸 측면이 더 많다. 댄스 음악을 저속하다고 평가하는 주류 문화계, 아티스트를 '딴따라'로 폄훼하는 사회적 시선,

중소 규모의 서비스업이라고 무시하는 제조업 중심의 경제 시스템 등은 모두 뛰어넘어야 할 장해 요인이었음이 분명하다. 이러한 장해 요인들은 K팝의 세계적 성공으로 크게 개선되었지만, 아직도 극복해야 할 과제다.

혁신이란 결코 우호적인 여건에서 계획대로 진행되는 것이 아니다. '창조적 파괴'라는 말과 같이 기존 틀과 질서를 깨는 것이 혁신의 본질이기 때문이다. 따라서 숙명적으로 극복해야 할 과제를 늘 안고 있기 마련이다. 다음은 K팝이 앞으로 극복해야 할 근본적인 과제를 제시한 것이다. 이 과제들은 K팝이 지속적으로 혁신하기 위해 본질적으로 해결해야 할 문제(Inhibitor)로부터 도출했다.

(1) 성장 초기 단계부터 차별화된 음악 장르임을 스스로 증명해야 했듯이, 지속적인 내부 혁신으로 경쟁력 있는 창의적 콘텐츠를 끊임없이 개발해야 한다. (2) 협소한 국내 시장을 극복하기 위해 세계 팝 시장에서 틈새시장을 개척했듯이 수요 공간을 지속적으로 확장해야 한다. (3) 음악의 디지털화 같은 기술 변화에 능동적으로 대응해 기회를 스스로 창출해야 한다. 이러한 문제는 혁신과 생태계(내부 경쟁력 확대), 해외 진출과 세계화(공간의 확장), 신기술 활용(미래 변화 적응)이라는 키워드로 정리할 수 있다.

혁신 콘텐츠의 지속 창출

K팝은 일련의 혁신적 콘텐츠로 해외 시장을 개척하는 데 성공했듯이, 그 미래도 차별화된 상품의 지속적 공급에 달려 있다. 문화 콘

264

텐츠 상품은 그 특성상 공급이 수요를 견인하는 특성 때문에 공급자, 즉 K팝 기업의 혁신 역량이 산업의 경쟁력을 좌우하기 마련이다.[7] 물론 혐한류 같은 시장의 문제로 영향을 받을 수 있지만, 콘텐츠의 혁신성이 강하면 불리한 시장 환경도 극복할 가능성이 크다. 앞에서 이야기한 드라마같이 지속적으로 혁신을 이어가지 못한다면 시장의 열기도 식기 마련이다.

이러한 사례는 상당 기간 세계적으로 높은 인기를 구가했던 일본의 J팝이나 홍콩의 누아르 영화의 침체에서도 알 수 있다. K팝의 세계적 성공도 혁신 콘텐츠를 지속적으로 창출하지 못한다면, 똑같이 침체의 나락으로 빠질 수 있다. 국내 평론가들은 2010년대 초까지만 해도 K팝이 아직 아시아 시장에 머물러 있었기 때문에, 지속적인 수요 창출의 한계에 도달했다는 우려를 했다. 음악은 드라마와 달리 작품 하나의 영향력이 상대적으로 작아서 계속 히트 콘텐츠가 나와야 하고, 그 이미지가 실연자인 가수의 이미지와 브랜드로 체화되어야 하는 특성이 있다. 따라서 영미권에도 통할 콘텐츠와 세계적 스타를 배출해야 하는 과제는 매우 어려운 일이었다.[8]

그러나 K팝은 이 한계를 콘텐츠 혁신으로 극복했다. 결과적으로 아시아 시장에서와 달리 반응이 신통치 않았던 미국 팝 시장이 K팝을 받아들이기 시작한 것이다. 빌보드 차트 1위의 성과가 이를 상징한다. 완성도 높은 음악, 완벽한 퍼포먼스, 최대의 시각 효과를 반영한 뮤직비디오, 아이돌들의 진정성 있는 태도와 메시지 등으로 구성된 혁신 콘텐츠는 또다시 K팝의 한계를 극복하게 했다는 평가다.[9]

세계 팝 시장에 진입하는 데 성공한 K팝이 주류 팝 시장에서 경쟁력을 지속하고 계속 확장하려면, 근본적으로 혁신 콘텐츠의 지속 창출밖에 답이 없다. 내수 시장은 K팝을 감당할 만한 규모가 안 되고 이미 포화 상태에 있기 때문에, 혁신 콘텐츠로 해외 시장을 계속 개척해야만 할 것이다. 이를 위해서는 혁신 모멘텀이 확대 재생산되어야 한다. 이 혁신 모멘텀을 기반으로 새로운 가치를 창출하는 콘텐츠를 계속 공급할 수 있어야 한다는 것이다. 하지만 더욱 가속화되고 있는 음악의 디지털화 현상으로 인해 소비자들의 음악에 대한 충성도는 점점 더 떨어지는 추세다. 따라서 음원 중심의 상품만으로는 가치 창출에 한계가 있다. 앞으로 실연자인 아티스트와 관련된 공연과 MD 등으로 콘텐츠를 확장하는 것이 더욱 중요하다.

AI, 로봇, 증강현실 등 새로운 기술과 융합해 차원을 달리하는 콘텐츠 개발이 필요하다. 이러한 융합 콘텐츠는 기존 음악 산업에 큰 변화를 가져올 것으로 전망된다. 이러한 변화는 K팝이 음악 시장을 넘어 세계 엔터테인먼트 산업으로 확장하는 새로운 기회를 제공할 수 있다.

상생 생태계의 구축

하나의 산업 안에는 다양한 주체가 상호작용하면서 부가가치 창출 활동을 한다. 이들이 만약 제로섬 경쟁을 한다면 그 산업은 희망이 없다. 반대로 상생의 관계 속에서 선의의 경쟁과 협력을 한다면 산업의 파이가 더 커질 것이다. K팝 산업 안에는 창작자, 실연자, 프로듀서, 제작사, 유통 회사, 투자자, 관련 미디어 등 다양한 이해관계자가 존재하며 이들이 생존하고 성장할 수 있는 선순환 구조가 형성되어야 전체 산업이 발전할 수 있다. 앞에서 살펴본 혁신가의 이니셔티브나 혁신 모멘텀도 이러한 선순환의 산업 구조 아래에서 더욱 발전할 수 있다.

전통적 산업에서는 개별 기업이 각자 좋은 제품을 생산하면 전체 산업의 생산성과 경쟁력이 올라갈 수 있다. 그러나 기술이 복잡해지고 융합이 중요해지면 기업 간 상호 의존도가 높아진다. 이에 따라 개별 기업보다는 기업들의 집합인 생태계가 더 중요해진다. 다양한 주체가 서로 의존하면서 경쟁과 협력을 하는 장場인 생태계가 산업의 장기적 경쟁력을 결정한다는 것이다. 반도체나 스마트폰 산업에서 보는 바와 같이, 수많은 특허와 협력 기업의 네트워크로 구성된 생태계 자체가 경쟁력 원천으로 작용하고 있다.[10] 따라서 K팝 산업도 개별 제품의 우수성보다는 생태계 전체의 건강성에 따라 그 미래 잠재력이 결정될 것이다.

산업 생태계의 건강성은 주로 강건성Robustness과 틈새 창출력Niche creation에 의해 결정된다고 한다.[11] '강건성'은 현재 상태에 안주하지 않고 새로운 변화에 도전하는 능력을 말한다. K팝 산업은 지금까지 강건성을 유지하며 음악의 디지털화에 편승해 새로운 음악을 창조하기 위해 지속적으로 도전해왔다고 평가된다. '틈새 창출력'은 새로운 사업 기회를 포착하는 능력을 말한다. K팝 산업은 아시아·유럽·남미에 이어 미국 시장에서 수요 공간의 확대를 통해 새로운 기회를 포착했고 세계 팝 시장에서 '보는 음악'으로써 틈새를 개척해왔다. 앞으로도 K팝은 이러한 생태계의 건강성을 유지하고 확대해야 하는 과제를 안고 있다.

한편 K팝 생태계가 건강성을 유지하려면 다양한 참여자 간 상생의 관계를 구축하는 것이 필수적이다. 예를 들면 아이돌화 시스템에서 실연자와 기업 간 상생의 관계를 구축해야 하는 과제가 있다. 양자 간 계약을 둘러싸고 벌어지는 갈등은 1호 아이돌인 H.O.T. 때부터 지금까지 심심치 않게 이어지고 있다. 이러한 갈등 관계는 K팝 시스템의 본질적인 딜레마를 반영하는 것으로 명쾌한 해결이 쉽지 않은 실정이다.[12] 정부가 표준 계약서를 통해 갈등 해소에 도움을 주고 있으나, 근본적으로 양자 간 상생 관계를 구축해야 생태계의 건강성도 유지할 수 있을 것이다.

이와 함께 공정 경쟁을 통한 상생 관계의 구축도 중요하다. 생산과 유통 사이에 존재하는 힘의 불균형은 혁신을 저해하는 요인으로 늘 작용해왔다. 근본적으로 음악을 창작하고 생산하는 주체는 다수인 반면, 이를 소비자에게 전달하는 유통 미디어는 소수이기 때문이다. 이러한 힘의 불균형으로 인해 항상 독과점 이윤 추구 현상이 일어날 가능성이 크다. 최근 유통 미디어가 프로듀싱 사업에 참여해, 국민 오디션 방송을 진행하는 과정에서 부정을 저지르는 사건이 발생한 것도 이러한 힘의 불균형 때문이다. 이와 유사하게 1960년대 미국 방송국에서도 음악 유통을 둘러싼 부정이 발생해 연방정부가 수사한 사례가 있다.

음반보다 음원 시장의 비중이 큰 한국의 경우 대형 인터넷 포털이나 통신 미디어에 대한 의존도가 높다. 그래서 음원의 가격과 수익 배분에서 창작자와 제작자 등 공급자에게 불리하다. 전 세계에서 음원을 다운로드 판매하는 아이튠즈가 한국에 아직 스토어를 열지 못하는 이유도, 국내 음원 가격이 세계 시장의 절반 수준에 불과하기 때문이다. 앞으로 음원의 다운로드에 의한 소비보다 스트리밍에 의한 구매가 더 늘어나는 추세이므로, 음악의 가격은 더 저렴해지고 공급자들의 수익 여건은 더욱 불리해질 우려가 크다. 따라서 생태계의 건강성을 유지·확대하기 위해 공급 측면, 즉 창작자의 창의성과 제작자의 혁신 활동에 대한 보호를 강화할 필요가 있다.

국가 간 사회·문화적 장벽의 극복

K팝은 국경을 초월해 디지털 미디어가 제공하는 음악적 공간을 확보하는 데 성공했다. 이렇듯 초국가적 음악 장르로서의 성공은 1990년대 이후 진행된 문화 세계화의 흐름에 힘입은 바 크다. 중산층 확대와 정보통신 기술의 발달로 국제적인 문화 교류의 폭과 속도가 과거와 비교할 수 없을 정도로 크게 확장된 흐름을 잘 탔다고 할 수 있다.[13] 문화 세계화 추세는 동남아시아와 남미 같은 국가들에게도 문화 산업을 발전시키고 해외 시장에 진출하는 계기가 되었다.

한편 문화 세계화 추세는 문화 산업의 규모 확장뿐 아니라 다양한 문화가 뒤섞이는 현상을 불러왔다. 이에 따라 K팝의 초국적 음악 공간도 다양한 장르와 문화가 뒤섞여서 만들어지고 있다. 예를 들면 JYP의 트와이스는 한국·일본·대만 출신으로 이뤄진 다국적 아이돌이다. 하지만 아이돌 멤버가 다국적이고 음악이 초국적이라 해도 국가 간 차이로 인한 갈등을 피하기 어렵다.

2016년에 있었던 '쯔위 사건'은 K팝이 국가 간 갈등을 회피하기 어렵다는 사실을 경험하게 했다. 트와이스의 대만 출신 멤버인 쯔위가 한 TV 방송에서 모국 국기를 흔든 것에 대해 중국이 외교적 문제를 제기한 사건으로 JYP는 비즈니스 측면에서 큰 홍역을 치렀다. 이 사례는 소셜미디어 시대에 국가 간 이해에서 벗어나 독립적인 음악 공간을 유지한다는 것이 쉬운 일이 아님을 잘 보여주고 있다.[14]

이와 함께 오프라인 공간에서의 공연이나 팬 미팅에서도 종교와 국가별 문화 코드 차이로 인해 종종 뜻하지 않은 문제들이 발생한다. 예를 들면 인도네시아나 말레이시아 등 이슬람권에서 용인하기 어려운 선정성, 외모 중시, 포옹 같은 신체 접촉 등으로 오해나 문제가 발생한다. 더욱 유의해야 할 것은 K팝의 인기가 높아질수록 일방적인 한국 문화의 유입에 대한 반감과 역작용이 동시에 발생할 수 있다는 것이다.

동아시아 국가들은 한국 문화의 침투에 대한 거부감을 가지고 자국 문화의 보호 조치를 취하고 있다. 특히 중국과 일본에서는 정치·외교적 문제가 수시로 등장하고 있다. 대표적인 예로 중국의 한한령은 미국의 THAAD 도입을 이유로 한국 문화 콘텐츠의 유입을 차단하고 있다. 일본의 혐한류 움직임도 한국 드라마의 인기와 함께 증가했으며 양국 간 외교적 갈등이 발생할 때마다 이것이 불거짐으로써 K팝 진출의 저해 요인으로 작용하고 있다.

이 같은 정치·사회·문화적 문제들은 국제 사회에서 언제든 발생할 수 있다. 더욱 심각한 것은 이러한 문제들을 국내 미디어들이 확대해서 보도하고 이를 해외 당사국 미디어가 다시 보도함으로써 반한류 정서가 오히려 확대 재생산되는 현상이 적지 않다는 사실이다.[15] 정부가 나서서 마치 국가적 차원에서 한류 문화 콘텐츠의 수출을 지원하는 것 같은 인상을 주는 것도 상대국의 경계심과 반감을 높일 수 있다. 언제든 발생할 수 있는 외부 갈등 요인에 영향을 받지 않도록 노력하는 것은 해외 시장의 개척을 전제로 성장한 K팝의 숙명이기도 하다.

세계화의 완성

그동안 K팝은 해외 시장의 개척을 위해 다음과 같은 두 가지 전략을 병행했다. 하나는 글로벌 전략Globalization으로써 표준화된 콘텐츠로 디지털 소셜미디어를 통해 전 세계에 진출하는 전략이다. 다른 하나는 로컬화 전략Localization으로써 주요 국가의 니즈와 시장 구조에 맞춰 차별화하는 전략이다. K팝의 세계화Glocalization란 바로 이 두 전략의 결합 형태를 말한다. K팝은 세계화를 통해 일본 → 중국 및 동남아 → 유럽 → 남미로 시장 개척의 과정을 이어왔으며, 드디어 2018년 빌보드 1위 진입이 상징하듯이 미국 시장 진입이라는 마지막 퍼즐을 맞춘 듯하다.

　그러나 세계화란 어느 특정 시점에 완성되는 것이 아니라 지속적으로 유지하고 확장해야 하는 과정이라고 할 수 있다. 더욱이 K팝은 세계화 과정을 통해 한국만의 음악이 아닌 세계적 문화상품이 되었다. 따라서 그에 적합한 생산 및 유통 전략이 필요하며 기존 거대 유통·미디어 회사들과의 협력과 경쟁이 필요하게 되었다.

특히 가장 큰 음악 시장을 형성하면서 세계적 트렌드를 선도하고 있는 미국 시장은 단순히 음악만이 아니라 복합적인 문화 콘텐츠 수요가 있다. 따라서 엔터테인먼트 비즈니스 측면에서 기회의 땅일 수밖에 없다. 그러나 세계 최대의 콘텐츠 산업 규모와 함께 미국 팝 계의 배타적인 이너 서클Inner circle로 이뤄진 비즈니스 장벽을 넘기란 쉽지 않은 일이다.[16] 미국 3대 메이저 음반사인 컬럼비아, 소니, 유니 버설 등이 K팝에 관심을 보이고 전략적 제휴를 시작하기도 하지만, 주류 시장에서 성공하려면 반드시 긴 호흡이 필요하다.[17]

예를 들면 미국의 K팝 사이트 원한류닷컴onehallyu.com이 발표했듯 이 스트리밍 서비스인 스포티파이에서 가장 많이 애용하는 K팝은 싸이, 빅뱅, 2NE1, BTS, 엑소, EXID, 포미닛, 소녀시대, f(x), 샤이니, 레드벨벳 등 다양하다.[18] 그러나 이러한 아이돌 그룹이 팬덤을 중심 으로 단순히 음원을 소비하는 것과 미국의 주류 시장에서 활동하 는 것과는 차이가 크다. 따라서 SM엔터테인먼트가 미국 CMG와 협 력해 단시간 내에 슈퍼M을 빌보드 차트 1위에 진입시킨 것은 전략 적인 측면에서 의미가 크다. 미국 팝이라는 주류 시장에 진입했지 만, 그렇다고 K팝이 주류 콘텐츠가 된 것은 아니다. 어디까지나 틈 새시장 공략에 성공한 상품으로서, 주류 입장에서 보면 아직 변방 의 콘텐츠에 불과하다. 이러한 전략적 입장에서는 주류 시장의 플 레이어들과 경쟁과 협력을 매우 조심스럽게 시도할 필요가 있다. 이 에 관해서는 '이카로스 패러독스'에서 자세히 설명하기로 한다.

미국 팝이라는 주류 시장으로의 진입은 세계화의 완성이라고 할 수 없다. 그보다는 세계화의 완성을 위한 과정이 이제 본격적으로 시작되었다고 말하는 것이 더 정확할 것이다. 처음 진출에 성공한 일본과 중국 등 아시아 시장도 지난 10여 년간 많은 변화를 하며 새로운 혁신 활동을 요구하고 있다. 특히 수요가 급증하는 동남아 시장에서는 현지 팝의 공동 개발 같은 상생형 니즈가 증가하고 있으며, 세계 최대 잠재 시장인 중국도 음악 소비 규모가 급증함에 따라 수익 창출을 위한 비즈니스 모델 개발이 중요해지고 있다.

방시혁 프로듀서는 앞으로 중국 시장의 중요성을 다음과 같이 이야기한 바 있다. 이 인터뷰는 BTS가 미국 시장에서 본격적 성공을 거두기 이전에 한 것이다. "향후 5년간은 중국을 어떻게 산업적으로 뚫을 수 있을지가 관건이다. 앞으로 음악, 정확히 말해 디지털 음원을 파는 시장의 규모는 줄어들 것이다. 음악을 접하는 미디어는 더 많아질 것이기 때문에 사람들은 더욱 다양한 음악을 접하게 되고 '플레이리스트' 중심으로 듣게 될 것이다. 그러므로 음악에 대한 충성도는 낮아질 것이다. 그렇다면 결국 음악에서 가수가 가지는 아우라를 파는 시장으로 이동할 것이다. … 앞으로는 콘서트, MD를 판매하는 시장으로 옮겨갈 것이고 이는 메이저와 인디에서 동시에 일어날 것이라는 게 내 생각이다. 이러한 물결이 중국 시장으로 이어져야 한다. … 지금 뚫어야 하는 것은 중국이다."[19]

이와 함께 세계화 과정에서 반드시 고려해야 할 것은 지적 재산권의 보호다. 디지털과 온라인 환경에 적합한 법과 제도를 우선 강화하고 이를 기초로 아시아 지역에서 지적 재산권 보호 장치를 마련해야, K팝이 해외에서 제대로 수익을 창출할 수 있을 것이다. 중국을 포함해 동남아 시장에서는 불법 복제를 통해 K팝을 소비하는 경향이 높다. 예를 들면 2015년 K팝 관련 저작권료가 일본에서 58억 원이 징수된 것에 비해 홍콩과 중국은 각각 3억 원과 1억 원에 불과한 실정이라고 한다.[20] 콘텐츠의 불법 이용을 억제해야 수익이 발생하고 콘텐츠 투자가 선순환될 수 있다.

신기술의 활용

K팝은 디지털화Digitalization라는 기술 변화에 능동적으로 대처함으로써 해외 시장에서 새로운 기회를 획득했다. 신기술 트렌드를 활용하는 전략은 앞으로도 더욱 중요해질 것으로 예상된다. 4차 산업혁명의 시대적 변화가 디지털화를 가속할 뿐 아니라 AI, 로봇, 빅데이터, 증강현실, 바이오 등 다양한 신기술이 융합되고 확산되어 음악을 포함한 엔터테인먼트 산업 전반에 구조적 변화를 일으킬 것이 확실하다. 이에 따라 K팝 산업도 신기술을 어떻게 활용하느냐에 따라 그 성장의 판도가 달라질 것으로 전망된다.

디지털 기술의 발달로 주요 혁신 기술 간 융합이 쉬워지며, 이러한 융합에 의해 실물과 가상 세계를 연결하는 다양한 제품과 서비스가 등장할 것이다. 이에 따라 앞으로 음악 같은 콘텐츠가 신기술과 결합해 새로운 가치를 창출할 가능성이 더욱 커지고 있다. 신기술 결합을 통해 K팝 산업이 새로운 시장을 창출할 수 있는 분야도 크게 늘 것으로 평가된다.

예를 들면 AI 비서 역할을 하는 스피커가 음악을 중심으로 인공지능의 초기 시장을 선도하고 있다. 앞으로 증강현실, AI, 로봇, 소프트웨어 등 신기술과 결합해 기존 음악 시장과는 다른 재미와 놀라움을 창출하는 새로운 콘텐츠들이 속속 등장해, 기존 엔터테인먼트 시장을 넘어 교육과 생활 문화 분야로 사업 영역을 확대할 것이다. 빅데이터와 AI 기술을 활용해 아이돌 스타의 캐릭터만으로도 다양한 가상 체험이 가능한 킬러 콘텐츠를 만들어낼 수 있다. 방송국이나 대형 음악 유통사는 아이돌의 공연을 가상현실 콘텐츠로 제작하고, 아이돌 공연 시 가상현실 서비스를 함께 제공함으로써 아이돌이 바로 옆에 있는 것 같은 현장감을 제공하기 시작했다.[21]

이와 함께 주거 환경 측면에서 ICT와의 결합을 통해 생활 편의 증진을 위한 서비스가 급증하고 있다. AI와 로봇 기술을 적용한 스마트홈 서비스가 발전하고 있는 것이다. 이러한 스마트홈 서비스는 개인 소비 콘텐츠와의 결합 형태로 진화될 것으로 전망된다. 이에 따라 경쟁의 축이 기술력에서 콘텐츠 응용력으로 점차 이동하고 있다. 스마트홈 서비스 분야는 K팝 콘텐츠의 아날로그적 감성과 재미를 기반으로 새로운 가치를 창출할 수 있는 대표 사례에 속한다.[22]

한편 신기술과의 결합 과정에서 부가 콘텐츠들이 추가로 창출되면서, 원천 콘텐츠보다는 확장과 응용이 쉬운 새로운 지식 재산권 자산들이 발생할 수 있다. 〈포켓몬고〉 게임에서 고전 원작의 괴물 이미지가 증강현실의 게임에서 디지털 캐릭터로 재창조되듯이 글로벌한 슈퍼 IP(지적 재산권)가 창출되고 있다. K팝의 원천 아이돌 이미지도 디지털화함으로써 새로운 슈퍼 IP들을 만들어낼 수 있다. 이렇듯 신기술 결합으로 탄생한 새로운 형태의 IP에 대해서 적절한 저작권 보호 제도가 필요하다. 초연결 시대에 이 IP들이 편리하고

용이하게 이용되도록 기존 저작권 체계도 개선해나가야 한다.[23]

정부 정책

K팝의 성장 과정을 보면, 정부 정책이 직접적으로 기여한 바를 찾기 어려울 정도로 민간 주도의 혁신 활동이 핵심 역할을 했다. 오히려 K팝으로 인해 정부가 국가 이미지 제고와 외교 관계 구축에서 도움을 받은 바가 훨씬 더 크다는 평가가 지배적이다.[24] 그럼에도 불구하고 일본 정부가 한류 성공을 벤치마킹해 '쿨 재팬' 프로젝트를 정부 주도로 추진한 사례를 보면, 일본이나 한국에는 정부 주도의 성장 신화에 대한 믿음이 아직 존재하는 것 같다. 일본의 '일본주식회사'나 한국의 '한강의 기적'이 그것이다.

그러나 정부 주도의 산업 발전은 모방에 의한 산업화 단계인 1960년대와 1970년대에 잘 작동했던 모델에 불과하다. 1980년대 이후 전개된 혁신의 역사를 보면, 정부 정책이 필요는 하지만 그것이 직접적으로 혁신을 주도하고 새로운 산업을 일으키는 요인은 아니었다. 특히 신지식 창조의 혁신 단계에서는 정부의 역할이 더욱 줄어들어 민간의 자발적 혁신 활동이 성공의 핵심 요인이 된다.

반도체, IT, K팝과 같이 퍼스트 무버 전략이 성공의 핵심 요인이 되는 산업에서, 정부는 단기적 관점의 직접 간여가 아닌 장기적 관점의 간접 지원에 집중해야 한다. 따라서 정부 정책이 성공하려면 조용한 전략적 인내가 필요하다. 눈에 잘 보이지 않는 지원을 해야 한다. K팝 산업에서 더욱 그러하다. 경쟁력 제고나 5대 과제의 극복을 위해 정부가 과연 어떠한 역할을 하는 것이 바람직한지 살펴보자.

(1) K팝이 극복해야 할 가장 중요한 과제는 산업이 내부 혁신으로 경쟁력을 지속적으로 창출하는 것이다. 이를 위해서는 혁신가의 역할이 가장 중요하다. 혁신가들을 뛰게 하려면 기본적으로 표현의 자유와 비즈니스의 권리를 보장해주는 것이 중요하며, 노력에 대한 보상이 제대로 돌아가도록 사회경제적 보상 체계를 확립하는 것이 필요하다. 이는 단순한 재정 투입보다 훨씬 중요한 일이다. 특히 신지식 창조 단계의 혁신은 실패 확률이 높으며, 어떤 프로젝트가 성공할지 미리 계획할 수 없기 때문에, 정부의 선별적 투자나 개입은 시장 질서만 교란할 뿐 아니라 대부분 실패하기 십상이다.

또한 산업 생태계를 장기적 관점에서 건강하게 유지하는 것이 중요하다. 이를 위해 이해관계자 간 상생 관계의 구축에 역점을 둬야 한다. 즉 정부는 창작자, 실연자, 프로듀서, 제작사, 유통회사, 투자자, 관련 미디어 등 다양한 이해관계자가 함께 생존하고 성장할 수 있도록 균형을 잡아주는 역할을 해야 한다.

영화 산업의 경우 일찍부터 특별법이 만들어져 제작사를 중심으로 창작자와 유통 회사 등이 수익 배분과 저작권 보호를 위해 상생하는 구조를 갖추었다. 예를 들면 기존 '영화진흥법'을 관련 법과 통합해 2006년 '영화 및 비디오물의 진흥에 관한 법률(영비법)'을 제정하고 영화 진흥 정책과 영화발전기금 조성을 위한 법적 기반을 확보했다. 이에 반해 산업적 중요성이 더욱 커지고 있는 음악 산업의 경우 진흥을 위한 법적 기반이 매우 취약한 편이다. 불법 다운로드와 저작권 침해에도 통일된 소리를 내지 못하고 있는 것도 선순환의 질서가 구축되지 않았기 때문이다. 영화 산업 수준의 법적 기반이 조속히 마련될 필요가 있다.

(2) K팝의 숙명적 과제인 해외 진출과 세계화 전략에서 정부는 매우 조심스러운 태도를 취해야 한다. 자칫 정부의 지원이 정치적 의도가 개입된 문화 침략으로 오해를 불러올 수 있기 때문이다. 일본에서 증가하는 혐한류나 중국 정부가 공식적으로 부인하지만, 한국 콘텐츠를 막고 있는 한한령 등은 정부가 외교적으로 지혜를 발휘해 해결해야 할 영역이다. 혐한류나 한한령 같은 국가 간 문제는 민간기업 수준에서 해결하기 어렵다. 이와 함께 정부가 역점을 둬야 할 분야는 지적 재산권 보호다. 해외에서 한국 콘텐츠에 대한 지적 재산권을 보호 및 관리하는 것은 콘텐츠 산업 발전에 매우 중요한 일이다. 특히 중국과 동남아시아에서 성행하고 있는 불법 복제는 하루빨리 개선해야 할 필요가 있다.

국내에서도 국제 수준에 맞는 저작권 보호 체계가 필요하다. 음악한 곡 한 곡의 자유로운 관리와 경쟁이 국제적인 추세임에도 불구하고 특정 협회나 국가 수준에서 경직된 관리를 해서는 제대로 된 저작권 관리를 하기 어렵다. 예를 들면 한 작곡가가 저작권협회에 등록하면 반드시 자신의 전체 곡을 다 등록해 관리를 받아야 하는 경직된 제도로 인해 곡마다 따로 계약 및 관리를 할 수 없는 실정이다.

(3) K팝의 신기술 활용에 있어서 상대적으로 정부가 할 일이 많다. 아직 시장이 형성되지 않은 분야로서 개별 기업이 감당하기 어려운 고위험의 연구개발 투자가 필요하기 때문이다. 이러한 분야에서는 정부가 민간의 연구개발 리스크를 공유해주고 초기 시장을 선

도적으로 제공하는 정책이 효과를 발휘할 수 있다. 특히 4차 산업혁명의 기술들과 콘텐츠를 융합해 새로운 시장 기회를 창출하는 프로젝트를 지원하는 것이 효과적이다. 예를 들면 K팝 콘텐츠와 타산업 간 융합을 강화하고, 산학협동의 프로젝트를 통해 콘텐츠 연구개발의 기반을 조성할 필요가 있다. K팝 엔터테인먼트 산업은 특성상 전문 인력 의존도가 높기 때문에 산학협동으로 체계적인 인력 양성 시스템을 구축해 전문 인력을 배출할 필요가 있다. 특히 프로듀서를 양성해 배출할 수 있는 시스템을 구축해야 한다.

(4) K팝 산업은 국제 경쟁력 결정 요인에서 요소 조건, 경쟁 구조, 연관 산업 등과 비교해 수요 조건이 상대적으로 취약하다. K팝 산업은 비록 해외 시장 개척을 통해 열악한 국내 수요 조건을 극복했지만, 협소한 국내 시장과 유통 구조의 문제는 국제 경쟁력 제고에 가장 큰 걸림돌로 작용하고 있다. 이러한 의미에서 국내 시장의 활성화가 시급하게 필요하다. 특히 정부는 저작권 보호와 국내 유통 시장의 이익 구조 개편에 노력해야 한다. 이 문제를 해결해야 혁신 기업들이 투자 재원을 확보할 수 있고, 더욱 경쟁력 있는 콘텐츠들을 생산할 수 있을 것이다.

특히 주목해야 할 것은 코로나 팬데믹 이후 넷플릭스와 유튜브의 전 세계적인 확장세다. 현재 추세에 대한 대비가 없다면 한국 콘텐츠가 해외 플랫폼에 종속되어 유통될 가능성이 크다. 즉 넷플릭스와 유튜브가 메인 미디어가 되어 우리 콘텐츠를 유통·배급하는 플랫폼으로 자리 잡을 것이다. 글로벌 미디어 플랫폼에 대항할 수 있는 한국형 콘텐츠 플랫폼의 구축이 절실하다.

03

●

이카로스 패러독스[25]

K팝의 성장 궤도

미래를 전망하기 위해 지금까지의 성장 궤도Trajectory를 분석해보는 방법이 있다. 성공의 과정에는 나름대로 패턴이 존재할 수 있고 그 패턴의 특성을 이해한다면, 미래 성장의 방향을 어느 정도 가늠해볼 수 있기 때문이다. 하지만 모든 성공의 과정이 하나의 원리에 의해 설명될 정도로 간단하지는 않다. 반대로 모든 것이 운에만 좌우될 정도로 무작위적으로 발생하는 것도 아니다. 성공에 이르는 과정은 매우 복잡하지만, 어느 정도 일정한 패턴을 발견함으로써 상당 부분 인과 관계를 설명할 수 있다. 예를 들면 경로 의존 이론Path dependence theory에 의하면 한번 경로가 결정되면 그 관성Momentum과 경로의 기득권으로 인해 경로를 바꾸기가 어려워지고, 그로 인해 기존 경로에 의존하는 성향이 점점 더 커지는 현상이 존재한다. 성장 과정에서도 초기 단계에서 한번 성공하면 그 성공 방식이 반복되어 강화됨으로써 성장이 패턴화되는 경향을 나타내기 마련이다.

이와 관련해 세계적 경영학자 대니 밀러Danny Miller 교수는 기업 수준에서 나타나는 네 가지 성장 패턴을 제시했다.[26] 그는 성공한 기업들이 걷는 성장의 궤도를 개척자형Pioneers, 장인형Craftsmen, 마케팅형Salesmen, 건설가형Builders으로 나누었다. 한국에서도 같은 연구 결과가 발표되었다. 나는 빠른 성장을 하는 한국의 강소기업들을 대상으로, 다음과 같은 유형의 성장 궤도들을 발표한 바 있다.[27]

(1) 개척자형은 성장 궤도로서 기술적으로 혁신적인 신제품을 개발해 틈새시장을 개척함으로써 성장하는 유형이다. 이 유형의 성장 기업은 뛰어난 아이디어와 기술 개발 능력이 차별화 원천이다. 기술 역량을 기반으로 새로운 틈새시장을 개척해야 하기 때문에, 기술 개발 부서에 예산과 권한을 집중시키는 경향이 있고, 기술 혁신을 가장 중요한 경영 목표로 한다.

(2) 장인형은 특정 분야에 축적된 기술과 노하우를 무기로, 고품질의 제품을 시장에 내놓음으로써 전문성을 인정받는 유형이다. 기업의 경우 성장 초기부터 사업 범위를 특정 분야로 선택해 집중하고, 그 분야에서 최고가 되기 위한 기술적 노력을 펼친다. 특히 내부적으로 효율적인 학습 체계를 구축해, 수시로 발생하는 기술적·관리적 문제점들을 재빨리 개선함으로써 고품질과 합리적 가격을 유지한다.

(3) 마케팅형은 유통 및 브랜드 이미지 구축에 역점을 두고, 고객과의 소통을 중시함으로써 성장하는 유형이다. 기업의 경우 마케

팅 기업Marketing enterprise으로서의 가치를 높이기 위해 브랜드 이미지를 적극 활용하며, 마케팅 노하우와 새로운 비즈니스 모델이 경쟁력 원천이다. 기술에 집중하기보다는 시장 기회의 포착을 더 중시하며, 안정적 사업 기반을 확보한 후에는 다각적인 사업 확장을 꾀한다.

(4) 건설가형은 기업 비전과 설득력 있는 사업 계획을 기반으로, 미래의 사업을 설계해나감으로써 성장하는 유형이다. 이 유형의 성장 기업은 치밀한 마스터플랜에 의거해 비즈니스를 전개함으로써, 남들이 간과하거나 쉽게 도전하지 못한 미개척 분야에 명확한 사업 계획을 세우고 이해관계자들을 설득해, 자금 조달과 시장 기회를 얻어낸다. 비전형 기업은 뛰어난 재무 관리 능력으로 M&A를 추진할 줄 알고 빠른 속도로 사업 규모를 확대하는 데 능하다.[28]

K팝의 성장 과정에서도 경로 의존성이 존재함에 따라 일정한 패턴을 발견할 수 있다. 이를 토대로 미래의 방향성을 어느 정도 설명할 수 있다. 그렇다면 과연 K팝은 어떤 성장 궤도를 걸어왔고 어떤 방향으로 나가고 있는지 궁금할 것이다. 제시한 성장 궤도의 패턴에 대입해보면 K팝의 성장 궤도는 개척자형에 속함을 알 수 있다.

'보는 음악'의 강점을 살린 혁신적인 신제품으로 세계 음악 시장에서 틈새시장을 개척함으로써, 급성장한 전형적인 개척자형인 것이다. 앞에서 설명한 반도체 산업도 같은 유형의 성장 패턴에 속한다. 뛰어난 기술 혁신으로 메모리 분야의 틈새시장을 개척하고, 점차 그 틈새시장을 확장해나감으로써 성공한, 전형적인 개척자 유형이다. 반면 기존 강자였던 일본 반도체 기업들은 최고의 성능과 품질을 고집하는 장인형 성장 궤도를 따름으로써, 우리 기업들과는 다른 행보를 걸었다. 결과적으로 세계적인 디지털 기술의 변화는 일본의 장인형보다는, 짧은 제품 수명 주기로 빠른 기술적 대응을 중시하는 한국의 개척자형을 선택했다.

똑같은 개척자형을 따르는 K팝 산업에도 디지털화의 환경 변화가 상대적으로 유리하게 작용했다. 이러한 기술 환경의 긍정적 요인을 활용해 K팝은 앞으로도 같은 성장 궤도를 걸어갈 것이 확실하다. 하지만 모든 유형의 성장 궤도들은 각기 고유한 강점과 약점을 동시에 소유하고 있기 때문에, 그 특징을 잘 파악해 미래에 대처할 필요가 있다.

K팝의 성공 함정

K팝이 미래에 어떻게 성장해나갈 것인가를 알려면 앞에서 설명한 개척자형 성장 궤도를 잘 이해할 필요가 있다. 그동안 K팝을 성장시켰던 그 길을 따라 앞으로도 나갈 것이 확실하기 때문이다. 이 길은 장인형 같은 성장 궤도와는 전혀 다른 강점과 약점이 있으므로 고유한 강점을 살리고 구조적인 약점에 미리 대비하는 현명한 전략이 필요하다. 이러한 의미에서 미래는 그냥 다가오는 것이 아니라 전략을 통해 만들어가는 것이라고 할 수 있다.

"실패는 성공의 어머니"라는 말이 있다. 반대로 "성공은 실패의 아버지"라는 말도 성립된다. 성공 이후에 과신·나태함·자만 같은 독소들이 늘 도사리고 있다. 따라서 그 성공을 이끌어낸 요소들이 동시에 실패의 원인으로도 작용한다. 이것을 우리는 '성공의 함정'

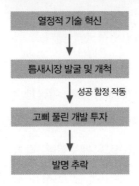

[그림 7-3] 개척자형 기업의 이카로스 패러독스

열정적 기술 혁신

↓

틈새시장 발굴 및 개척

↓ 성공 함정 작동

고삐 풀린 개발 투자

↓

발명 추락

이라고 부른다. 대니 밀러 교수는 성공의 함정을 그리스 신화에 나오는 이카로스의 역설Icarus paradox에 빗대어 오늘의 성공이 내일의 실패가 되는 과정을 이론적으로 설명했다.[29] 그리스 신화에서 이카로스는 인조 날개로 하늘을 날다가 성공에 도취되어 태양에 가까이 간 나머지, 날개에 붙인 밀랍이 녹아서 바다에 추락했다. 이카로스의 '날개와 용기'는 하늘을 날 수 있게 해주었지만, 그를 죽게 만든 것도 '날개와 용기'였다.

앞에서 살펴보았듯이 성장 궤도에는 개척자형, 장인형, 마케팅형, 건설가형이 있다. 그런데 각 성공 궤도 속에는 성공 요인과 함께 실패의 위험, 즉 성공 함정이 내재해 있다는 것이다. 이 성공 함정은 성장 궤도에 따라 다르다. 특히 K팝이 속해 있는 개척자형이 빠질 수 있는 함정은 아래와 같은 '발명형 위험'이다.

"개척자 기업은 새로운 제품과 기술로 최고가 되겠다는 목표를 실현한 기업으로서, '혁신'은 그야말로 그들의 유전 인자다. 하지만 신

기술을 창출하는 능력은 시장 우위를 점하기에 유리하지만, 점차 혁신에 대한 내부 요구가 무리한 발명과 투자로 이어지면서 소비자의 욕구를 무시하고 비현실적인 돈키호테형 기업으로 전락시킨다. 신제품 개발에만 집중한 경영 관리는 마케팅이나 원가 관리에는 상대적으로 취약한 체질로 만든다. 따라서 총체적인 경영의 문제가 기업을 생기발랄한 개척자형 기업에서 독선적 기업으로 전락하게 한다.

특히 현실성 없는 거대 프로젝트에 매달림으로써 도산을 자초하기도 한다. 틈새시장 개척을 위한 대형 프로젝트에 대한 막대한 투자는 실패 가능성이 크고, 근시안적인 마케팅으로 신제품의 수는 늘어날지 몰라도 폭증한 연구개발 비용을 감당하기에 충분한 이익을 확보하지 못하게 된다는 것이다."[30]

성공한 개척자형이 돈키호테식 경영에 빠져 실패할 수 있듯이 장인형 성장 기업은 '집중형 함정'에 빠지기 십상이다. 즉 품질과 가격에 대한 극단적 집중으로 성공했기 때문에, 자신이 정한 틀과 목표에서 벗어나지 못함으로써 실패한다는 것이다. 주로 일본 기업들에서 많이 관찰되고 있듯이 완벽한 품질에 대한 집착이 소비자가 원하는 사양을 외면하게 할 수 있으며, 원가에 대한 몰두가 극단적으로 흘러 싸구려 제품을 만드는 우를 범하게 하기도 한다.

장인형은 품질로 인정받아 성공한 기업이기 때문에 오로지 품질과 성능만 좋으면 성공이 보장된다는 착각을 하게 됨으로써 실패하기 쉽다. 이러한 성공 함정은 반도체 산업에서 보았듯이 개척형과 대비된다. 물론 마케팅형이나 비전형 역시 서로 다른 성공 함정을 가지고 있다.[31]

따라서 자신의 고유한 성장 궤도를 인지하고 발생 가능성이 큰 성공 함정에 미리 대비하는 것이 지속 성장을 위해 매우 중요하다. 앞에서 그 특성을 살펴보았듯이 개척자형 성장 궤도를 따라가고 있는 K팝은 그 성장 패턴으로 인해 구조적으로 내외부 요인으로부터 중요한 도전을 받게 될 것이다. 먼저 기업을 둘러싸고 있는 외부 환경을 보면 전반적으로 제품 수명 주기가 짧고 시장 변화가 빠르다. 시장이 매우 불확실하기 때문에 매출의 등락이 심하고 이익 구조가 불안정하다. 한편 경쟁력 원천으로서 혁신을 강조하다 보니 내부에 강력한 개발 드라이브가 늘 걸려 있는 상태다.

이로 인해 성장할수록 점점 더 콘텐츠 개발을 경영의 중심에 두게 되며 지나치면 개발지상주의에 빠지기 쉽다. 실제로 많은 제작자가 '콘텐츠만 우수하면 시장은 열린다'라는 신념에 빠지기도 한다. 그러나 시장 흐름이 일치하지 않을 가능성이 매우 크기 때문에, 과도한 개발 투자로 아까운 자원을 낭비하기 쉽다. 다시 말해 혁신에 대한 지나친 확신으로 재무적 통제나 위험 관리 없는 개발 투자를 감행하고, 그 결과 실패의 나락으로 곤두박질칠 수 있다.

극복 전략[32]

개척자형 성장 궤도에서는 기업들이 불안정한 이익 구조를 개선하기 위해, 안정적 수익이 보장되는 더 큰 시장을 향해 움직이려 하는 욕심을 늘 갖게 된다. 물론 이것이 성공 요인이기도 하지만, 성공 함정이 될 수 있으므로 늘 경계해야 한다. 더 큰 시장을 개척하기 위

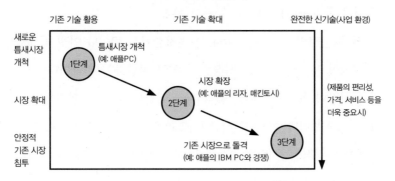

[그림 7-4] 기술 개척자 기업의 전략 이동[33]

개척자 기업의 전략적 방향

해서 더 새롭고 획기적인 콘텐츠 혁신으로 대응해야 한다고 믿기 때문에 [그림 7-4] 같은 전략 패턴이 나타난다.

1단계는 틈새시장 개척 전략이다. 기존 기술 능력을 활용해 남들이 생각지 못한 새로운 틈새시장을 발굴하고 선도적으로 진입하는 전략을 말한다. 일종의 우회 전략으로서 기존에 존재하는 기술을 새로운 시장의 관점에서 적용하고 결합함으로써 틈새를 만들어내는 것이다. K팝의 경우 틈새시장은 10대 청소년 같은 특정 계층이나 일본과 중국 같은 지역에 해당하며, 아직 성숙하지 않았기 때문에 비교적 작은 기술적 격차만으로도 차별화를 만들어내기 쉽다.

2단계는 시장 확장 전략이다. 틈새시장은 대체로 시장이 작고 제품 수명 주기도 짧기에, 시장을 확장하기 위해 기존 기술을 더욱 확대 적용하는 것이 필요하다. 한마디로 일단 확보한 틈새시장의 크기를 더 크게 만드는 전략이다. 예를 들면 더 많은 수요층을 확보하기 위해 현지 멤버가 포함되었거나 현지 니즈에 더 부합하는 새로운 아이돌 그룹을 만들어냄으로써, 수요 계층을 넓히고 기존 시장을 더욱 확장하려는 전략을 말한다.

3단계는 정면 돌파 전략이다. 틈새시장에서 벗어나 안정적 매출과 이익이 보장되는 주류 시장으로 직접 진입하는 전략이다. 어느 정도 시장이 확장되면 미국 음악 시장과 같이 더 크고 안정적인 시장이 눈에 보인다. 이 주류 시장은 크고 성숙되어 있기 때문에 기업들에게 안정적인 수익과 성장성을 제공할 수 있다. 그동안 시장의 불확실성과 불안정한 수익 구조에 시달려온 개척형 기업들은 획기적인 기술을 개발해 일거에 경쟁자들을 물리치고 거대 시장을 차지하려는 정면 승부 전략에 나서기 쉽다. 특히 계속된 성공으로 혁신에 대한 자부심이 높고 어느 정도 시장 노하우를 축적한 기업일수록 이런 유혹에 빠지기 쉽다.

그러나 바로 이 지점에서 개척형 성장 기업들이 실패할 가능성이 가장 크다. 성장 초기에 개척한 틈새시장과 기존의 거대 시장은 특성이 전혀 다르다. 예를 들면 제조업의 경우 초창기 틈새시장에서는 기술적 우수성이 가장 중요한 차별화 요인이 될 수 있지만, 안정적인 거대 시장으로 갈수록 기술적 우수성보다는 사용의 편리성, 가격, 애프터서비스 등 마케팅 요소가 훨씬 더 중요하게 작용한다. 특히 거대 시장으로의 정면 돌파가 어려운 이유는 기존 시장에는 막강한 경영 능력과 유통망, 브랜드를 보유한 강력한 경쟁자들이 존재하기 때문이다. 이들이 굳건하게 지키고 있는 성城을 오로지 혁신 능력만을 무기로 정면 돌파하려는 전략은 무모한 실패로 끝나는 경

288

우가 다반사다.

애플 사례도 여기에 속한다. 스티브 잡스는 타고난 혁신가로 개척형 전략으로 컴퓨터 산업에서 퍼스널컴퓨터라는 새로운 틈새시장을 만들어냈다. 하지만 규모가 크고 성숙한 주류 시장에서는 IBM PC를 당할 수 없었다. 애플은 성공의 관성에 따라 좀 더 새롭고 완전한 기술로써 대응하고자 했지만, 사용의 편리성이나 가격, 애프터서비스 등이 중요한 주류 시장에서는 실패할 수밖에 없었다. 그 결과 천하의 잡스도 경영상의 책임을 지고 회사에서 쫓겨났다.

개척자형 성장 궤도를 걸어온 K팝은 주류인 미국 팝 시장에 이제 막 진입하는 데 성공했다. 그런데 이런 성공이 환경 여건과 내부 관성으로 말미암아 마케팅과 재무적 통제를 무시하고, 과도하고 성급한 투자를 감행하는 돈키호테형 경영으로 인도할 가능성이 있다. 이를 극복하려면 다음과 같은 전략적 대응이 반드시 필요하다.

(1) 가장 먼저 K팝의 전략적 정체성을 명확하게 인식해야 한다. 즉 K팝의 본질적인 강점이 혁신 능력을 기반으로 새로운 틈새시장을 개척하는 데 있음을 알아야 한다. 감당할 수 있는 시장 확장은 바람직하나, 획기적인 콘텐츠 개발과 혁신만으로 주류 시장을 지배하기에는 매우 취약하고 K팝 기업의 문화와도 잘 맞지 않음을 명심해야 한다.

(2) 마케팅에 집중해야 한다. 개척자형은 체질적으로 혁신과 개척에는 강하지만, 시장을 면밀하게 분석하고 시장 변화에 인내심을 가지고 기다리는 데는 취약하다. 이런 다혈질 체질을 다스리는 데는 마케팅에 집중하는 것이 보약이 된다. 시장 기회를 면밀하게 관찰하

면서 내부 혁신 속도를 적절하게 조절할 필요가 있다는 것이다.

(3) 경제적 합리성을 추구해야 한다. 콘텐츠 개발과 음악 차별화를 맹목적으로 추구하기보다는 도전할 시장의 수익성과 위험을 정확하게 평가함으로써 합리적인 투자를 해야 한다. 콘텐츠 개발과 혁신을 추구하되 마케팅과 재무적 통제를 전제로 해야 한다. 한마디로 합리적으로 통제된 혁신을 추구해야 한다는 것이다.

04

●

다시 꾸는 '꿈'

'꿈은 이루어진다'

2002년 한일 월드컵에서 한국 팀 응원 캐치프레이즈는 '꿈은 이루어진다'였다. 그 응원은 한국 축구 대표팀이 '4강 신화'라는 전무후무한 성과를 이루는 데 큰 기여를 했다. 한국 국민은 함께 꿈을 꾸고 열망하는 행위가 얼마나 큰 힘을 발휘하는지 경험했다.

그러나 한국 국민은 '4강 신화'가 단지 꿈을 공유한 것만으로 이뤄진 것은 아니라는 점도 잘 안다. 히딩크 감독이라는 혁신가가 먼저 있었고 그의 비전과 리더십으로 혁신이 일어났다. 한국 축구는 히딩크 이전과 이후로 구분될 정도다. 그가 한국 축구의 미래에 대한 꿈을 꾸고 새로운 비전과 전략으로 위기를 기회로 바꿔냄으로써 혁신에 성공한 것이다. 이렇게 형성된 혁신 모멘텀은 또 다른 혁신가들에 의해 확대되어, 지금은 그 혁신 활동이 올림픽 대표팀과

U20 월드컵 대표팀은 물론 중국 프로 리그와 박항서의 베트남 대표팀 등으로 확장되고 있다.

혁신은 결국 사람이 이뤄내는 인간적인 과정이다. 혁신의 과정에서 물질적 투자와 정부의 제도적 지원 등이 필요한 것이 사실이지만, 혁신가의 꿈과 아이디어 그리고 열정과 도전이 없으면 이뤄질 수 없다. 세상을 바꾸는 것은 결국 혁신가의 열망과 도전이기 때문이다.

1963년 마틴 루터 킹 목사의 'I have a dream'으로 상징되는 비전 제시가 인종 차별의 미국 사회를 바꿔놓은 사례가 대표적이다. 공교롭게도 이 당시 모타운 레코드의 창업자 베리 고디는 또 다른 꿈을 꾸며 킹 목사와 '자유의 행진'을 함께했다. 당시 킹 목사의 연설을 레코드로 출간하기도 한 베리 고디는 '백인 음악이든 흑인 음악이든 상관없이 다양한 좋은 음악을 다양하게 생산하겠다'라는 자신의 꿈을 실현함으로써, 백인 중심의 음악 시장 판도를 바꿔놓았다.

포드자동차에서 직공으로 일하던 프로듀서 혁신가 베리 고디가 모타운 레코드를 설립해 변방에 있던 흑인 음악을 미국 팝의 주류로 편입시킨 혁신의 과정은 아시아 변방의 대중음악이었던(심지어 한국 대중음악계에서도 주류로 인정받지 못했던) K팝의 성공 사례와도 무척이나 닮은 것 같다. 이유는 서로 비슷한 꿈을 꾸었기 때문이 아닐까. 이수만 프로듀서는 1997년 해외 진출을 선언하며 다음과 같이 말한 바 있다. "한 사람이 꿈을 꾸면 한낱 꿈에 불과하지만, 모두가 같이 꿈을 꾸면, 그것은 미래의 시작이다." 이에 대한 자세한 이야기는 에필로그로 미루기로 한다.

미국 팝 시장으로의 진입

K팝의 미국 시장 진입을 본격적으로 알린 것은 2018년 빌보드 차트다. 세계에서 가장 공신력 있는 음악 차트인 빌보드에 BTS 이름이 지속해서 올라가고 칼럼니스트들의 글이 앞다퉈 올라가기 시작했다. 1년 사이에 앨범 차트인 '빌보드 200'에 세 번 연속 1위를 기록한 가수는 BTS 이전에 비틀스와 몽키스밖에 없었을 정도다.[34]

2019년 들어와서는 많은 미국 아티스트와 기업들이 K팝과의 협업을 시작했다. SM의 NC127과 슈퍼M이 CMG와, YG의 블랙핑크가 인터스코프와 손잡은 것이 대표적이다.

이러한 협업은 K팝의 산업적 파급력이 그만큼 크기 때문에 가능했다. 2018년 미국 내 전체 음반 판매량이 16% 감소한 것과 달리, K팝의 미국 내 앨범 판매량은 93만 장으로 전년 대비 무려 499%가 증가했을 정도다.[35]

스트리밍 서비스에서도 재생 음악의 언어를 보면 한국어가 영어, 스페인어에 이어 3위를 차지하고 있다. 전 세계 수십억 명의 사람들이 한국어로 된 음악을 듣고 있는 것이다. 그러나 K팝이 미디어 노출을 통해 미국 주류 시장에까지 영향을 끼치려면 시간이 걸릴 것으로 예측된다.

미국 음악 시장은 과거 1960년대 흑인 음악과 1980년대 힙합을 받아들이는 데도 오랜 시간이 걸릴 정도로 보수적이다. 이러한 어려움을 극복하기 위해서 문화 기업들이 장기적 비전으로 투자를 지속하는 것이 필요하다.

컬처 테크놀로지에서 컬처 유니버스로

이 책에서 설명했듯이 K팝 이노베이션은 국가 정책이 아니라 혁신가의 꿈으로부터 출발했다. 마찬가지로 그 미래도 혁신가의 꿈과 열정에 달려 있다고 할 수 있다. 그들이 어떤 꿈을 꾸었고 지금은 무슨 꿈을 꾸고 있는지가 K팝 미래에 직결된다는 것이다. K팝의 성장을 이끈 것은 프로듀서 혁신가들의 꿈이었다. 이들은 '좋은 음악으로 해외에 진출하고자' 했으며 '대중음악인으로서 정당한 대우와 존경을 받기를' 열망했다. 이러한 뜻과 의지는 비전으로 체계화되고 전략으로 구체화되었다.

프로듀서 혁신가의 비전 중 이수만 프로듀서의 'CT론'은 가장 체계화된 개념으로 평가할 수 있다. 'CT론'이란 앞에서도 설명한 바와 같이, '캐스팅·트레이닝·프로듀싱·매니지먼트 시스템을 기반으로 한 문화 기술을 토대로 콘텐츠를 차별화함으로써 해외 시장을 개척한다'라는 비전 체계다. 1단계는 CT로써 차별화한 음악을 다른 나라에 수출하고, 2단계는 현지의 기업과 전문가들과 협력해 시장을 확대하는 것이다. 마지막 3단계는 현지 기업들과 합작해, 가지고 있는 CT 기술을 전수해줌으로써 이익을 공유하는 것이다. 이수만 프로듀서는 이러한 3단계 CT 발전의 비전을 통해 한·중·일의 아시아 음악이 세계 시장에서 함께 성장하는 꿈을 꾸었다.

이러한 문화 기술로서 K팝의 역량은 꾸준히 축적되고 업그레이드되었다. 최근 K팝 기업들은 세계적인 종합 엔터테인먼트회사로의 성장을 꿈꾸고 있다. K팝의 선구자인 이수만 프로듀서 역시 CT의 비전을 CU로 확장하고 있다. CU란 컬처 유니버스의 줄임말로

CT가 또다시 첨단 기술과 결합하고 콘텐츠 간 융합을 함으로써 창조되는 새로운 엔터테인먼트 세상을 의미한다고 한다.[36] 이 엔터테인먼트 공간은 실제와 가상 세계를 모두 포함하며 다양한 융합과 협업을 통해 새로운 콘텐츠를 양산함으로써 세계인의 생활 문화를 바꿔놓을 수 있다는 것을 강조한다.

그러나 이러한 비전이 앞에서 제기한 K팝의 근본 과제들을 극복하고 또 다른 기회를 잡으려면 새로운 전략이 필요할 것이다. 기존 3대 전략인 아이돌화, 수익원 다변화, 세계화를 더욱 업그레이드하는 한편, 새로운 전략들이 추가로 강구되어야 한다.

다행히 최근 두 가지 새로운 전략들이 눈에 띈다. (1) 다중 문화화 Multi-culturizing 전략이다. 이 전략은 K팝의 극복 과제 중 확대되는 문화 충돌 가능성과 세계화의 완성에 효과를 발휘할 것 같다. 대표적인 예가 NCT 모델이다. NCT는 2016년 멤버 수의 제한이 없는 신개념의 아이돌 그룹으로 출발해, 2020년 현재 6개국 국적의 5개국 언어를 하는 21명의 멤버로, 다양한 서브 유닛으로 구성되어 있다. 세계 주요 도시를 겨냥한 서브 그룹들이 계속 데뷔할 예정이다. 특히 서울 대표 팀 격인 NCT127의 일본인 멤버 유타가 2019년 미국 현지 공연에서 한국어로 미국 관중과 소통하는 진풍경을 연출함으로써 멀티 문화화 전략의 단편을 보여주었다. 이러한 NCT 모델은 미국 시장에서 성공적으로 작동함을 보여줌으로써 K팝 미래의 지속 가능성에 청신호가 켜졌다는 평가를 받고 있다.[37]

(2) 첨단 기술과 콘텐츠 간 융합화를 의미하는 퓨전 Fusion 전략이다. K팝 문화 기술에 AI, 바이오, 나노테크 등 첨단 기술을 결합함

으로써 새로운 슈퍼 콘텐츠를 창조할 수 있다는 것이다. 이수만 프로듀서는 'K팝 IP에 기반한 아바타로 하루를 시작하는 아바타 SNS 시대'를 꿈꾸고 있다.[38] 그는 2019년 데뷔와 함께 빌보드 1위를 기록한 슈퍼M이 다양한 콘텐츠의 융합을 통해 컬처 유니버스(CU)를 구축해나갈 수 있음을 보인 대표적 사례라고 강조한다. 이러한 슈퍼M을 시작으로 일본·중국·동남아의 멤버들로 구성된 아시아 CU팀은 물론 글로벌 수준의 새로운 CU팀을 만들어낼 구상이다.

이같이 새로운 비전에 기초한 K팝의 미래는 그 성장 과정에서 새로운 강자를 만나거나 뜻하지 않은 돌발 변수에 좌초될 가능성이 얼마든지 존재한다. 하지만 혁신가들이 포기하지 않고 또 다른 꿈을 꾸면서 혁신 모멘텀을 계속 작동시킨다면, K팝은 난관을 극복하고 더욱 확장해 수출 전략 산업으로 계속 성장해나갈 수 있을 것이다. 그러나 지금까지의 성공에 안주해 새로운 꿈에 도전하지 않는다면 혁신은 멈춰버리고 그 성공은 영화로웠던 과거 추억으로 전락할 수 있다. 그래서 혁신 모멘텀이 중요하고 그것을 작동시키는 혁신가의 꿈과 의지가 소중하다.

05

•

포스트 코로나 시대의
엔터테인먼트 세상

K팝 이노베이션의 이야기를 마무리하는 절에 도달했다. 지난 25년 동안 K팝을 둘러싸고 일어난 일련의 혁신 과정과 함께 같은 시기에 한국 경제에서 벌어진 혁신 역사를 정리하면서, 나는 K팝 혁신의 최종 성과를 알렸다는 생각보다 또 다른 혁신의 시작을 알린다는 느낌을 지울 수 없었다. 아마도 '끝'은 단지 그 끝만 의미하지 않기 때문인 것 같다. 그 '끝'은 또 다른 시작으로 연결될 수 있다. 마찬가지로 '시작'이란 시작 그 자체만을 의미하지 않는다. 많은 경우 '시작'은 미래 비전과 함께하며 잘 보이지 않지만, 결과의 씨앗을 담고 있다. 이같이 '시작'과 '끝'은 하나로 연결되어 있다고 할 수 있다.

지난 25년 동안 K팝의 혁신 성과를 정리하면서 이 같은 연결 고리를 느낄 수밖에 없다. 예를 들면 빌보드 1위의 성과로 절정에 이른 듯한 K팝 혁신은 끝이 아니라 또 다른 절정을 향한 '시작'인지 모른다. 물론 그 '시작'은 혁신가들의 꿈과 의지로부터 비롯될 것이다.

마침 이 책을 한창 집필하던 중 코로나19 팬데믹이 발생했다. 마치 K팝의 미래를 시험하는 것 같은 분위기다. 앞에서 분석하고 진단한 K팝의 미래가 과연 그대로 실현될지 빨리 판가름 날 것 같다. K팝의 미래가 앞으로도 계속 긍정적일까. 아니면 다른 위기의 산업과 같이 코로나19로 인해 함께 쓸려나갈 것인가. 이 책은 그 대답을 혁신 모멘텀에서 찾아야 한다고 주장한다. 코로나19로 인한 세계적 위기 상황이 K팝의 혁신 모멘텀을 멈추게 할지, 아니면 오히려 확대 재생산의 자극제가 될지 지켜봐야 한다는 것이다.

코로나 팬데믹은 K팝뿐 아니라 전 세계 엔터테인먼트 산업에 큰 타격을 주었다. 특히 음악 산업은 디지털화 이후 실물 음반보다는 음원으로 소비되는 추세가 강화되고 있지만, 수익성이 점점 더 감소하고 있는 음원보다는 공연 수익에 의존하는 경향이 강하다. 그런데 코로나 팬데믹 상황은 오프라인 기반의 공연이나 이벤트를 정지시킴으로써 심각한 위기 상황을 연출하고 있다. K팝의 대표 주자 BTS의 경우 2020년 4월 서울을 시작으로 진행할 예정이었던 월드 투어를 취소했다. 4차례의 서울 공연에서만 20만 명의 팬들이 관람할 예정이었으며 미국·캐나다·일본·영국·독일·스페인 등 전 세계 17개 도시에서 37차례로 예정된 공연을 할 수 없게 되었다.[39] 매출액으로 따지면 수천억 원의 감소를 의미한다.

그렇다면 코로나19에 대해 K팝을 이끌고 있는 프로듀서 혁신가와 혁신 기업들은 과연 어떻게 대응하고 있는지 살펴볼 필요가 있다. K팝의 선구자인 이수만 프로듀서와 SM엔터테인먼트의 새로운 전략과 신속한 대응이 먼저 눈에 들어온다.

'비욘드 라이브Beyond live'라는 온라인 유료 콘서트가 세계 최초로 시도되었다. 혁신 모멘텀의 확대 재생산을 위한 청신호다. 2020년 4월 26일 슈퍼M의 첫 공연은 전 세계 109개국에서 7만 5,000명의 유료 온라인 관객을 끌어모았다. 통상적으로 인기 아이돌 그룹의 공연이 1회당 평균 1만 명 규모인 것을 감안하면, 오프라인 공연 대비 7배가 넘는 관객을 온라인으로 한 번에 동원한 셈이다. 공연 비즈니스의 새로운 모델로 성공적이었다고 평가할 수 있다. 국내외 가수와 기업들이 집에서 노래를 부르는 영상을 올리거나, 공연 영상을 무료로 스트리밍하는 등의 소극적 대응과는 전혀 다른 새로운 전략을 실천한 것이다. 이러한 혁신적 시도에 대해 미국 ABC 뉴스는 "K팝은 코로나 바이러스 사태 속에서 최첨단 AR 기술과 실시간 소통으로 라이브 콘서트의 새로운 시대를 맞이했다"라고 보도했다.[40]

이후 '비욘드 라이브' 공연은 매 주말 WayV, NCT드림, NCT127, 동방신기, 슈퍼주니어까지 이어지면서 1회당 10만 명이 넘는 유료 관객, 하트 수 2억 개 달성 등 기록을 갱신했다. 동방신기의 공연은 태국·필리핀·인도네시아·칠레·페루·싱가포르 등지에서 트위터 실시간 트렌드 1위를 기록하기도 했다. 결과적으로 코로나19의 위기가 자극제가 되어 세계 엔터테인먼트 산업을 겨냥한 퍼스트 무버 전략이 성공적으로 실행되었다고 할 수 있다.

이에 자극받은 국내외 경쟁 기업과 방송국들도 온라인 공연 서비스를 시작하거나 준비하고 있다. 특히 '21세기 비틀스'로 군림하는 BTS는 6월 14일 유료 온라인 라이브 공연인 '방방콘 더 라이브'를 개최했다. BTS의 온라인 공연은 75만 명이 넘는 관객이 동시 접속함으로써 기록을 세웠다.

그동안 인터넷 플랫폼을 전략적으로 잘 활용해온 K팝은 인터넷 생중계 기술이 발전할수록 더 큰 확장성을 띨 것이라는 전문가들의 예상이 있었다.[41] 이러한 전망은 코로나19가 만들어낸 언콘택트 시대를 맞아 더 빨리 실현되어, 오프라인 공연과 별도로 독립적인 비즈니스 모델로 부상했다.[42] 그러나 코로나19의 위기에 대응해 이처럼 빠른 대응을 할 수 있었던 이면에는 앞 절에서 설명한 K팝의 새로운 전략이 존재한다. 특히 융합 전략은 세계 최초 유료 온라인 공연인 '비욘드 라이브'에서 빛을 발했다. 예를 들면 카메라 워킹과 실제 공간에 합성된 AR이 연동되는 'Live Sync Camera Walking' 기술, 콜로세움이 배경으로 등장하고 무대에 호랑이가 등장하는 등 생생한 실감을 느끼게 하는 증강현실 기술, 전 세계 팬들로부터 추첨으로 뽑은 수백 명의 팬과 실시간으로 진행하는 다중 화상 토크 등은 기존의 오프라인 공연 무대에 첨단 IT 기술을 융합한 새로운 형태의 콘텐츠 표준을 제시했다고 할 수 있다.

이 같은 융합 전략은 준비 없이 우연히 구현될 수 있는 것이 아니다. SM엔터테인먼트의 경우 오래전부터 IT와 AI 관련 기술을 기반으로 콘텐츠를 기획하는 부서들을 운영해왔으며, 첨단 기술과 콘텐츠를 융합하려는 시도들을 이어왔다. 2013년 서울 강남역에서 소녀시대의 홀로그램 V 콘서트를 개최해 홀로그램으로 공연한 바 있다. 2015년에는 동방신기, 샤이니, 엑소 등의 아이돌이 등장하는 세계 최초의 홀로그램 뮤지컬 〈스쿨 오즈School OZ〉를 선보이며, 코엑스 아티움 내 홀로그램 전용 극장에서 상영해왔다. 2017년부터 세계 최대 가전 IT 전시회인 CES에 매년 참가했으며, 2019년에는 SK텔레콤과 공동 부스를 만들어 SK텔레콤의 5G 및 AI 기술과 SM엔터테인먼트의 콘텐츠가 융합된 공간을 선보였다. 특히 로봇 DJ와 실제 DJ가 협연하는 퍼포먼스를 연출했다. 2019년에는 미국 인텔사의 인텔스튜디오와 협업해 대규모 볼륨메트릭 캡처Volumetric capture 기술과 증강현실 기술을 K팝 콘텐츠와 결합한 몰입형 미디어 콘텐츠를 프로듀싱한 바 있다. 그 결과 360도로 NCT127의 무대를 즐길 수 있는 콘텐츠를 제작할 수 있었다.

M-ies 모델에서 살펴본 바와 같이 전략은 결코 독립적으로 작동하지 않는다. 혁신가의 비전과 외부 환경 변화와 상호작용하면서 수립되고 실천됨으로써 일정한 혁신 성과를 달성한다. 따라서 위에서 설명한 K팝의 새로운 융합 전략은 디지털화의 기술 변화와 함께 프로듀서 혁신가의 꿈과 비전을 기반으로 실천되고 있다. 예를 들면 이수만 프로듀서는 수년 전부터 "미래는 AI와 셀러브리티의 세상이 될 것이다"라는 주장과 함께 CT를 넘어 CU(컬처 유니버스)라는 새로운 비전을 제시한 바 있다. "청각과 시각으로 음악을 즐기는 한계를 뛰어넘어, 현실 공간과 가상 공간의 경계가 없는 미래 엔터테인먼트 세상을 주도하겠다"라는 의지를 CU라는 새로운 비전으로 개념화한 것이다.[43] 이러한 그의 비전이 코로나 팬데믹으로 과연 그 실현을 앞당길 수 있을지 주목할 필요가 있다.

20년 전 음악의 디지털화는 음반 시장 붕괴라는 위기를 가져왔다. 그러나 혁신가들은 이 위기를 '해외 시장 개척'이라는 기회로 바꾸었다. 지금의 코로나19는 세계 공연 시장의 붕괴라는 위기감을 조성하고 있다. K팝도 절체절명의 위기다. 그러나 다행히 혁신가들이 움직이고 있다. 과연 K팝 산업이 이 위기 상황을 또다시 기회로 반전시킬 수 있을지 궁금하다. 물론 그 대답을 혁신가들에게만 맡길 수 없다. 환경과 전략이 뒷받침되어야 하기 때문이다. 혁신가를 지원하는 제도와 사회 분위기, 운도 따라야 할 것이다. 지난 25년 동안 이뤄진 K팝 이노베이션 과정이 또 다른 혁신의 시작으로 이어지기를 염원해본다. 나의 평가와 예측대로라면 또 다른 혁신의 모멘텀은 K팝을 미래 엔터테인먼트 세상에서 명실상부한 퍼스트 무버로 만들어줄 것이다.

부록

세계 음악 산업
(미국·일본·한국)

01
●

음악 산업의
특징

작은 규모, 큰 파급 효과

음악 산업은 다른 산업과 비교할 때 경제적 측면에서 상대적으로 매우 작다. 예를 들면 2017년 세계 음악 시장에서 소비 지출은 세계 GDP의 0.06%인 500억 달러 정도를 차지했다. 1만 원을 소비 지출했다면, 6원 정도만 음악에 지출한 셈이다. 음악 산업은 다른 엔터테인먼트 산업과 비교해도 작다. 2017년 전 세계 엔터테인먼트 및 미디어 시장의 규모가 약 2조 2,000억 달러에 달한 반면 음악 시장은 그중에서 2%만 차지했다.[1]

그러나 음악이 사회·문화적으로 미치는 파급 효과는 그 경제 규모를 훨씬 능가하며 대중의 심리와 삶에 중요한 영향을 끼친다. 특히 음악은 사람들 간 정서적 유대에 영향을 미쳐 사회적으로 큰 영향력을 행사한다. 그룹 U2의 리더인 보노가 말했듯이 "음악은 사람을 변화시킬 수 있고, 이 때문에 음악은 세상을 바꿀 수 있다."[2] 음악이 사람들의 정신과 사회에 끼치는 영향을 평가해보면 경제에 미치는 효과를 뛰어넘는다. 만약 음악이 없다면 사람들은 정체성 정립이나 행복과 용기 등에서 큰 손상을 받을 것이다. 음악은 지역 사회에도 영향을 끼친다. 각 도시와 지역에서 열리는 음악 축제는 음악 산업과 직접 관련 없는 기업과 종업원들에게 경제적 혜택을 준다. 즉 음악 축제로 인해 음식점·유흥업소·호텔 등에 추가 수요를 발생시키며 유명하지 않은 도시를 알릴 기회를 제공한다.

부익부·빈익빈 구조

음악 산업은 전통적으로 수익이 스타에게 몰리는 '부익부·빈익빈'의 시장 구조를 가지며 승자 독식의 현상이 상대적으로 심하다. 이에 따라 슈퍼스타에 대한 수요는 급속히 증가하는 반면, 유명하지 않은 음악인에 대한 수요는 감소하는 경향이 있다. 예를 들면 미국 음악 시장의 경우 지난 30년 동안 상위 1%의 아티스트들이 가져간 공연 수익의 비율을 보면 1982년 26%에서 최근에는 60%로 2배 이상 증가했으며, 전체 공연 수입의 85%를 상위 5% 아티스트들이 차지하는 실정이라고 한다.[3]

디지털화가 가져온 변화

디지털화는 음악 산업에서 제작·홍보·유통·소비 등 전 영역에 걸쳐 근본적인 변화를 일으켰다. 이러한 디지털 기술은 아티스트로 하여금 비용 없이 소비자에게 다가갈 수 있게 해주었다. 그 결과 음악 시장의 규모를 전반적으로 증대시켰지만, '부익부·빈익빈' 현상과 맞물려 슈퍼스타가 더 많은 수입을 올릴 수 있는 요인으로 작용하기도 했다. 이와 함께 변방의 아티스트에게도 팬들에게 자신의 음악을 직접 녹음하고 판매할 새로운 기회를 제공하기도 한다. 세계 팝 시장에서 전혀 알려지지 않았던 K팝의 아이돌 음악이 유행한 것도 이러한 디지털화에 힘입은 바가 크다.

한편 새로운 디지털 미디어와 플랫폼 서비스는 음악 산업에 파괴적 변화를 일으켰다. 먼저 냅스터Napster에 의한 파일 공유 서비스와 불법 복제는 음반 판매를 급속히 감소시키고 아티스트의 로열티와 수입을 잠식했다. 이에 따라 그 대안으로 공연이 주된 수익 창출원으로 자리 잡게 되었다. 냅스터가 나오기 전에는 더 많은 앨범을 팔기 위해 공연 가격을 낮게 유지했던 반면 냅스터 시대 이후 앨범이나 음원은 주 수익원이 아니라 가수가 인기를 얻고 라이브 공연의 수요를 증가시키는 방법으로 간주되었다. 이후 등장한 유튜브는 음악 산업에 엄청난 변화를 불러일으켰다. K팝은 이러한 변화의 최대 수혜자인 동시에 유튜브 서비스의 중요한 기여자이기도 하다. 2017년 현재 미국인의 절반 이상이 일주일에 한 번 이상 유튜브에서 음악을 들을 정도로 발전했다.[4]

최근 디지털 스트리밍은 음악 시장의 대세로 자리 잡았다. 음악을 소유하는 시대에서 임대하는 시대로 바뀐 것이다. 미국의 경우 2017년에만 총 1조 개의 곡이 합법적으로 스트리밍되었으며

2019년에는 그 수가 2배가 되었다.[5] 스포티파이Spotify, 아마존Amazon, 애플뮤직Apple Music, 디저Deezer, 큐큐QQ, 타이달Tidal, 구글 플레이 뮤직 Google Play Music, 인터넷 라디오Internet Radio, 유튜브YouTube 등 플랫폼에서 제공하는 음악 스트리밍 서비스들이 등장해 음악 시장을 서비스 및 임대 시장으로 빠르게 전환시키고 있다. 이러한 스트리밍 서비스는 소비자들에게 더욱 저렴하고 편리한 서비스를 제공함으로써 음악 저작권 침해를 줄이는 데 도움을 주고 있다. 그 결과 미국의 경우 스트리밍이 음악 소비액의 3분의 2를 차지할 정도로 성장했다.[6]

이와 함께 새로운 음악과 아티스트들이 변방에서 나올 가능성도 커지고 있다. 디지털 시대에 슈퍼스타가 과거보다 다양한 지역에서 나오는 것도 이 때문이다. 미국의 경우 1976년 빌보드 톱 100 중 20% 아티스트들이 4개 도시(로스앤젤레스, 시카고, 뉴욕, 내슈빌)에서 나왔지만 2016년에는 언급한 4개 도시 출신의 아티스트 비중이 15%로 줄었다고 한다. 반면 작은 도시나 시골 마을에서 자란 슈퍼스타의 비중이 40년 동안 18%에서 29%로 높아졌다.[7] 아시아 변방으로부터 출발한 K팝이 미국 음악 시장에 진입할 수 있었던 것도 같은 맥락이라고 할 수 있다. 스트리밍은 전 세계의 음악을 청취자들이 쉽게 접할 수 있게 해줌으로써 국가 간 장벽을 무너뜨리고 있다. 이에 따라 미래의 세계 음악 시장은 지금보다 더 동질적으로 변화할 것으로 예측되고 있다.[8]

02

●

세계 음악 산업의
규모와 특징

세계 음악 산업 규모는 [그림 8-1]에서 보는 바와 같이 2017년 기준 502억 2,600만 달러다.[9] 이 수치는 전년 대비 5.8% 증가한 것으로서 주로 스트리밍과 공연 시장이 성장을 견인한 것으로 파악된다. 예를 들면 [표 8-1]에 나타난 바와 같이 공연은 후원과 티켓 판매를 포함해 음악 산업 전체에서 51.7%를 차지하며, 가장 큰 시장을 형성하고 있다.[10] 디지털 음악은 스트리밍 시장의 높은 성장세에 힘입어 전체 음악 산업의 26.8%를 점유했다. 디지털 음악은 이러한 스트리밍 음악 시장의 확대로 인해, 2022년까지 전체 음악 산업에서 40% 가까운 점유율을 보일 것으로 전망된다.[11]

이렇듯 급속한 성장세가 전망되는 스트리밍 서비스로 인해 유니버설뮤직그룹Universal Music Group, 소니뮤직Sony Music, 워너뮤직그룹Warner Music Group 등 3대 음반사의 스트리밍 매출액이 2017년 각각 22억,

[그림 8-1] 세계 음악 산업 규모 및 성장률(2013~2022)

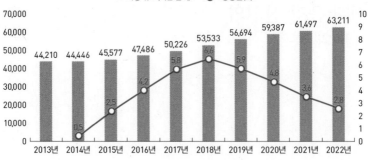

출처: 한국콘텐츠진흥원(2019)에서 인용한 PwC(2019)를 재인용

[표 8-1] 세계 음악 산업 규모 및 전망(2013~2022)

(단위: 백만 달러)

구분	2013년	2014년	2015년	2016년	2017년	2018년	2019년	2020년	2021년	2022년	2017~ 2022년 CAGR
공연 음악	23,590	24,087	24,657	25,226	25,979	26,889	27,801	28,832	29,761	30,550	3.3%
후원	5,258	5,334	5,412	5,504	5,618	5,732	5,851	5,972	6,085	6,187	1.9%
티켓 판매	18,332	18,753	19,245	19,723	20,361	21,156	21,950	22,860	23,677	24,363	3.7%
레코드 음악	20,620	20,359	20,920	22,260	24,247	26,644	28,893	30,556	31,736	32,661	6.1%
디지털	7,908	8,146	8,939	10,877	13,471	16,338	19,092	21,310	23,038	24,489	12.7%
다운로드	5,115	4,671	4,250	3,328	2,617	2,046	1,580	1,214	917	678	−23.7%
스트리밍	2,040	2,804	4,045	6,902	10,229	13,702	16,954	19,577	21,636	23,359	18.0%
모바일	753	671	643	647	625	590	558	519	485	453	−6.3%
실물 음반	10,491	9,654	9,341	8,508	7,871	7,318	6,714	6,050	5,395	4,761	−9.6%
공연권	1,925	2,247	2,293	2,509	2,502	2,568	2,658	2,756	2,853	2,953	3.4%
싱크로나이제이션	295	313	347	365	403	419	430	440	450	459	2.6%
합계	44,210	44,446	45,577	47,486	50,226	53,533	56,694	59,387	61,497	63,211	4.7%

출처: 한국콘텐츠진흥원(2019)에서 인용한 PwC(2019)를 재인용

[그림 8-2] 세계 음악 산업 부문별 점유율

■ 공연 음악 ■ 디지털 ■ 실물 음반 ■ 기타

	공연 음악	디지털	실물 음반	기타
2013년	53.4%	17.9%	23.7%	5.0%
2017년	51.7%	26.8%	15.7%	5.8%
2022년	48.3%	38.7%	7.5%	5.4%

출처: 한국콘텐츠진흥원(2019)에서 인용한 PwC(2019)를 재인용

14억, 14.4억 달러를 기록했다.[12] 이와 함께 세계 최대 스트리밍 플랫폼인 스포티파이와 애플뮤직은 전 세계로부터 빠르게 가입자 수를 증대시키고 있다. 스포티파이는 2017년 말 기준 7,000만 명의 유료 가입자를 확보했고, 2015년 서비스를 시작한 애플뮤직은 3,600만 명의 유료 가입자를 확보했다.[13] 이외에도 거대 기술 기업인 구글과 아마존이 스트리밍 서비스를 시작했으며, 타이달과 디저는 특정 타깃에 맞춘 전략을 시행했다. 예를 들면 미국에 기반을 두고 있는 타이달은 고음질 음원을 원하는 소비자를 타깃으로 하며, 프랑스 기업인 디저는 다양한 국가에서 새로운 아티스트 발굴과 프로모션에 초점을 맞추고 있다. 아시아 지역에서는 텐센트의 죽스JOOX가 태국·인도네시아·홍콩을 중심으로 인기를 얻고 있다.[14]

최근 음원 시장에서 주목받고 있는 이슈로는 AI 기능을 탑재한 스마트 스피커와 유튜브 동영상 콘텐츠로 인한 가치 차이Value Gap 문

제다.[15] 2018년 초 애플은 애플뮤직과 연동되는 홈팟HomePod을 발표했으며, 아마존과 구글 등 많은 기업이 저렴한 가격의 스마트 스피커를 선보이고 있다. 중국에서는 화웨이와 샤오미, 한국에서는 KT와 SK텔레콤 등이 스마트 스피커 시장을 주도하고 있다. 유튜브 동영상 플랫폼으로 인한 가치 차이는 여전히 중요한 이슈로 남아 있다.[16] 창작자의 몫인 로열티 수익과 동영상 플랫폼에서 발생하는 수익의 차이를 뜻하는 가치 차이로 인해 저작권 침해 공방이 계속되고 있다.[17] 2018년 초 세계음반산업협회International Federation of the Phonographic Industry, IFPI는 관련 협회와 공동으로 유럽의회Europe Council에 가치 차이에 대한 해결책을 찾도록 요청했을 뿐 아니라 저작물에 대한 라이선스 획득을 의무화할 것을 주장했다.[18]

디지털 음원 시장의 구조적 특성상 아티스트에게 지급되는 스트리밍 수익은 상대적으로 매우 적기 때문에, 공연이 점점 더 수익의 중요한 부분을 차지하고 있다.[19] 공연 시장은 점점 더 슈퍼스타를 중심으로 확대되고 있다. 이와 관련해 공연 개최와 관리 기업인 라이브네이션Live Nation Entertainment과 AEGAEG Presents가 글로벌 공연 시장을 주도하고 있다. 국가적으로는 영국이 런던의 O2, 맨체스터의 맨체스터아레나Manchester Arena, 글래스고의 SSE하이드로SSE Hydro 같은 세계 최고 수준의 공연장을 기반으로 공연 산업을 키우고 있다.[20] 장르적인 측면에서는 EDM(Electric Dance Music)이 점차 시장을 확대하고 있다.[21] EDM 이벤트들이 전 세계로 확산되고 있으며, 특히 미국 마이애미에서 개최되는 울트라 페스티벌Ultra Festival이 글로벌 공연으로 성공 사례를 기록하며 라틴아메리카, 유럽, 아시아, 남아프리카 등으로 확장하고 있다. 이렇듯 세계 음악 산업은 온라인 스트리밍과 공연 시장의 성장, 유럽을 중심으로 한 저작권 강화 정책, 스마트 스피커를 통한 음원 서비스 사용 확대 등으로 2022년까지 연평균 약 4.7%의 성장률을 보이며 약 632억 달러 규모로 성장할 것으로 전망된다.

국가별로 세계 음악 산업을 보면 단연코 미국이 1위를 차지하고 있다. 미국은 2017년 기준 세계 시장의 37.3%를 점유하면서 독보적으로 가장 큰 시장을 형성하고 있다. 그 뒤를 일본·독일·영국·프랑스가 잇고 있다. 미국의 음악 산업은 [표 8-2]에 나타난 바와 같이 2022년까지 연평균 6.2%의 높은 성장세를 보일 것으로 전망된다. 한편 2위의 음악 시장을 형성하고 있는 일본은 약 0.3%의 연평균 성장률을 보이며 상대적으로 낮은 성장률을 기록할 것으로 전망된다. 아직 실물 음반 판매가 시장을 주도하고 있기에 디지털 음악의 성장세가 상대적으로 취약하기 때문이다. 이에 따라 2022년에는 일본 음악 시장의 세계 시장 점유율이 10% 아래로 떨어질 것으로 전망되지만, 여전히 세계 2위 자리를 유지할 것으로 예측된다.

한편 중국은 전 세계 음악 시장에서 가장 빠르게 성장하고 있는 국가로 주목받고 있다.[22] 2013년 14위 규모였던 중국 음악 시장은 2017년 13위로 순위가 상승했다. 인구 대비 음악 시장 규모가 상대적으로 작지만, 정부의 저작권 보호 조치의 본격화 등에 힘입어 빠른 성장세를 보이고 있다. 앞으로 2022년까지 세계 10위 규모로 한국을 바짝 뒤쫓을 것으로 전망된다. [표 8-2]에 의하면 앞으로 성장률이 가장 높을 것으로 전망되는 국가로 필리핀(17.6%)과 인도네

[표 8-2] 국가별 음악 산업 규모 및 전망(2013~2022)

(단위: 백만 달러)

순위	국가명	2013년	2014년	2015년	2016년	2017년	2018년	2019년	2020년	2021년	2022년	2017~2022년 CAGR
1	미국	15,694	15,866	16,153	17,079	18,726	20,613	22,293	23,575	24,553	25,317	6.2%
2	일본	5,794	5,750	6,001	6,127	6,132	6,162	6,205	6,239	6,232	6,229	0.3%
3	독일	3,858	3,943	3,998	4,089	4,091	4,173	4,251	4,316	4,367	4,401	1.5%
4	영국	3,511	3,494	3,562	3,628	3,783	3,988	4,187	4,362	4,480	4,571	3.9%
5	프랑스	1,926	1,892	1,857	1,839	1,881	1,923	1,967	2,008	2,039	2,059	1.8%
6	캐나다	1,176	1,127	1,182	1,274	1,372	1,457	1,539	1,608	1,667	1,714	4.5%
7	호주	1,137	1,104	1,123	1,146	1,185	1,256	1,326	1,393	1,432	1,493	4.7%
8	이탈리아	866	892	981	1,004	1,062	1,115	1,162	1,202	1,238	1,266	3.6%
9	한국	728	792	834	951	967	1,021	1,082	1,143	1,183	1,222	4.8%
10	스웨덴	628	637	671	703	733	766	800	838	869	895	4.1%
11	스페인	544	593	638	682	730	767	807	840	867	885	3.9%
12	러시아	724	696	645	627	643	675	713	758	799	834	5.3%
13	중국	323	362	415	483	581	693	819	937	1,047	1,128	14.2%
14	브라질	442	447	455	453	516	593	672	740	788	817	9.6%
15	멕시코	307	308	338	376	410	448	481	513	539	555	6.3%
16	인도	309	287	278	307	344	399	470	559	661	763	17.3%
17	폴란드	241	249	253	256	262	268	274	279	283	289	2.0%
18	뉴질랜드	156	159	212	214	238	262	290	316	337	357	8.4%
19	대만	149	149	157	180	208	241	276	309	334	347	10.8%
20	인도네시아	130	126	141	173	207	243	287	346	404	462	17.5%
21	태국	241	232	209	200	204	216	231	252	274	300	8.1%
22	아르헨티나	73	91	117	143	169	195	221	245	264	276	10.4%
23	남아공	149	158	159	164	168	178	191	208	219	232	6.6%
24	터키	121	129	141	150	162	174	186	199	212	222	6.6%
25	필리핀	43	43	52	74	93	118	147	174	198	210	17.6%
26	칠레	55	61	69	78	92	107	123	136	145	151	10.3%
27	싱가포르	69	70	71	76	83	92	101	113	123	132	9.7%
28	말레이시아	75	73	72	74	75	79	85	93	102	110	7.9%
29	이스라엘	84	79	75	71	69	68	67	66	65	65	-1.3%
30	베트남	41	42	42	43	45	46	47	49	50	53	3.5%
31	페루	22	23	24	26	28	31	33	36	38	40	7.1%
32	사우디	3	3	3	3	3	3	4	4	4	4	5.5%
33	이집트	2	2	2	2	2	2	2	2	3	3	6.2%
34	아랍에미리트	2	2	2	2	2	2	2	1	1	1	-4.1%

출처: 한국콘텐츠진흥원(2019)에서 인용한 PwC(2019)를 재인용
* PwC는 52개국 및 1개 지역에 대한 자료를 제공하나, 주요 34개국을 대상으로 순위를 산출

시아(17.5%)를 꼽을 수 있다. 그 뒤로 인도·중국·대만 등의 순으로 성장률이 높을 것으로 전망된다. 한국은 2017년 기준 9억 6,700만 달러 규모로 세계 9위의 시장을 형성하고 있다. 한국 음악 시장은 향후 2022년까지 연평균 4.8%의 성장세를 보이며 12억 2,200만 달러 규모로 확대될 것으로 기대되며 세계 시장에서 계속해서 9위를 유지할 것으로 전망된다.[23]

●

미국의 음악 산업

미국의 음악 시장을 살펴보면 콘서트 티켓, 스트리밍 요금, 음반 판매, 로열티 등 음악 관련 지출 총액은 2017년 기준 187억 달러였다. 다른 국가에 비해 상대적으로 큰 규모로 보일 수 있으나, 미국 전체 GDP에서 차지하는 비중은 0.1% 정도에 불과하다. 한마디로 1,000달러당 1달러 정도만이 음악에 소비되고 있는 셈이다. 미국 인구조사국 자료에 따르면 2016년 음악 관련 직종인 가수·음악가, 기타 관련 업무에 종사하는 사람은 21만 4,000명 정도인 것으로 파악됐다. 이는 전체 근로자의 0.13%이며 1970년 이래로 같은 수준에 머물러 있다고 한다.[24]

　전 세계에서 가장 큰 규모를 형성하고 있는 미국 음악 시장은 성장률 측면에서 2017년 기준 전년 대비 9.6%를 기록했다. 이 수치는 2016년 5.7%, 2015년 1.8%에 비해 높은 것으로 최근 20년 동안 가

[표 8-3] 미국 음악 산업 규모 및 전망(2013~2022)

(단위: 백만 달러)

구분	2013년	2014년	2015년	2016년	2017년	2018년	2019년	2020년	2021년	2022년	2017~2022년 CAGR
공연 음악	8,867	9,055	9,284	9,953	10,003	10,534	11,061	11,677	12,223	12,591	4.7%
후원	1,985	2,036	2,090	2,151	2,219	2,288	2,358	2,429	2,492	2,547	2.8%
티켓 판매	6,882	7,018	7,195	7,442	7,784	8,246	8,703	9,248	9,732	10,044	5.2%
레코드 음악	6,827	6,811	6,869	7,486	8,723	10,079	11,233	11,898	12,329	12,726	7.8%
디지털	3,780	3,736	3,881	4,764	6,081	7,527	8,791	9,588	10,107	10,577	11.7%
다운로드	2,823	2,575	2,295	1,716	1,296	968	715	528	384	275	−26.6%
스트리밍	859	1,095	1,532	2,997	4,751	6,531	8,053	9,040	9,706	10,288	16.7%
모바일	98	66	55	51	34	28	24	20	17	14	−16.9%
실물 음반	2,268	2,112	1,982	1,552	1,496	1,384	1,236	1,060	919	788	−12.0%
공연권	590	773	803	965	914	929	965	1,009	1,061	1,117	4.1%
싱크로나이제이션	189	190	203	204	232	238	240	242	243	244	1.0%
합계	15,694	15,866	16,153	17,079	18,726	20,613	22,293	23,575	24,553	25,317	6.2%

출처: 한국콘텐츠진흥원(2019)에서 인용한 PwC(2019)를 재인용

[그림 8-3] 미국 음악 산업 규모 및 성장률(2013~2022)

출처: 한국콘텐츠진흥원(2019)에서 인용한 PwC(2019)를 재인용

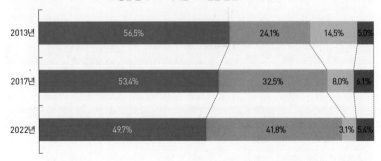

출처: 한국콘텐츠진흥원(2019)에서 인용한 PwC(2019)를 재인용

장 높았던 것으로 평가된다.[25] 이러한 성장세는 스트리밍 서비스와 공연 시장이 주도하고 있다.

먼저 스트리밍 서비스는 스포티파이와 애플뮤직 등이 거대 플랫폼을 형성하면서 다른 서비스 업체들과 경쟁하고 있다. 예를 들면 판도라는 7,400만 명의 이용자를 확보하고 광고 기반의 플랫폼을 운영하고 있다. 반면 타이달은 고음질을 원하는 이용자를 타깃으로 프리미엄 서비스를 제공하고 있다.[26] 한편 미국 저작권위원회는 2018년 스트리밍 로열티를 43.8% 인상하기로 발표했다. 이는 음악 제작 업계가 주장하던 '스트리밍당 저작권료 징수'는 아니지만, 산업 발전에 긍정적인 영향을 끼칠 것으로 평가된다.[27] 그러나 유튜브를 통한 불법 음원 콘텐츠와 관련해서 발생하는 광고 수익 문제가 계속 논란이 되고 있다. 미국 음악 제작 업계는 음악 이용자 1인당 연 1달러에 불과한 비용을 지불하고 있는 유튜브에 대해 세이프 하버 규정을 남용하고 있으며, 수익 배분에 있어서 디지털 음악 시장을 교란할 정도로 불공정하다고 비판하고 있다.[28]

미국의 공연 시장은 약 100억 달러 규모를 보이고 있으며, 2022년에는 126억 달러 규모로 성장할 것으로 전망된다. 라이브 공연을 위한 공연장으로는 뉴욕에 있는 바클레이센터Barclays Center가 2017년 94만 장의 티켓을 판매하며 가장 많은 수익을 기록했다. 그 뒤를 이어 LA의 더포럼The Forum이 79만 장, 내슈빌의 브리지스톤아레나Bridestone Arena가 71만 4,000장의 티켓 판매를 기록했다.[29] 이러한 공연 시장은 앞에서도 언급했듯이 슈퍼스타들이 주도하고 있다. 특히 그룹 U2의 조슈아트리 투어는 북미 시장에서만 1억 7,600만 달러의 수익을 챙겼으며, 미국 최대 음악 축제로 자리 잡은 코첼라 밸리 뮤직 & 아츠 페스티벌Coachella Valley Music and Art Festival의 성공 등으로 미국 공연 시장은 더욱 성장할 것으로 평가되고 있다.[30]

04

•

일본의 음악 산업

일본은 미국에 이어 세계 2위의 음악 시장을 형성하고 있다. 2017년에는 전년 대비 0.1% 증가한 61억 3,200만 달러 규모를 기록했다. 2014년 마이너스 성장에서 2015년 4.4%의 성장률을 기록하며 회복세로 돌아섰지만, 실물 음반 시장의 감소로 인해 전년도와 비슷한 시장 규모를 유지하는 데 그쳤다. 앞으로 일본 음악 산업은 2022년까지 연평균 0.3%의 낮은 성장세를 보일 것으로 전망된다. 그러나 일본은 높은 국민 소득 수준과 다양성을 지닌 음악 시장, 음악에 대한 높은 수요 등으로 여전히 세계 2위의 음악 시장으로서 영향력을 이어나갈 것으로 분석된다.[31]

그런데 일본 음악 시장은 다른 나라와 다른 독특한 특징이 있다. 특히 실물 음반인 CD 소비가 세계 최대 규모를 보인다. 일본의 실물 음반은 매년 30억 달러 이상의 판매를 보여왔다. 이는 미국 시장

[표 8-4] 일본 음악 산업 규모 및 전망(2013~2022)

(단위: 백만 달러)

구분	2013년	2014년	2015년	2016년	2017년	2018년	2019년	2020년	2021년	2022년	2017~2022년 CAGR
공연 음악	1,567	1,691	1,816	1,846	1,875	1,902	1,932	1,963	1,989	2,056	1.9%
후원	269	274	278	283	288	292	296	301	305	309	1.5%
티켓 판매	1,298	1,417	1,538	1,563	1,588	1,610	1,636	1,662	1,684	1,747	1.9%
레코드 음악	4,228	4,059	4,185	4,281	4,257	4,260	4,273	4,275	4,243	4,173	−0.4%
디지털	638	669	720	827	949	1,123	1,345	1,596	1,850	2,068	16.9%
다운로드	482	474	461	424	368	313	259	209	162	120	−20.1%
스트리밍	45	116	184	337	525	763	1,048	1,358	1,665	1,931	29.8%
모바일	110	80	75	66	56	47	38	30	23	17	−21.2%
실물 음반	3,478	3,196	3,273	3,267	3,115	2,942	2,731	2,477	2,188	1,898	−9.4%
공연권	90	164	159	157	162	163	165	170	172	175	1.6%
싱크로나이제이션	22	29	32	31	31	31	32	32	32	33	0.9%
합계	5,794	5,750	6,001	6,127	6,132	6,162	6,205	6,239	6,232	6,229	0.3%

출처: 한국콘텐츠진흥원(2019)에서 인용한 PwC(2019)를 재인용

의 2배에 달하는 규모다.[32] 이에 반해 2016년 스포티파이가 서비스를 시작했음에도 다른 국가와 달리 스트리밍 서비스 시장은 저조하다.[33] 음반에 대한 소비자들의 높은 수요가 디지털 전환을 늦추고 있는 것이다. 이에 따라 스트리밍 서비스가 시장에 서서히 자리 잡아가는 상황임에도 단시간 내에 음반 시장을 대체할 것으로 보이지 않는다. 일본 소비자들은 새로운 음악을 접할 때 유튜브 42.7%, 음반(CD) 38.4%, 스트리밍 3.9% 순으로 이용하는 것으로 나타났다.[34] 이처럼 스트리밍 서비스가 시장에서 차지하는 비중은 작으나, 성장

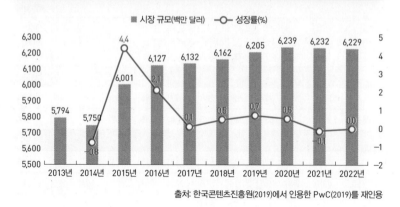

[그림 8-5] 일본 음악 산업 규모 및 성장률(2013~2022)

■ 시장 규모(백만 달러) ─○─ 성장률(%)

출처: 한국콘텐츠진흥원(2019)에서 인용한 PwC(2019)를 재인용

률은 매우 높다. 2017년 일본 스트리밍 서비스는 전년 대비 55.6%
성장했으며, 향후 2022년까지 연평균 29.8%의 높은 성장률을 보일
것으로 전망된다. 따라서 일본 역시 실물 음반 시장이 빠른 속도로
감소하는 경향을 보일 것으로 예측된다. 2013년 전체 시장의 60%
를 차지했던 음반 시장은 2017년 50.8%까지 감소했으며, 2022년에
는 30.5%에 그칠 것으로 전망된다.[35]

한편 일본은 2012년부터 불법 음악과 영상물 공유에 대해 강력
한 처벌을 핵심으로 하는 저작권법을 시행하고 있다. 불법 콘텐츠
공유가 적발될 경우 1만 9,000달러에 달하는 벌금이나 2년 이하의
징역에 처할 수 있을 정도로 제재가 강력하다. 실제로 2016년에는
44명이 불법 콘텐츠 업로드와 공유로 구속되었다고 한다.[36] 일본의
공연 시장은 꾸준히 증가하고 있다. 최근 EDM과 힙합 중심의 이벤
트가 공연 시장에서 빠르게 규모를 키워가고 있는 것이 특징이다.

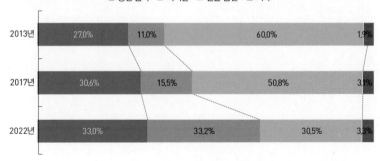

[그림 8-6] 일본 음악 산업 부문별 점유율

■ 공연 음악　■ 디지털　■ 실물 음반　■ 기타

	공연 음악	디지털	실물 음반	기타
2013년	27.0%	11.0%	60.0%	1.9%
2017년	30.6%	15.5%	50.8%	3.1%
2022년	33.0%	33.2%	30.5%	3.3%

출처: 한국콘텐츠진흥원(2019)에서 인용한 PwC(2019)를 재인용

2017년 말 개최된 도쿄 댄스 뮤직 이벤트와 2018년에 개최된 글로 벌 페스트벌 울트라 재팬이 대표적이다. 힙합 페스티벌인 미국의 롤 링 라우드 페스티벌Rolling Loud Festival이 2018년 일본에 진출했다.[37]

한국의 음악 산업

규모와 특성

한국의 음악 산업에 관한 통계는 [표 8-5]와 같은 분류 체계를 사용하고 있다. 예를 들면 음악 제작업, 음악 및 오디오물 출판업, 음반 도소매업, 온라인 음악 유통업, 음악 공연업, 노래연습장 운영업 등 일곱 가지 분류가 그것이다. 특히 노래연습장 운영업은 한국의 분류 체계에서 볼 수 있는 특이 항목이다. [표 8-2]에서도 보았듯이 한국의 음악 산업 규모는 세계 9위에 위치했다.

[그림 8-7]과 [그림 8-8]에 보이듯 2017년 기준으로 음악 산업의 총매출액은 5.8조 원이다. 이 중 온라인 음악 유통업이 1.6조 원으로 전체 28%를 차지하며 가장 높은 비중을 차지하고 있다. 이는 한국 음악 소비 시장이 일찍부터 디지털화에 영향을 받았기 때문이다. 뒤를 이어 노래연습장 운영업이 1.5조 원으로 25% 비중을 차지

[표 8-5] 음악 산업 분류 체계

중분류	소분류	분류 체계 정의
음악 제작업	음악 기획 및 제작업	음반 및 음원을 기획하고 제작하는 업체(CP 제외)
	음반(음원) 녹음 시설 운영업	음반 또는 음원을 녹음할 수 있는 시설을 운영하는 업체
음악 및 오디오물 출판업	음악 오디오물 출판업	음악 관련 악보를 출판하는 업체
	기타 오디오물 제작업	기타 오디오물을 제작하는 업체
음반 배급 및 복제업	음반 복제업	단순하게 음반을 복제하는 사업체
	음반 배급업	음반을 도소매업 사업체에게 배급하는 사업체
음반 도소매업	음반 도매업	음반을 도매하는 사업체
	음반 소매업	음반을 소매하는 사업체
	인터넷 음반 소매업	오프라인 음반 매장이 아닌 인터넷상에서 음반을 판매하는 사업체
온라인 음악 유통업	모바일 음악 서비스업	음원 대리 중개업체로부터 음원을 양도받아 모바일로 서비스하는 사업체
	인터넷 음악 서비스업	음원 대리 중개업체로부터 음원을 양도받아 인터넷으로 서비스하는 사업체
	음원 대리 중개업	음원 저작권자로부터 음원의 권리를 양도받아 온라인상으로 중개하는 사업체
	인터넷/모바일 음악 콘텐츠 제작 및 제공업	음원 관련 콘텐츠를 제작해 모바일 음악 서비스 업체 및 인터넷 음악 서비스 업체에 제공하는 사업체
음악 공연업	음악 공연 기획 및 제작업	음악 공연(뮤지컬, 대중음악, 클래식, 오페라, 전통 공연 등)을 기획 및 제작하는 사업체(단, 연극은 제외)
	기타 음악 공연 서비스업	음악 공연과 관련된 서비스를 제공하는 사업체 (음악공연 장비 및 티켓 발매 등)
노래연습장 운영업	노래연습장 운영업	연주자를 두지 아니하고 반주에 맞춰 노래를 부를 수 있도록 하는 영상 또는 무영상 반주 장치 등의 시설을 갖춘 사업체

출처: 한국콘텐츠진흥원(2018)

했으며, 음악 제작업 1.2조 원(21%), 음악 공연업 1조 원(17%), 음반 도소매업 0.2조 원(4%), 음반 복제 및 배급업 0.17조 원(3.02%), 음악

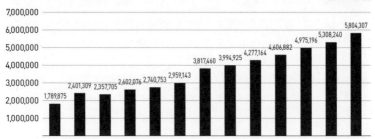

[그림 8-7] 음악 산업 매출액(2005~2017)

(단위: 백만 원)

출처: 한국콘텐츠진흥원(2019) 보고서를 재구성

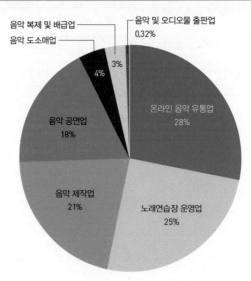

[그림 8-8] 음악 산업 매출액 구성(2017)

음악 복제 및 배급업
음악 도소매업
음악 및 오디오물 출판업
0.32%
3%
4%
온라인 음악 유통업
28%
음악 공연업
18%
노래연습장 운영업
25%
음악 제작업
21%

출처: 한국콘텐츠진흥원(2019) 보고서를 재구성

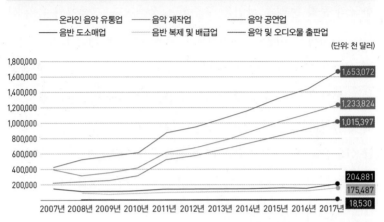

[그림 8-9] 음악 산업 부문별 매출액

— 온라인 음악 유통업   — 음악 제작업   — 음악 공연업
— 음반 도소매업   — 음반 복제 및 배급업   — 음악 및 오디오물 출판업

(단위: 천 달러)

2007년 2008년 2009년 2010년 2011년 2012년 2013년 2014년 2015년 2016년 2017년

1,653,072
1,233,824
1,015,397
204,881
175,487
18,530

출처: 한국콘텐츠진흥원(2019) 보고서를 재구성

및 오디오물 출판업 0,018조 원(0.32%) 순으로 매출 비중을 보였다. 통계에서 노래연습장 운영업의 매출액이 높은 이유는 노래방 임대료, 운영비 등으로 투입되는 금액 모두를 포함했기 때문으로 풀이된다. 따라서 더욱 정확한 통계를 위해 노래연습장 운영업으로 발생하는 매출액 중 임대료, 운영비 등을 제외한 저작권료 사용료만을 포함하는 것이 바람직할 수 있다.[38]

음악 산업 분류 체계 중 노래연습장 운영업을 제외한 부문별 매출액 추이를 살펴보면 [그림 8-9]에서 보는 바와 같이 온라인 음악 유통업, 음악 제작업, 음악 공연업이 한국의 음악 산업을 견인하고 있음을 알 수 있다. 반면 음반 도소매업, 음반 복제 및 배급업, 음악 및 오디오물 출판업은 뚜렷한 성장세를 나타내지 못하고 있다.[39]

문화 콘텐츠 산업에서의 위치

한국의 문화 콘텐츠 산업은 꾸준히 성장해왔다. 그중에서 음악 산업이 차지하는 비중은 상대적으로 크지 않지만, 최근 K팝의 비약적 성장으로 그 비중이 점차 커지고 있다. 2017년 기준으로 한국의 문화 콘텐츠 산업의 총매출액은 약 113.2조 원이며 이 중 음악 산업이 차지하는 비중은 5.1% 정도다. 2017년 기준으로 가장 비중이 큰 산업은 출판 산업으로 2017년 매출액이 20.7조 원으로 18.3%를 차지했다. 그 뒤를 방송(15.9%), 광고(14.5%), 지식 정보(13.3%), 게임(11.6%), 캐릭터(10.5%), 음악(5.1%), 영화(4.9%), 콘텐츠 솔루션(4.3%), 만화(1.0%), 애니메이션(0.6%) 등이 차지했다. 음악의 비중은 2018년 5.8%를 기록하면서 양적으로 점차 더 커지고 있으며, 생산 유발 효과가 다른 문화 콘텐츠보다 7배나 더 높은 것으로 나타남으로써 브

[그림 8-10] 콘텐츠 산업별 매출액(2017)

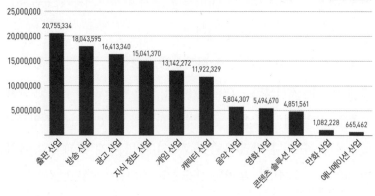

(단위: 백만 원)

출처: 한국콘텐츠진흥원(2019) 보고서를 재구성

랜드 확산 같은 질적인 기여도는 점점 더 커질 것으로 추정된다. 이
는 문화 콘텐츠 수출의 평균 소비재 수출 유발 효과가 2.5배 정도임
에 비해 음악 수출의 소비재 수출 유발 효과가 17.7배라는 수출입은
행의 조사 분석에 근거를 두었다.

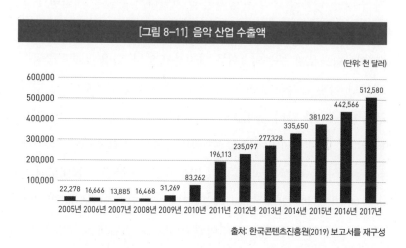

[그림 8-11] 음악 산업 수출액

(단위: 천 달러)

출처: 한국콘텐츠진흥원(2019) 보고서를 재구성

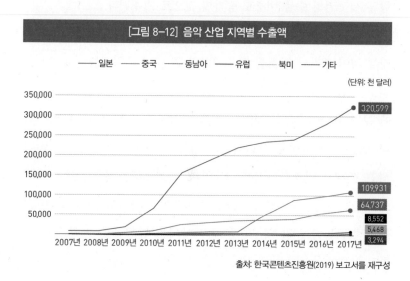

[그림 8-12] 음악 산업 지역별 수출액

(단위: 천 달러)

출처: 한국콘텐츠진흥원(2019) 보고서를 재구성

수출입 현황

한국 음악 산업의 수출액은 2017년 기준 5.1억 달러로 전년 대비 15.8% 증가했다. 이러한 수출의 성장세는 2008년부터 꾸준히 이어 오고 있다. 예를 들면 2008년 1,646만 달러에서 시작해 2017년까지 연평균 45%의 놀라운 증가율을 보였다.[40] 수출을 지역별로 살펴보면 수출액이 가장 많은 나라는 일본으로서 2017년 3.2억 달러를 기록함으로써 부동의 1위를 차지하고 있다. 다음으로는 중국이 2014년 이후 급속히 증가해 2017년 1억 달러를 돌파했다. 그 밖에 동남아 6,474만 달러, 유럽 855만 달러, 북미 547만 달러 순으로 나타났다.[41] [그림 8-12]에서 알 수 있듯이 수출의 대부분이 일본·중국·동남아 등 아시아 국가다. 그 비율이 96.6%를 차지함으로써 아시아에 편중되어 있다.[42] 그러나 2018년 이후 BTS와 슈퍼M의 빌보드 1위 진입이 상징하듯이, 영미권 시장으로 진입에 성공함으로써 향후 서구권의 수출 비중도 증가할 것으로 기대된다.

한국 음악 산업의 수입액은 수출에 비해 상대적으로 큰 폭의 성장세 없이 증가와 감소를 반복해왔다. 2017년 수입액은 1,300만 달러로 전년 대비 1.1% 증가한 것으로 나타났다.[43] 국가별 수입 추이를 보면 유럽이 743만 달러로 전체 수입액의 53.7%를 차지하고 있다. 이는 K팝이 주로 유럽의 작곡가와 프로듀서들과 협업을 많이 하는 추세를 반영한다고 할 수 있다. 다음으로는 일본(298만 달러, 21.6%)과 북미(289만 달러, 20.9%)가 비슷한 수준을 나타내고 있다.[44] 결론적으로 수출의 대부분은 아시아에서 발생하는 반면, 수입은 주로 유럽에서 이뤄지고 있다고 할 수 있다.

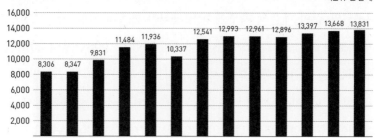

[그림 8-13] 음악 산업 수입액

(단위: 천 달러)

2005년: 8,306
2006년: 8,347
2007년: 9,831
2008년: 11,484
2009년: 11,936
2010년: 10,337
2011년: 12,541
2012년: 12,993
2013년: 12,961
2014년: 12,896
2015년: 13,397
2016년: 13,668
2017년: 13,831

출처: 한국콘텐츠진흥원(2019) 보고서를 재구성

[그림 8-14] 음악 산업 지역별 수입액

── 유럽   ── 일본   ···· 북미   ── 중국   ── 동남아   ── 기타

(단위: 천 달러)

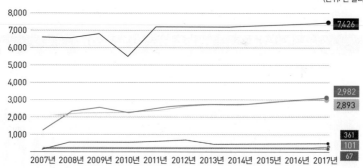

7,426
2,982
2,893
361
101
67

2007년 2008년 2009년 2010년 2011년 2012년 2013년 2014년 2015년 2016년 2017년

출처: 한국콘텐츠진흥원(2019) 보고서를 재구성

K팝 기업과 아이돌

K팝을 이끌고 있는 문화 기업들의 매출 추이를 보기 위해 [그림 8-15]와 같이 매출액 측면에서 영향력이 큰 5대 기업, 즉 SM, YG, 빅히트, JYP, FNC를 조사했다. 이 5대 기업의 1998년부터 2018년까지 21년 동안의 매출액 추이를 살펴보면 흥미로운 현상을 발견할 수 있다. 1998년부터 2007년까지는 증가와 감소를 반복하면서 획기적인 매출 증가세를 나타내지 않았다. 그러다가 2008년 이후 뚜렷한 증가세와 함께 매년 폭발적인 성장률을 나타냈다. 이러한 현상은 2000년대 초반 보아의 일본 시장 진출을 계기로 K팝의 해외시장 진입이 시작되었지만, 이것이 안정적인 매출 증가세로 나타낸것은 2008년부터라는 사실을 반영한다. 즉 K팝이 1호 아이돌인 H.O.T.를 탄생시킨 이후, 10년이 넘게 걸려서 비로소 안정적인 성장세를 확보했다는 것이다. 그 결과 2018년에는 5대 K팝 기업의 매출

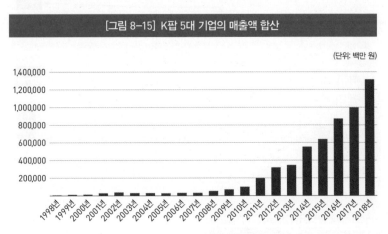

[그림 8-15] K팝 5대 기업의 매출액 합산

(단위: 백만 원)

출처: 금융감독원에 등록된 기업 재무 보고서를 재구성
* 빅히트엔터테인먼트의 경우 홈페이지 공시 자료를 활용

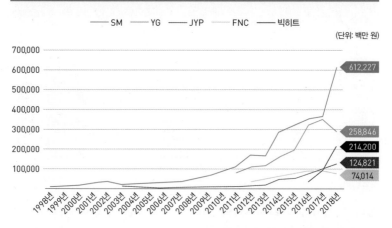

[그림 8-16] 주요 K팝 기업의 매출액

——— SM ——— YG ——— JYP ——— FNC ——— 빅히트

(단위: 백만 원)

612,227
258,846
214,200
124,821
74,014

1998년 1999년 2000년 2001년 2002년 2003년 2004년 2005년 2006년 2007년 2008년 2009년 2010년 2011년 2012년 2013년 2014년 2015년 2016년 2017년 2018년

출처: 금융감독원에 등록된 기업 재무 보고서를 재구성
* 빅히트엔터테인먼트의 경우 홈페이지 공시 자료를 활용

총액이 약 1.3조 원까지 증가했다. 2018년 기준으로 기업들의 매출 순위를 보면 선도 기업인 SM이 가장 많은 매출 성과를 기록했으며 다음으로 YG, 빅히트, JYP, FNC 순으로 나타났다.

그런데 개별 K팝 기업들의 매출 추이를 보면 등락의 변화가 상대적으로 심함을 알 수 있다. 특히 2017년 이후 기업에 따라 상승과 하락세가 더욱 차별적으로 나타나고 있다. 예를 들면 YG의 경우 꾸준한 성장세를 이어오다 2018년 갑자기 하락세를 보이고 있으며, FNC의 경우 성장이 둔화되면서 하락세를 보이고 있다. 반면 빅히트의 경우 BTS의 세계적 성공으로 급속 성장하고 있다. 한편 SM 역시 2018년 급속한 매출 증가를 보였는데, 이는 회계 기준의 변화로 계열 회사들의 매출이 반영되었기 때문으로 풀이된다. 2018년 주로 추진한 기업 합병으로 모기업으로서 관계 기업들의 매출이 반영되

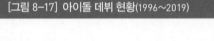

[그림 8-17] 아이돌 데뷔 현황(1996~2019)

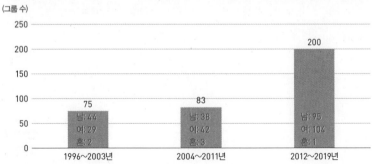

(그룹 수)

	75	83	200
	남:44	남:38	남:95
	여:29	여:42	여:104
	혼:2	혼:3	혼:1
	1996~2003년	2004~2011년	2012~2019년

었다는 것이다. 따라서 SM의 2018년 매출에는 음악 이외의 사업들로부터 발생한 수입이 반영되었다고 할 수 있다.

한편 K팝 기업들이 생산한 아이돌 그룹의 추이를 보면 [그림 8-17]과 같다. K팝 아이돌은 1996년부터 2019년까지 데뷔 기준으로 약 358개 그룹이 생산된 것으로 추정된다. 이 아이돌 그룹은 8년 단위로 1세대부터 3세대까지 분류할 수 있다. 1세대로 1996년부터 2003년까지 모두 75개 그룹이 데뷔했다. 2세대는 2004년부터 2011년까지로 83개 그룹이 데뷔했으며, 2012년부터 2019년까지의 3세대는 그 성장 추세를 가속화해 약 200개 그룹이 데뷔한 것으로 파악된다. 여기에는 K팝의 급성장과 함께 새로운 아이돌 그룹의 데뷔가 대폭 증가했지만, 기존의 아이돌 그룹에서 파생된 새로운 유닛 형태의 활동이 증가한 데도 이유가 있는 것으로 추정된다. 1세대 아이돌이 주로 남성 그룹을 중심으로 형성된 반면 2세대부터는 여성 그룹이 증가하는 추세를 보이고 있다. 흥미롭게도 혼성 그룹은 세대에 상관없이 매우 미미하다.

모타운과 K팝

2019년 8월 어느 날 SM엔터테인먼트의 이수만 총괄 프로듀서는 미국 로스앤젤레스 할리우드의 캐피톨레코즈타워를 방문했다. 슈퍼M의 미국 데뷔를 앞두고 CMG의 스티브 바넷Steve Barnett 회장과 미팅을 하기 위해서다.

마침 그 시간에 세계 팝 산업에 기여한 상징적 인물에게 수여하는 'The Icon Award' 시상식이 열려 뜻하지 않게 그해의 수상자를 만난다. 그는 바로 전설적인 레코드회사인(마이클 잭슨의 〈Billie Jean〉과 〈Beat It〉도 이 회사의 25주년 기념 쇼를 전 세계에 TV로 방영하면서 발표되었다) 모타운 레코드의 창업자 베리 고디였다. 첫 수상자인 비틀스의 폴 맥카트니에 이어 수상을 한 것이다.

그는 흑인 소울 음악으로 팝 음악계에 혁명을 일으킨 전설적인 인물이다. 1929년생으로 고령인 베리 고디는 이날 이수만 프로듀서와의 만남에서 본인이 한국전 참전 용사이며 딸과 손주들이 열렬한 K팝 팬임을 강조했다고 한다. 베리 고디와 이수만 그리고 모타운과 K팝은 서로 다른 세대와 공간에서 활동했으므로 전혀 무관한 사이임이 틀림없다. 그러나 시간과 공간을 초월한 어떤 운명적 만남과 같은 느낌으로 다가오는 것은 왜일까.

모타운은 미국 자동차 산업의 중심지인 디트로이트의 별칭인 'Motor Town'을 줄인 말이다. 29세의 베리 고디는 가족으로부터 800달러를 빌려 모타운 레코드와 함께 자매 레이블인 탐라Tamla 레코드를 설립했다. 1953년 한국전 참전에서 돌아온 베리 고디는 작곡 활동과 재즈 음반 가게 운영을 병행했다. 그러나 자금난으로 포드자동차 공장에 취직해 직공으로 일했다. 1959년 직장을 나와 모타운 레코드를 설립하면서 자신의 꿈에 대해 다음과 같이 말했다.

"나는 자동차 생산 라인에서 모타운 레코드를 세우는 꿈을 생각했다. 컨베이어 벨트 위에 부품들이 조립된 후 완성된 새 차로 공장 문을 나가듯이, 모타운 레코드의 문을 들어선 누군가가 비록 길 가던 꼬마 아이더라도 결국 문을 나갈 때는 스타가 되는 것이다."[1]

이러한 창업자의 꿈은 실현되어 다이애나 로스와 슈프림스, 마빈 게이, 스티비 원더, 스모키 로빈슨, 포 탑스 등 미국 팝 음악계 최고의 스타들을 배출했다. 그 밖에 잭슨 파이브, 미러클스, 마벨러츠, 칸투어스, 템테이션스 등 유명 그룹이 모타운의 스타 생산 시스템을 통해 줄지어 탄생했다.

1964년 2월 비틀스의 '미국 침공' 이후 빌보드 차트가 영국 음악에 의해 점령되었을 때 같은 해 8월 빌보드 차트 1위를 탈환한 팀이 바로 모타운의 3인조 걸그룹 슈프림스였다.

모타운 레코드는 1967년에 매출액 2,000만 달러 기업으로 성장하며 흑인 소유로는 가장 큰 회사가 되었다. 당시《포춘》은 「모타운, 돈의 음악」이라는 기사를 내며 흑인 빈민가에서 만들어진 음악을 미국 사회가 인정했음을 선언했다. 이러한 모타운의 성취에 대해 마틴 루터 킹 목사는 다음과 같이 평가했다. "당신들은 과거 엉클 샘이 가슴 깊이 묻어뒀던 그 힘을 찾아냈으며, 이 놀라운 기술을 통해 알렉산더 대왕이나 고대 그리스 문명을 뛰어넘는 문화적 정복을 이뤄냈습니다."[2]

모타운은 1988년 회사 매각 때까지 베리 고디가 직접 운영한 개인 기업이었다. 모타운은 30년 동안 흑인 R&B와 소울 음악을 초국적 음악으로 성장시킨 이래 스펙트럼을 넓혀 펑키 사운드와 디스코 사운드 등 다양한 음악을 주도했다. 특히 1970년대 비틀스 해체 이후 공백기에 접어든 세계 음악 시장에 잭슨 파이브를 등장시켜 또 다른 성공을 일궈냈다.[3] 대중은 이러한 모타운의 다양하고 차별적인 음악을 '모타운 사운드'라고 불렀다. 2014년 7월 영국 TV 방송에서는 1964년 모타운 음악의 영국 진출 30주년을 기념해 〈영국인이 사랑하는 모타운 송The Nation's Favourite Motown Song〉이라는 특집 프로그램을 방영했다. 이 프로그램은 200만이 넘는 영국인이 시청했을 정도로 인기가 있었다.[4]

베리 고디가 모타운을 통해 팝 음악계에 쓴 혁명적 역사는 지난 25년 동안 K팝이 써 내려온 역사와도 무척이나 닮아 있다. 시대가 다르고 공간도 다르지만, 다음과 같은 공통점을 발견할 수 있다.

(1) 혁신가 이니셔티브다. 모타운이 미국 음악 산업을 변화시킨 혁신 활동은 프로듀서 혁신가인 베리 고디가 주도했다. 즉 혁신가의 비전과 리더십이 혁신 활동을 주도하고 혁신 모멘텀을 형성함으로써 지속 가능한 성장 동력을 만들었다. 특히 베리 고디는 디트로이트의 포드자동차 공장에서 일한 경험을 바탕으로 음악 생산을 '공장의 생산 라인' 개념으로 만들고자 했다.[5] 이것은 헨리 포드의 포디즘을 음악 산업에 채용한 것으로서 K팝 아이돌 생산 시스템의 원형이라고 볼 수 있다.

(2) 해외 진출의 비전이다. 협소하고 수익성이 떨어지는 국내 시장을 극복하기 위해 K팝의 선두 주자인 이수만은 처음부터 해외 시장 진출을 비전으로 설정하고 일본과 중국 등으로 적극적인 진출에 나섰다. 마찬가지로 1960년대 미국 주류 음악 시장에서는 흑인 음악이 설 곳이 없었다. 백인 젊은 층, 특히 10대 소녀들은 흑인 음악에 공감할 수 없었다. 미국 투어에 나선 비틀스가 공연 중에 모타운의 흑인 음악을 언급하며 홍보할 정도였다.

베리 고디는 그 돌파구로 처음부터 영국과 프랑스 등 유럽으로 진출했다. 1964년 이후 슈프림스를 앞세워 모타운 가수들의 유럽 합동 공연이 이어졌다. 당시 슈프림스의 히트곡 〈Baby Love〉는 모타운 최초로 영국 차트 1위를 기록했다.

이에 대해 베리 고디는 다음과 같이 회고했다. "그게 세계를 향한 우리의 첫 발걸음이었다. … 〈Baby Love〉가 1위를 했으니 영국은 잊으려 해도 잊을 수 없다. 그리고 나서 그 곡이 유럽을 넘어 오스트레일리아·뉴질랜드·일본에서도 성공을 거뒀다. 엄청났다."[6] 이러한 모타운의 해외 진출은 선견지명 있는 미래 비전에 기초한 것이었다. 이에 반해 당시 독립 음반 회사들은 판매 인세가 아니라 선지급금을 받고 마는 실정이었다고 한다.[7]

팬클럽의 활동도 흥미롭다. 디지털 미디어 플랫폼을 기반으로 한 엄청난 규모의 K팝 팬덤과는 비교가 되지 않지만, 1960년대의 열악한 통신 수단에도 불구하고 수백 명의 모타운 팬클럽이 결성되어 자발적으로 음악을 알리고 음반을 구매했다. 이 팬클럽에는 영국과 스코틀랜드뿐 아니라 스웨덴·남아프리카·폴란드·잠비아 등지에서 회원들이 참여했으며 더스티 스프링필드와 믹 재거 같은 당대의 팝 스타들도 회원으로 가입했다고 한다.[8]

(3) 틈새시장의 공략이다. 주류가 아닌 변방에 위치한 신생 기업이 할 수 있는 최선의 전략은 기존 주류 시장의 경쟁자들이 다루고 있지 않은 틈새를 공략하는 것이다. 1960년대는 흑인 인권이 탄압받는 암울한 시대로 흑인 음악이 발붙이기 어려운 여건이었다. 미국 팝 음악은 당연히 백인 중심의 시장이 주도했다. 그러나 모타운은 흑인 소울 음악을 기반으로 백인 마니아층을 공략했으며, 이후 이 틈새시장을 더욱 확장함으로써 당당히 주류 팝 시장에 진입했다. 이와 유사하게 K팝은 '보는 음악'을 가지고 디지털 미디어에 익숙한 젊은 마니아층을 상대로 틈새시장을 개척함으로써 세계 팝 시장 진입에 성공했다.

(4) 혁신 성과의 사회적 파급 효과다. 모타운은 대중음악이라는 예술적 측면에서 큰 성과를 이뤘으며 비즈니스 측면에서도 당시 흑인 기업으로 최고의 성공을 거뒀다. 모타운 레코드가 1959년 창립

부터 1988년 기업 매각 때까지 벌어들인 총수익은 최소 10억 달러에 달하는 것으로 추정된다.[9] 그러나 이러한 혁신 성과가 사회적으로 일으킨 파장은 의미가 훨씬 더 크다.

'1964년 민권법'이 제정되었음에도 흑인에 대한 차별은 미국 사회에 만연해 있었다. 이에 대해 해외, 특히 영국에 진출한 모타운의 가수들은 다음과 같이 고백한다. "(유럽에서) 우린 왕족처럼 대우를 받았다. 히트곡을 내기 시작했어도 미국에서는 그런 대우를 받아본 적이 없었다."[10] 이러한 상황과 직접 비교할 수는 없지만, 20여 년 전 대중예술인을 '딴따라'라 부르고 K팝 아이돌을 '천박한 문화상품'으로 치부하는 국내 주류 사회의 대중문화 무시 경향이 떠오르기도 한다. 21세기에 흑인의 예술적 능력과 이미지가 제대로 평가 받고 있는 것과 마찬가지로, 아시아인에 대한 이미지와 문화적 자질에 대한 평가가 달라지고 있는 것에는 이러한 음악의 힘이 크게 작용했다고 할 수 있다.

스티브 바넷 CMG 그룹 회장은 'The Icon Award'를 베리 고디에게 수여하면서 "그와 모타운 레코드가 인종 차별과 사회적 장벽을 극복하면서 음악으로 전 세계 사람들이 하나가 될 수 있도록 만든 역사적인 기여는 전 세계가 기억할 것"이라고 했다. 공교롭게도 CMG는 2020년 수상자로 SM엔터테인먼트의 이수만 총괄 프로듀서를 선정했다.

What a happy coincidence!

팝 칼럼니스트 이진섭은 모타운의 역사를 다음과 같이 평가한다. "백인 중심이었던 미국 사회에서 흑인 사업가가 **스타 시스템을**

꾸리고, 음악으로 사업을 확장해, 전 세계 음악 씬을 요동치게 한 것은 팝 음악계의 혁명이었다."[11]

나는 이러한 모타운의 평가와 대비해, K팝의 25년 역사를 다음과 같이 평가해보면서 이 책을 마무리하고 싶다. "영미권 중심의 세계 음악 시장에서 아시아 그것도 한국의 프로듀서들이 **아이돌 생산 시스템을 꾸리고**(Idolizaion), **수익원을 다변화해**(Monetization), **전 세계 온라인 및 오프라인 음악 공간으로 진출한 것**(Glocalization)은 한국 음악 산업의 도약을 넘어서서 세계 팝 음악 산업의 혁명이다."

감사의 글

혁신과 전략은 지난 30여 년간 천착해온 연구 주제입니다. 그동안의 연구 성과를 종합해 'K팝 현상'이라는 연구 질문에 적용할 수 있어 기쁘게 생각합니다. 무엇보다도 오랜 기간 동안 학술 활동을 이어갈 수 있는 여건을 마련해준 경북대학교에 깊은 감사를 드립니다. 경영학자로서 K팝이라는 생소한 주제를 다룰 수 있게 된 데는 이수만 총괄프로듀서님과의 인연 덕분입니다. 20여 년 동안 지근거리에서 한류 음악 산업의 도약을 지켜볼 수 있는 기회를 주신 이수만 프로듀서님께 다시 한번 감사드립니다.

경영학 연구에서 아직 주변부에 위치한 혁신이란 주제를, 중점으로 연구하게 된 데는 한국 벤처기업의 선구자인 고 이민화 회장님과의 오랜 인연 덕분입니다. 또한 한국 경제의 혁신을 대변하고 있는 제조 대기업을 이해하는 데 삼성전자 권오현 회장님과의 수년간에 걸친 대화가 큰 도움이 되었습니다.

1995년 벤처기업 설립 이후 인연을 맺어온 휴맥스 변대규 회장님, 비트컴퓨터 조현정 회장님, 블루카이트 장흥순 회장님, 다산그룹 남민우 회장님, KMW 김덕용 회장님, ISC 정영배 회장님, 인터파크 이기형 회장님, 유비쿼스 이상근 회장님 등 벤처 리더들의 일상적 도전을 통해 귀한 배움을 얻었습니다. 그리고 가까이에서 늘 응원해주시는 유니베라 이병훈 회장님과 아진산업 서중호 회장님께 감사드립니다. 2002년 이래 한국문화산업포럼을 함께 이끌어오면서 문화 소프트 혁신의 중요성을 일깨워준 이강복 이사장님, 송승환 감독님, 이수형 청강문화산업대학교 이사장님 등 문화 산업계 리더들께 감사를 드립니다. 끝으로 건강과 미소로 저를 지켜준 가족에게 고마움을 표합니다.

주석

1장

1 김소연, 「美 타임스퀘어에 울려 퍼진 '한국어 떼창'」, 《한국경제》, 2020. 1. 2.

2 정혜정, 「블랙핑크, 유튜브 구독자 4,400만 세계 4위」, 《중앙일보》, 2020. 8. 18.

3 CNBC, "how BTS and K-pop are reigniting America's boy band obsession", cnbc.com; CNN, "How a boy band from South Korea became the biggest in the world", cnn.com

4 이수만 프로듀서와 인터뷰 내용이다.

5 한국수출입은행, 「한류 문화 콘텐츠 수출의 경제효과」, 2019.

2장

1 한국수출입은행, 「한류 문화 콘텐츠 수출의 경제효과」, 2019.

2 한국수출입은행, 앞의 보고서.

3 James E. Rauch, "Networks versus Markets in International Trade", *Journal of International Economics*, Vol. 48, 1999, pp.7-35.

4 한국수출입은행, 앞의 보고서.

5 이근, 「K팝과 이노베이션」, 《한국경제》, 2020. 1. 15.

6 Alan B. Krueger, *Rockonomics*, Currency, 2019. 6. 4.

7 Alan B. Krueger, 앞의 책.

8 Alan B. Krueger, 앞의 책, p.77.

9 Alan B. Krueger, 앞의 책.

10 《인민일보》 2000년 9월 30일에 게재되었다. 허진, 「중국의 한류 현상과 한국 TV 드라마 수용에 관한 연구」, 『한국방송학보』, 통권 16-1, 2002.

11 www.youtube.com/watch?v=ImpgM4aqoS8&feature=youtu.be.

12 www.youtube.com/watch?v=ImpgM4aqoS8&feature=youtu.be.

13 매일경제 세계지식포럼 사무국, 『지식혁명 5.0』, 매일경제신문사, 2019, p.341.

14 매일경제 세계지식포럼 사무국, 앞의 책, pp.343-344.

15 Daniel J. Boorstin, *The Creators: A History of Heroes of the Imagination*, Random House, 1992.

16 허진, 앞의 논문.

17 유동길, 『K-POP 뮤직 비즈니스의 이해』, 엑시무, 2015.

18 김성민, 『케이팝의 작은 역사』, 글항아리, 2018, p.89.

19 최봉현·박지혜, 「K-Pop의 경쟁력 강화를 위한 정책방안」, 산업연구원, 2015, p.10.

20 성미경·이규탁·문효진, 「K-POP 글로벌 확산을 위한 음악 시장 다변화 전략 연구」, 한국콘텐츠진흥원, 2017. 11.

21 최봉현·박지혜, 앞의 보고서, pp.7-11.

22 최봉현·박지혜, 앞의 보고서, pp.43-46.

23 데이비드 이글먼·앤서니 브란트 지음, 엄성수 옮김, 『창조하는 뇌』, 쌤앤파커스, 2019.

24 Gilles Fauconnier·Mark Turner, *The way we think: Conceptual blending and the mind's hidden complexities*, Basic Books, 2008.

25 김인수 지음, 임윤철·이호선 옮김, 『모방에서 혁신으로』, 시그마인사이트컴, 2000.

26 김인수, 앞의 책, p.131.

27 김인수, 앞의 책, p.133.

28 김인수, 앞의 책.

29 이수만 프로듀서와 인터뷰한 내용이다.

30 신현식, 「"소녀시대 9명 모두 비욘세" 미국 팬클럽 회원 12만 명」, 《중앙일보》, 2011. 1. 17.

31 이경란, 「'일 경제지, "소녀시대, 현대·삼성과 전략 같다"」, 《중앙일보》, 2010. 9. 29.

32 공성윤·구민주·김기찬·김종일·김흥국·이나미·이종혁·임진모·조유빈·최재봉·하재근, 「BTS혁명」, 《시사저널》, 2020. 2.

33 이정민, 「"BTS, 사람 마음을 움직여 변화를 이야기하는 영성이 있다"」, 《중앙일보》, 2020. 1. 27.

34 이수만 프로듀서와의 인터뷰에 기초했다.

35 정지원, 「신년기획」, 《조이뉴스24》, 2020. 1. 9.

36 성미경·이규탁·문효진, 앞의 보고서, pp. 53–54.

37 변미영, 「K-POP이 주도하는 신한류: 현황과 과제」, 한국콘텐츠진흥원, 2011. 3. 15.

38 이수만 프로듀서와 인터뷰한 내용이다.

39 김성민, 앞의 책, p.119.

40 김성민, 앞의 책, p.79.

41 김성민, 앞의 책, p.127.

42 김성민, 앞의 책, p.163.

43 김성민, 앞의 책, p.100.

44 이정민, 앞의 기사.

45 크리스 로젝 지음, 문미리·이상록 옮김, 『셀러브리티』, 한울아카데미, 2019.

46 이진섭, 「모타운 레코드: 비틀스에 맞선 미국의 자존심」, terms.naver.com/entry.nhn?cid=59002&docId=3578177&categoryId=59002.

47 이진섭, 앞의 글.

48 이진섭, 앞의 글.

3장

1   국립국어원, 『표준국어대사전』, stdict.korean.go.kr

2   Nick Skillicorn, "idea to value", www.ideatovalue.com

3   김인수, 앞의 책, p.19.

4   김인수, 앞의 책, p.20.

5   김인수, 앞의 책, p.33.

6   김인수, 앞의 책, p.145.

7   김인수, 앞의 책, p.57.

8   김현수·염희진, 「'이병철, 반도체 진출 도쿄선언' 최고의 장면」, 《동아일보》, 2019. 12. 9.

9   김인수, 앞의 책, p.31.

10 김인수, 앞의 책, p.81.

11 김인수, 앞의 책, p.271.

12 김인수, 앞의 책, p.33.

13 김인수, 앞의 책, p.163.

14 김인수, 앞의 책, p.270.

15 김인수, 앞의 책, p.306. 재인용; Hirojuki Odagiri·Akira Goto, *Building Capabilities by Learning, Innovation, and Public Policy*, Oxford University Press, 1996.

16 카이스트 문술미래전략대학원 미래전략연구센터, 『2030 카이스트 미래경고』, 김영사, 2020.

17 카이스트 문술미래전략대학원 미래전략연구센터, 앞의 책.

18 카이스트 문술미래전략대학원 미래전략연구센터, 앞의 책.

19 김성민, 앞의 책, p.25.

20 김성민, 앞의 책, p.26.

21 김성민, 앞의 책, p.28.

22 김성민, 앞의 책, p.29.

23 김성민, 앞의 책, p.51.

24 김성민, 앞의 책, p.62.

25 변미영, 앞의 보고서.

26 김필수, 「"잠재성장률 2%p 제고"를 위한: 경제의 새로운 동력, K-POP 열풍-일본 애니메이션이 시사하는 K-POP의 성공과 장애」, 현대경제연구원, 2011. 7.

27 서민수·이동훈·홍선영·정태수, 「K팝의 성공 요인과 기업의 활용전략」, 삼성경제연구소, 2012.

28 최봉현·박지혜, 앞의 보고서.

29 「K-Pop의 경쟁력 강화를 위한 정책방안」, p33을 바탕으로 정리한 것이다.

30 최봉현·박지혜, 앞의 보고서, p.37.

31 최봉현·박지혜, 앞의 보고서, p.43.

32 최봉현·박지혜, 앞의 보고서, p.46.

33 이장우·허준석, 「삼성 상생경영의 성과와 미래: M-ies 모델에 의한 사례분석」, 《경영학연구》 특별호, 한국경영학회, 2014; 조동성·이동현, 「ESRM: 전략이론의 새로운 패러다임」, 《한국경영학회 춘계학술발표논문집》, 한국경영학회, 1995.

34 최봉현·박지혜, 앞의 보고서, p.44.

35 유동길, 앞의 책, p.253.

36 말콤 글래드웰 지음, 임옥희 옮김, 『티핑포인트』, 21세기북스, 2012.

37 이장우·허준석, 앞의 논문, pp.60-61.

4장

1 이수만 프로듀서와 인터뷰 내용이다.

2 이수만 프로듀서와 인터뷰 내용이다.

3 강영운, 「이수만의 'SM' 25년… 'K팝 제국' 밀알로」, 《매일경제》, 2020. 2. 14.

4 강영운, 앞의 기사.

5 강영운, 앞의 기사.

6 사운드네트워크, 「[인터뷰] 빅히트엔터테인먼트 방시혁 대표(2013)」, 2018. 8. 24. ksoundlab.com/xe/index.php?mid=mook_interview&document_srl=14256&listStyle=viewer

7 박미애, 「박진영, "한류가 한국적인 것만 고집하면 안 돼"」, 《OSEN》, 2007. 5. 31.

8 고재열, 「음반업계 새로운 강자 양현석 인터뷰」, 《시사저널》, 2004. 2. 24.

9 이경란, 「양현석 특집 인터뷰 ①] "내가 잘났다고 생각하면 끝"」, 《일간스포츠》, 2012. 9. 28.; 이은정, 「양현석 "YG 차별점은 세련미… 정치 관심 없고 특혜 없었다"」, 《연합뉴스》, 2017. 1. 20.

10 김문관, 「음악 산업 혁신 꿈꾸는 '독설가'… K팝 제국 일구다」, 《이코노미조선》, 2020. 1. 10.

11 방시혁, 「서울대 졸업식 축사 "BTS와 벽 넘기 위해 노력할 것"」, 《스포츠서울》, 2019. 2. 26.

12 공영주, 「방시혁, 美 타임지 인터뷰에서 방탄소년단 성공 비결 털어놔」, YTN, 2019. 10. 10.

13 공영주, 앞의 기사.

14 사운드네트워크, 앞의 기사.

15 김성민, 앞의 책, p.121.

16 최봉현·박지혜, 앞의 보고서, p.16.

17 김성민, 앞의 책, p.121.

18 최봉현·박지혜, 앞의 보고서, p.17.

19 유동길, 앞의 책, p.49.

20 김인수, 앞의 책, p.134.

21 김성민, 앞의 책, p.124.

22 김성민, 앞의 책, p.118.

23 김성민, 앞의 책, p.119.

24 김성민, 앞의 책, p.127.

25 김성민, 앞의 책, p.128.

26 한스 로슬링·올라 로슬링·안나 로슬링 뢴룬드 지음, 이창신 옮김, 『팩트풀니스: 우리가 세상을 오해하는 10가지 이유와 세상이 생각보다 괜찮은 이유』, 김영사, 2019, p.80

27 한스 로슬링·올라 로슬링·안나 로슬링 뢴룬드 지음, 앞의 책, p.94.

28 성미경·이규탁·문효진, 앞의 보고서, p.43.

29 성미경·이규탁·문효진, 앞의 보고서, p.44.

30 김성민, 앞의 책, p213.

31 네이버 지식백과, '스튜디오 시스템' 항목.

32 이진섭, 네이버 지식백과, '모타운 레코드' 항목.

33 김성민, 앞의 책, p.75.

34 최봉현·박지혜, 앞의 보고서, p.51.

35 사운드네트워크, 앞의 기사.

36 최봉현·박지혜, 앞의 보고서, pp.45-46.

37 이장우·허재원, 「리더십과 조직역량이 해외진출 전략에 미치는 영향: 한류 음악 시장(K팝)에서 SM엔터테인먼트의 사례」, 《Korea Business Review》, 17(1), 2013. 2.

38 SM엔터테인먼트 김영민 대표, 2012 한류 미래전략 포럼 1차 워크숍 인터뷰 내용.

39 이장우·허재원, 앞의 논문.

40 Christopher A. Bartlett·Sumantra Ghoshal, "Managing Across Borders: The Transnational Solution", *Sloan Management Review*, 1987.

41 이장우·허재원, 앞의 논문.

42 신강호, 『할리우드 영화』, 커뮤니케이션북스, 2013.

43 김성민, 앞의 책, p.75.

44 이수만 프로듀서와 인터뷰한 내용이다.

45 유동길, 앞의 책, p.248.

46 유동길, 앞의 책, p.254.

47 유동길, 앞의 책, p.254.

48 김성민, 앞의 책, p.15.

49 김인수, 앞의 책, pp.55-59.

50 김성민, 앞의 책, p.189.

51 장지영, 「아베의 '쿨 재팬'은 없다」, 《국민일보》, 2018. 10. 27.

5장

1 이재훈, 「슈퍼엠 빌보드 1위」, 《뉴시스》, 2019. 10. 14.

2 사운드네트워크, 앞의 기사.

3 강영운, 앞의 기사.

4 박창명, 「이수만 "K팝으로 세계 잇는 문화 네트워크 구축할 것"」, 《매일경제》, 2019. 9. 26.

5 미국 스탠퍼드대학교 MBA 케이스, 「SM엔터테인먼트의 해외 진출 전략」, 한국경영학회, 2014. 11. 25.

6 이장우, 『퍼스트 무버, 4차 산업혁명의 선도자들』, 21세기북스, 2017, pp.144-145.

7 미국 스탠퍼드대학교 MBA 케이스, 앞의 논문.

8 미국 스탠퍼드대학교 MBA 케이스, 앞의 논문.

9 이수만 프로듀서와의 인터뷰에 기초했다.

10 이수만 프로듀서와의 인터뷰에 기초했다.

11 이장우(2017), 앞의 책, p.138.

12 이장우(2017), 앞의 책, p.139.

13 이장우(2017), 앞의 책, p.140.

14 미국 스탠퍼드대학교 MBA 케이스, 앞의 논문.

15 이장우(2017), 앞의 책, p.141.

16 유재혁, 「이수만 "K팝에 AI 등 첨단기술 결합… 세계 엔터테인먼트산업 판 바꾸겠다"」, 《한국경제》, 2020. 1. 14.

17 이장우(2017), 앞의 책, pp.142-144.

18 이장우·허재원, 앞의 논문, pp.243-266.

19 이장우·허재원, 앞의 논문, p.247.

20 김영한, 『스티브 잡스의 창조 카리스마』, 리더스북, 2006.

21 이장우·허재원, 앞의 논문.

22 Jay A. Conger·Rabindra N. Kanungo·Sanjay T. Menon·Purnima Mathur, "Measuring charisma: Dimensionality and validity of the Conger-Kanungo scale of charisma leadership", *Canadian Journal of Administration Science*, 14(3), 1997, pp.293-302.

23 이장우·허재원, 앞의 논문.

24 이장우·허재원(2013)의 논문에서 발췌했다.

25 James Collins·Morten Hansen, *Great by Choice*, An Imprint of Harper Collins Publishers, 2011.

26 이장우·허재원, 앞의 논문에서 재인용했다.

6장

1 김인수, 앞의 책, p.31.

2 이규탁, 『케이팝의 시대』, 한울, 2016, pp.54-57.

3 이규탁, 앞의 책, pp.33-49.

4 이규탁, 앞의 책, pp.37-41.

5 이규탁, 앞의 책, pp.58-60.

6 김인수, 앞의 책, p.62.

7 이규탁, 앞의 책, pp.34-36.

8 이규탁, 앞의 책, pp.34-36.

9 이규탁, 앞의 책, pp.34-36.

10 이규탁, 앞의 책, p.43.

11 이규탁, 앞의 책, p.45.

12 이규탁, 앞의 책, p.71.

13 이규탁, 앞의 책, p.84.

14 이규탁, 앞의 책, p.52.

15 이규탁, 앞의 책, p.20.

16 이규탁, 앞의 책, p.183.

17 이규탁, 앞의 책, p.188.

18 이규탁, 앞의 책, p.173.

19 Alan B. Krueger, 앞의 책.

20 Alan B. Krueger, 앞의 책.

21 정인성, 『반도체 제국의 미래』, 이레미디어, 2019, p.369.

22 정인성, 앞의 책, p.100.

23 정인성, 앞의 책, p.62.

24 정인성, 앞의 책, pp.36-38.

25 Alan B. Krueger, 앞의 책.

26 김인수, 앞의 책, p.130.

27 김인수, 앞의 책, p.132.

28 김인수, 앞의 책, p.216.

29 정인성, 앞의 책, p.8.

30 김인수, 앞의 책, p.192.

31 정인성, 앞의 책.

32 김인수, 앞의 책, p.193.

33 정인성, 앞의 책, p.44.

34 김인수, 앞의 책, p.197.

35 김인수, 앞의 책, p.205.

36 정인성, 앞의 책, p.47.

37 정인성, 앞의 책, p.49.

38 김인수, 앞의 책, p.208.

39 정인성, 앞의 책, p.51.

40 정인성, 앞의 책, p.56.

41 정인성, 앞의 책, p.46.

42 정인성, 앞의 책, p.79.

43 이장우·허준석, 앞의 논문.

44 삼성신경영실천위원회, 『삼성신경영: 나부터 변해야 한다』, 삼성신경영실천위원

회, 1997.

45 이장우·허준석, 앞의 논문, pp.61-63.

46 이장우·허준석, 앞의 논문.

47 이장우(2017), 앞의 책, pp.26-33 내용을 토대로 작성했다.

48 이장우, 『창조경제에서의 경영전략』, 법문사, 2013.

49 줄리안 버컨쇼Julian Birkinshaw, "Innovation at Korea Telecom", 런던비즈니스 스쿨 홈페이지를 참고했다.

50 이장우(2017), 앞의 책, pp.13-15 내용을 토대로 작성했다.

51 이장우(2017), 앞의 책.

52 이장우, 『창발경영』, 21세기북스, 2015, pp.308-328 내용을 토대로 작성했다.

53 이장우(2015), 앞의 책.

54 이장우(2015), 앞의 책.

55 이장우(2015), 앞의 책.

56 짐 콜린스 지음, 임정재 옮김, 『짐 콜린스의 경영 전략』, 위즈덤하우스, 2004.

57 프랭크 파트노이 지음, 강수희 옮김, 『속도의 배신』, 추수밭, 2013.

58 프랭크 파트노이 지음, 앞의 책.

59 이장우(2015), 앞의 책, p.124.

60 이장우(2017), 앞의 책, pp.130-132 내용을 토대로 작성했다.

61 이장우·김동재·김희천, 「극한적 불확실성 환경에서의 기업경영: 네이버 사례연구」, 《Korea Business Review(한국경영학회)》, 19(3), 2015, pp.151-171.

62 이장우(2017), 앞의 책, pp.127-130 내용을 토대로 작성했다.

63 이장우, 『창발경영』, 21세기북스, 2015.

7장

1 유동길, 앞의 책, pp.55-58.

2 Kate Halliwell, "If BTS Broke the K-pop Mold, NCT Is Creating a New One", The Ringer Newsletter, 2019. 5. 24.

3 이장우·이강복, 「한류드라마 콘텐츠의 국제경쟁력과 해외진출 전략」, 《경영학연구》, 36권 6호, 2007, 11월(특별호), pp.1419-1447.

4 Michael E. Porter, *The Competitive Advantage: Creating and Sustaining*

Superior Performance, Free Press, 1985.

5 이장우·이강복, 앞의 논문.

6 이장우·이강복, 앞의 논문.

7 최봉현·박지혜, 앞의 논문, p.37.

8 변미영, 앞의 보고서, p.21.

9 김성민, 앞의 책, p.245.

10 김기찬, 「중소기업 건강성 평가와 R&D 기반의 글로벌 중소기업 만들기」, 경제 금융비서관실, 2012.

11 Marco Iansiti·Roy Levien, *The Keystone Advantage: What the New Dynamics of Business Ecosystems Mean for Strategy, Innovation, and Sustainability*, Harvard Business School Press, 2004.

12 김성민, 앞의 책.

13 성미경·이규탁·문효진, 앞의 보고서, pp.43-44.

14 김성민, 앞의 책.

15 변미영, 앞의 보고서, p.21.

16 변미영, 앞의 보고서, p.22.

17 성미경·이규탁·문효진, 앞의 보고서, pp.169-170.

18 성미경·이규탁·문효진, 앞의 보고서, p.145.

19 사운드네트워크, 앞의 기사.

20 성미경·이규탁·문효진, 앞의 보고서, p.165.

21 이장우·고정민·심상민·김경묵·임성준·정향진·한창완, 「4차산업혁명과 콘텐츠산업 경쟁력 제고 전략」, 한국콘텐츠진흥원, 2017. 12., pp.46-47.

22 이장우·고정민·심상민·김경묵·임성준·정향진·한창완, 앞의 보고서, pp.79-82.

23 이장우·고정민·심상민·김경묵·임성준·정향진·한창완, 앞의 보고서, pp.183-185.

24 김성민, 앞의 책; 이규탁, 앞의 책.

25 이 절은 이장우, 『스몰 자이언츠: 대한민국 강소기업』(미래인, 2010)을 주로 참고해 작성했다.

26 대니 밀러 지음, 정범구 옮김, 『이카루스 패러독스』, 21세기북스, 1995.

27 이장우(2010), 앞의 책.

28 이장우(2010), 앞의 책.

29 대니 밀러 지음, 앞의 책.

30 이장우(2010), 앞의 책, p.108.

31 더 자세한 내용은 이장우(2010), 앞의 책을 참고하기 바란다.

32 이장우(2010), 앞의 책, pp.172-178.

33 이장우(2010), 앞의 책.

34 매일경제 세계지식포럼 사무국, 앞의 책, p.341.

35 매일경제 세계지식포럼 사무국, 앞의 책, pp.343-344.

36 이근, 앞의 기사.

37 Kate Halliwell, 앞의 기사.

38 김소연, 「이수만 SM 총괄 "미래 문화 전파 속도, 더 빨라질 것… 우리가 할 일은 활용"」,《한국경제》, 2019. 7. 9.

39 이주아, 「BTS 4월 서울 콘서트 취소, 우한 코로나 한류에도 심각한 여파」,《조선일보》, 2020. 2. 28.

40 정가영, 「"새 시대 열었다"… SuperM '비욘드 라이브', 외신 집중 보도」,《스포츠월드》, 2020. 4. 28.

41 김진우, 「돌고 도는 음악 산업, 다시 공연인가?」,《가온차트》, 2013. 6. http://blog.naver.com/PostList.nhn?blogId=gaonchart

42 박지훈, 「'코로나 한파' 맞은 K팝 시장, '온라인'은 답이 될 수 있을까」,《국민일보》, 2020. 5. 31.

43 이수만 프로듀서와 인터뷰한 내용이다.

부록

1 Alan B. Krueger, 앞의 책.

2 Alan B. Krueger, 앞의 책.

3 Alan B. Krueger, 앞의 책.

4 Alan B. Krueger, 앞의 책.

5 Alan B. Krueger, 앞의 책.

6 Alan B. Krueger, 앞의 책.

7 Alan B. Krueger, 앞의 책.

8 Alan B. Krueger, 앞의 책.

9 PwC, "Global Entertainment & Media Outlook", 2018.

10 한국콘텐츠진흥원, 「음악 산업백서」, 한국콘텐츠진흥원, 2018.

11 한국콘텐츠진흥원, 앞의 보고서.

12 한국콘텐츠진흥원, 앞의 보고서.

13 한국콘텐츠진흥원, 앞의 보고서.

14 한국콘텐츠진흥원, 앞의 보고서.

15 한국콘텐츠진흥원, 앞의 보고서.

16 Alan B. Krueger, 앞의 책.

17 Alan B. Krueger, 앞의 책.

18 한국콘텐츠진흥원, 앞의 보고서.

19 Alan B. Krueger, 앞의 책.

20 한국콘텐츠진흥원, 앞의 보고서.

21 Alan B. Krueger, 앞의 책.

22 Alan B. Krueger, 앞의 책.

23 한국콘텐츠진흥원, 앞의 보고서.

24 Alan B. Krueger, 앞의 책.

25 Alan B. Krueger, 앞의 책.

26 한국콘텐츠진흥원, 앞의 보고서.

27 한국콘텐츠진흥원, 앞의 보고서.

28 Alan B. Krueger, 앞의 책.

29 한국콘텐츠진흥원, 앞의 보고서.

30 한국콘텐츠진흥원, 앞의 보고서.

31 한국콘텐츠진흥원, 앞의 보고서.

32 한국콘텐츠진흥원, 앞의 보고서.

33 Alan B. Krueger, 앞의 책.

34 한국콘텐츠진흥원, 앞의 보고서.

35 한국콘텐츠진흥원, 앞의 보고서.

36 한국콘텐츠진흥원, 앞의 보고서.

37 한국콘텐츠진흥원, 앞의 보고서.

38 유동길, 앞의 책.

39 한국콘텐츠진흥원, 앞의 보고서.

40 한국콘텐츠진흥원, 앞의 보고서.

41 한국콘텐츠진흥원, 앞의 보고서.

42 한국콘텐츠진흥원, 앞의 보고서.

43 한국콘텐츠진흥원, 앞의 보고서.

44 한국콘텐츠진흥원, 앞의 보고서.

에필로그

1 이진섭, 앞의 글.

2 애덤 화이트·바니 에일스 지음, 이규탁·김두완 옮김, 『모타운: 젊은 미국의 사운드』, 스코어, 2017, p.43.

3 이진섭, 앞의 글.

4 애덤 화이트·바니 에일스 지음, 앞의 책.

5 애덤 화이트·바니 에일스 지음, 앞의 책, p.51.

6 애덤 화이트·바니 에일스 지음, 앞의 책, p.173.

7 애덤 화이트·바니 에일스 지음, 앞의 책, p.171.

8 애덤 화이트·바니 에일스 지음, 앞의 책, p.96.

9 애덤 화이트·바니 에일스, 앞의 책, p.383.

10 애덤 화이트·바니 에일스, 앞의 책, p.173.

11 이진섭, 앞의 글.

참고문헌

도서

김성민, 『케이팝의 작은 역사』, 글항아리, 2018.

김영한, 『스티브 잡스의 창조 카리스마』, 리더스북, 2006.

김인수 지음, 임윤철·이호선 옮김, 『모방에서 혁신으로』, 시그마인사이트컴, 2000.

대니 밀러 지음, 정범구 옮김, 『이카루스 패러독스』, 21세기북스, 1995.

데이비드 이글먼·앤서니 브란트 지음, 엄성수 옮김, 『창조하는 뇌』, 쌤앤파커스, 2019.

말콤 글래드웰 지음, 임옥희 옮김, 『티핑포인트』, 21세기북스, 2012.

매일경제 세계지식포럼 사무국, 『지식혁명 5.0』, 매일경제신문사, 2019.

삼성신경영실천위원회, 『삼성신경영: 나부터 변해야 한다』, 1997.

송재용·이경묵, 『글로벌 일류기업 삼성을 만든 이건희 경영학 SAMSUNG WAY』, 21세기북스, 2013.

신강호, 『할리우드 영화』, 커뮤니케이션북스, 2013.

애덤 화이트·바니 에일스 지음, 이규탁·김두완 옮김, 『모타운: 젊은 미국의 사운드』, 스코어, 2017.

유동길, 『K-POP 뮤직 비즈니스의 이해』, 엑시무, 2015.

이규탁, 『케이팝의 시대』, 한울, 2016.

이장우, 『스몰 자이언츠: 대한민국 강소기업』, 미래인, 2010.

이장우, 『창발경영』, 21세기북스, 2015.

이장우, 『창조경제에서의 경영전략』, 법문사, 2013.

이장우, 『패자 없는 게임의 룰, 동반성장』, 미래인, 2011.

이장우, 『퍼스트 무버, 4차 산업혁명의 선도자들』, 21세기북스, 2017.

정인성, 『반도체 제국의 미래』, 이레미디어, 2019.

질 포코니에·마크 터너 지음, 김동환 옮김, 『우리는 어떻게 생각하는가: 개념적 혼성과 상상력의 수수께끼』, 지호, 2009.

짐 콜린스 지음, 임정재 옮김, 『짐 콜린스의 경영 전략』, 위즈덤하우스, 2004.

카이스트 문술미래전략대학원 미래전략연구센터, 『2030 카이스트 미래경고: 10년 후 한국은 무엇으로 먹고 살 것인가』, 김영사, 2020.

크리스 로젝 지음, 문미리·이상록 옮김, 『셀러브리티』, 한울아카데미, 2019.

프랭크 파트노이 지음, 강수희 옮김, 『속도의 배신』, 추수밭, 2013.

한스 로슬링·올라 로슬링·안나 로슬링 뢴룬드 지음, 이창신 옮김, 『팩트풀니스: 우리가 세상을 오해하는 10가지 이유와 세상이 생각보다 괜찮은 이유』, 김영사, 2019.

Alan B. Krueger, *Rockonomics*, Currency, 2019.

Alan Bryman, *Charisma and leadership in organizations*, Sage Publications, 1992.

Christopher A. Bartlett·Sumantra Ghoshal, *Managing Across Borders: The Transnational Solution*, Harvard University Press, 1987.

Daniel J. Boorstin, *The Creators: A History of Heroes of the Imagination*, Random House, 1992.

Franklin R. Root, *Entry strategies for international markets*, Lexington Books, 1987.

Gary A. Yukl, *Leadership in organizations(4th edition)*, Prentice Hall, 1998.

Gilles Fauconnier·Mark Turner, *The way we think: Conceptual blending and the mind's hidden complexities*, Basic Books, 2008.

Hirojuki Odagiri·Akira Goto, *Building Capabilities by Learning, Innovation, and Public Policy*, Oxford University Press, 1996.

James Collins·Morten Hansen, *Great by Choice*, An Imprint of Harper Collins Publishers, 2011.

Jean Claude Larreche, *The Momentum Effect: The secrets of efficient growth*, Pearson UK, 2011.

Joseph Schumpeter, *The theory of economic development*, Harvard University Press. Cambridge, MA., 1934.

Marco Iansiti·Roy Levien, *The Keystone Advantage: What the New Dynamics*

of *Business Ecosystems Mean for Strategy, Innovation, and Sustainability*,
Harvard Business School Press, 2004.

Mark Dodgson · Roy Rothwell, "Innovation and size of firm", *The Handbook of Industrial Innovation*, Cheltenham and Brookfield, 310-324, 1994.

Michael E. Porter, *The competitive advantage of nations*, Free Press, 1990.

Michael E. Porter, *The Competitive Advantage: Creating and Sustaining Superior Performance*, Free Press, 1985.

보고서

국가재정운용계획 중소기업 분과위원회, 「중소기업 분야 보고서 Ⅱ: 창조경제형 재정운용과 아젠다 개발」, 한국개발연구원, 2013. 12.

김기찬, 「중소기업 건강성 평가와 R&D 기반의 글로벌 중소기업 만들기」, 경제금융비서관실, 2012.

김필수, 「"잠재성장률 2%p 제고"를 위한: 경제의 새로운 동력, K-POP 열풍-일본 애니메이션이 시사하는 K-POP의 성공과 장애」, 현대경제연구원, 2011.

네이버, 「IR Presentation」, 2014.

변미영, 「K-POP이 주도하는 신한류: 현황과 과제」, 한국콘텐츠진흥원, 2011.

삼성인력개발원, 「지행 33훈(2)」, 2010.

삼성전자, 「2012 지속가능경영보고서-Global Harmony」, 2012.

삼성전자, 「삼성전자 동반성장 추진 현황」, 2011.

서민수 · 이동훈 · 홍선영 · 정태수, 「K-pop의 성공 요인과 기업의 활용 전략」, 삼성경제연구소, 2012.

성미경 · 이규탁 · 문효진, 「K-POP 글로벌 확산을 위한 음악 시장 다변화 전략 연구」, 한국콘텐츠진흥원, 2017.

이장우 · 고정민 · 심상민 · 김경묵 · 임성준 · 정향진 · 한창완, 「4차 산업혁명과 콘텐츠산업 경쟁력 제고 전략」, 한국콘텐츠진흥원, 2017.

최봉현 · 박지혜, 「K-Pop의 경쟁력 강화를 위한 정책방안」, 산업연구원, 2015.

한국수출입은행, 「한류 문화 콘텐츠 수출의 경제효과」, 2019.

한국콘텐츠진흥원, 「콘텐츠산업 통계조사」, 2018.

한국콘텐츠진흥원, 「2018 음악 산업백서」, 2019.

논문

김정수, 「한류 현상의 문화산업 정책적 함의: 우리나라 문화산업의 해외진출과 정부의 정책지원」, 《한국정책학회보》, 11(4), 120, 2002.

미국 스탠퍼드대학교 MBA 케이스, 「SM엔터테인먼트의 해외 진출 전략」, 한국경영학회, 2014.

박남규·한재훈, 「중소기업의 기업가정신이 성장 및 국제화 전략에 미치는 영향에 대한 고찰」, 《중소기업연구》, 30권 제2호, 157-170, 2008.

박영은·이동기, 「SM엔터테인먼트, 글로벌 엔터테인먼트를 향한 질주」, 《경영교육연구》, 제15권 제2호, 65-99, 2010.

손병우·양은경, 「한국 대중문화의 현주소와 글로벌화 방안: 한류(韓流) 현상을 중심으로」, 《사회과학연구》, 14, 147-171, 2003.

신윤환, 「동아시아의 한류 현상: 비교 분석과 평가」, 《동아연구》, 42, 2002.

양은경, 「동아시아의 트렌디 드라마 유통에 대한 문화적 근접성 연구」, 《방송통신연구》, 197-220, 2003.

이문행, 「방송 콘텐츠의 수익 창출 구조에 대한 연구: 드라마 〈올인〉을 중심으로」, 《방송통신연구》, 221-243, 2003.

이장우, 「한국형 동반성장 정책의 방향과 과제. 중소기업연구, 33(4), 77-93, 2011.

이장우·김동재·김희천, 「극한적 불확실성 환경에서의 기업경영: 네이버 사례연구」, 《Korea Business Review》, 19(3), 151-171, 2015.

이장우·이강복, 「한류드라마 콘텐츠의 국제경쟁력과 해외진출 전략」, 《경영학연구》, 36권 6호, 1419-1447, 2007.

이장우·허재원, 「리더십과 조직역량이 해외 진출 전략에 미치는 영향: 한류 음악 시장(K팝)에서 SM엔터테인먼트의 사례」, 《Korea Business Review》, 17(1), 243-266, 2013.

이장우·허준석, 「삼성 상생경영의 성과와 미래: M-ies 모델에 의한 사례분석」, 《경영학연구》, 특별호, 1(0), 51-70, 2014.

이형오·박재석·최영준, 「Born-Global 기업의 해외진출 동기와 전략: 문화콘텐츠 기업의 사례」, 《국제경영연구》, 제18권 제2호, 103-139, 2007.

장태윤·박찬식, 「리더십 유형이 조직구조와 조직성과에 미치는 영향에 관한 연구」, 《인적자원관리연구》, 제3권, 321-343, 2001.

조동성·이동현, 「ESRM: 전략이론의 새로운 패러다임」, 《한국경영학회 춘계학술발표논문집》 (제1분과: 경영일반 및 MIS), 한국경영학회, 1995.

줄리안 버컨쇼Julian Birkinshaw, "Innovation at Korea Telecom", 런던비즈니스스쿨 홈페이지 참고.

허진, 「중국의 한류 현상과 한국 TV 드라마 수용에 관한 연구」, 《한국방송학보》, 16(1), 496-529, 2002.

Christopher A. Bartlett·Sumantra Ghoshal, "Managing across borders: New organizational responses", *Sloan management review*, 29(1), 43-53, 1987.

David J. Collis, "Research Note-How Valuable are Organizational Capabilities", *Strategic Management Journal*, 15, 143-152, 1994.

David Teece·Gary Pisano·Amy Shuen, "Dynamic Capabilities and Strategic Management", *Strategic Management Journal*, 18(7), 509-533, 1997.

Dodgson, M., & Rothwell, R., *Innovation and size of firm. The Handbook of Industrial Innovation*, Cheltenham and Brookfield, 310-324, 1994.

Frances Westley·Henry Mintzberg, "Visionary leadership and strategic management", *Strategic management journal*, 10(S1), 17-32, 1989.

Hyunsuk Lee·Donna Kelley·Jangwoo Lee·Sunghun Lee, "SME Survival: The Impact of Internationalization, Technology Resources, and Alliances", *Journal of Small Business Management*, 50(1), 1-19, 2012.

James E. Rauch, "Networks versus Markets in International Trade", *Journal of International Economics*, 48(1), 7-35, 1999.

Jay A. Conger, "Towards a Behavioral Theory of Charismatic Leadership in Organizational Settings", *Academy of Management Review*, 12(4), 637-647, 1987.

Jay A. Conger·Rabindra N. Kanungo·Sanjay T. Menon·Purnima Mathur, "Measuring charisma: dimensionality and validity of the Conger-Kanungo scale of charismatic leadership", *Canadian Journal of Administrative Sciences/Revue Canadienne des Sciences de l'Administration*, 14(3), 290-301, 1997.

Marco Iansiti·Roy Levien, *The Keystone Advantage: What the New Dynamics of Business Ecosystems Mean for Strategy, Innovation, and Sustainability*, Harvard Business School Press, 2004.

Margaret A. Peteraf, "The cornerstones of competitive advantage: a resource-based view", *Strategic management journal*, 14(3), 179-191, 1993.

Patricia Phillips McDougall · Scott Shane · Benjamin M. Oviatt, "Explaining the formation of international new ventures: The limits of theories from international business research", *Journal of business venturing*, 9(6), 469-487, 1994.

기사

강영운, 「이수만의 'SM' 25년… 'K팝 제국' 밀알로」, 《매일경제》, 2020. 2. 14.

강일용, 「구글플레이 '2014년을 빛낸 최고의 콘텐츠' 발표」, 《IT동아》, 2014. 12. 5.

고재열, 「음반업계 새로운 강자 양현석 인터뷰」, 《시사저널》, 2004. 2. 24.

공성윤 · 구민주 · 김기찬 · 김종일 · 김홍국 · 이나미 · 이종혁 · 임진모 · 조유빈 · 최재봉 · 하재근, 「BTS혁명」, 《시사저널》, 2020. 2. 21.

공영주, 「방시혁, 美 타임지 인터뷰에서 방탄소년단 성공 비결 털어놔」, YTN, 2019. 10. 10.

김문관, 「음악 산업 혁신 꿈꾸는 '독설가'… K팝 제국 일구다」, 《이코노미조선》, 2020. 1. 10.

김소연, 「美 타임스퀘어에 울려 퍼진 '한국어 떼창'」, 《한국경제》, 2020. 1. 2.

김소연, 「이수만 SM 총괄 "미래 문화 전파 속도, 더 빨라질 것… 우리가 할 일은 활용"」, 《한국경제》, 2019. 7. 9.

심현수 · 염희신, 「'이병철, 반도체 신술 노교선언' 최고의 상년」, 《동아일보》, 2019. 12. 9.

박지훈, 「'코로나 한파' 맞은 K팝 시장, '온라인'은 답이 될 수 있을까」, 《국민일보》, 2020. 5. 31.

박창명, 「이수만 "K팝으로 세계 잇는 문화 네트워크 구축할 것"」, 《매일경제》, 2019. 9. 26.

신현식, 「"소녀시대 9명 모두 비은세" 미국 팬클럽 회원 12만 명」, 《중앙일보》, 2011. 1. 17.

오미정, 「SM재팬 대표이사 "'동방신기' 일본 투어 매출액 960억 원"」, 《enews24》,

2012. 4. 24.

유재혁, 「이수만 "K팝에 AI 등 첨단기술 결합… 세계 엔터테인먼트산업 판 바꾸겠다"」, 《한국경제》, 2020. 1. 14.

이경란, 「[양현석 특집 인터뷰 ①] "내가 잘났다고 생각하면 끝"」, 《일간스포츠》, 2012. 9. 28.

이경란, 「'일 경제지, "소녀시대, 현대·삼성과 전략 같다"」, 《중앙일보》, 2010. 9. 29.

이근, 「K팝과 이노베이션」, 《한국경제》, 2020. 1. 15.

이은정, 「양현석 "YG 차별점은 세련미… 정치 관심 없고 특혜 없었다"」, 《연합뉴스》, 2017. 1. 20.

이은호, 「방탄소년단 이후의 K팝 인베이전」, 《쿠키뉴스》, 2020. 1. 2.

이재훈, 「슈퍼엠 빌보드 1위 ③ K팝 시스템·프로듀싱 능력 확인」, 《뉴시스》, 2019. 10. 14.

이정민, 「"BTS, 사람 마음을 움직여 변화를 이야기하는 영성이 있다"」, 《중앙일보》, 2020. 1. 27.

이주아, 「BTS 4월 서울 콘서트 취소, 우한 코로나 한류에도 심각한 여파」, 《조선일보》, 2020. 2. 28.

이혜린, 「소녀시대의 '오리콘 1위', 보아-동방신기와 다른 점」, 《OSEN》, 2010. 10. 27.

박미애, 「박진영, "한류가 한국적인 것만 고집하면 안 돼"」, 《OSEN》, 2007. 5. 31.

장지영, 「아베의 '쿨 재팬'은 없다」, 《국민일보》, 2018. 10. 27.

전병준·황인혁·노현·문일호·박대민·김규식·김재훈, 「이수만 SM 회장 "한류가 버추얼네이션 중심"」, 《매일경제》, 2011. 8. 17.

정가영, 「"새 시대 열었다"… SuperM '비욘드 라이브', 외신 집중 보도」, 《스포츠월드》, 2020. 4. 28.

정강현, 「[K-POP 인베이전] 유튜브 한국 동영상 229국서 8억 회 조회」, 《중앙일보》, 2011. 1. 17.

정지원, 「신년기획」, 《조이뉴스24》, 2020. 1. 9.

정현정, 「이수만 SM, "소녀시대, 유튜브 타고…"」, 《ZDNet Korea》, 2011. 11. 23.

최광, 「네이버, 직급폐지·근무시간 자율결정 '조직문화 개선' 나선다」, 《머니투데이》, 2014. 7. 24.

최진실, 「서울대 졸업식 축사 "BTS와 벽 넘기 위해 노력할 것"」, 《스포츠서울》, 2019.

2. 26.

CNBC, "how BTS and K-pop are reigniting America's boy band obsession", cnbc.com, 2019. 8. 13. www.cnbc.com/2019/08/13/how-bts-and-k-pop-are-reigniting-americas-boy-band-obsession.html

CNN, "How a boy band from South Korea became the biggest in the world", CNN.com, 2019. 6. 1.

Kate Halliwell, "If BTS Broke the K-pop Mold, NCT Is Creating a New One", The Ringer Newsletter, 2019. 5. 24.

웹사이트

김진우, 「돌고 도는 음악 산업, 다시 공연인가?」, 《가온차트》, 2013. 6. http://blog.naver.com/PostList.nhn?blogId=gaonchart

네이버, 지식백과 '할리우드 스튜디오 시스템' 항목. https://terms.naver.com/entry.nhn?docId=1691647&cid=42219&categoryId=42237

네이버캐스트, '모타운 레코드' 항목. terms.naver.com/entry.nhn?docId=3578177&cid=59002&categoryId=59002

사운드네트워크, 「[인터뷰] 빅히트엔터테인먼트 방시혁 대표(2013)」, 2018. 8. 24. www.ksoundlab.com/xe/index.php?mid=mook_interview&document_srl=14256&listStyle=viewer

표준국어대사전, stdict.korean.go.kr

Census Bureau Data. www.census.gov/data.html

Gapminder Data. www.gapminder.org/data/

KF, "2020 신년 세미나. K-pop과 Innovation", knewsletter.kf.or.kr/?menuno-6519

Nick Skillicorn, "idea to value", www.ideatovalue.com

Pollstar Boxoffice Database. www.pollstar.com/live-boxoffice-database

PwC, "Global Entertainment & Media Outlook", 2019. www.pwc.com/gx/en/industries/tmt/media/outlook.html

KI신서 9329

K-POP 이노베이션

1판 1쇄 발행 2020년 9월 16일
1판 2쇄 발행 2020년 10월 30일

지은이 이장우
펴낸이 김영곤
펴낸곳 (주)북이십일 21세기북스

출판사업본부장 정지은 **인문기획팀** 양으녕 김다미 **디자인** 제이알컴
영업본부장 한충희 **출판영업팀** 김한성 이광호 오서영
마케팅팀 배상현 김윤희 이현진 **제작팀** 이영민 권경민

출판등록 2000년 5월 6일 제406-2003-061호
주소 (10881) 경기도 파주시 회동길 201(문발동)
대표전화 031-955-2100 **팩스** 031-955-2151 **이메일** book21@book21.co.kr

© 이장우, 2020
ISBN 978-89-509-9171-5 03320

(주)북이십일 경계를 허무는 콘텐츠 리더

21세기북스 채널에서 도서 정보와 다양한 영상자료, 이벤트를 만나세요!

페이스북 facebook.com/jiinpill21 **포스트** post.naver.com/21c_editors
인스타그램 instagram.com/jiinpill21 **홈페이지** www.book21.com
유튜브 youtube.com/book21pub

서울대 가지 않아도 들을 수 있는 명강의! 〈서가명강〉
유튜브, 네이버, 팟빵, 팟캐스트, AI 스피커에서 '서가명강'을 검색해보세요!